belle vue

人生風景・全球視野・獨到觀點・深度探索

17
belle vue

北歐萬有理論
北歐人本vs.美國夢，美好生活的終極探求

作　　者　安努・帕特寧（Anu Partanen）
譯　　者　洪慧芳
主　　編　曹　慧
美術設計　三人制創
社　　長　郭重興
發行人兼出版總監　曾大福
總 編 輯　曹　慧
編輯出版　奇光出版
E-mail: lumieres@bookrep.com.tw
部落格：http://lumieresino.pixnet.net/blog
粉絲團：https://www.facebook.com/lumierespublishing
發　　行　遠足文化事業股份有限公司
http://www.bookrep.com.tw
23141新北市新店區民權路108-4號8樓
電　　話：(02) 22181417
客服專線：0800-221029　傳真：(02) 86671065
郵撥帳號：19504465　戶名：遠足文化事業股份有限公司
法律顧問　華洋法律事務所　蘇文生律師
印　　製　成陽印刷股份有限公司
排　　版　極翔企業有限公司
初版一刷　2017年11月
定　　價　420元

國家圖書館出版品預行編目資料

北歐萬有理論：北歐人本vs.美國夢，美好生活的終極探求 / 安努・帕特寧(Anu Partanen)著；洪慧芳譯. -- 初版. -- 新北市：奇光出版：遠足文化發行, 2017.11
面；　公分
譯自：The nordic theory of everything : in search of a better life

ISBN 978-986-94883-3-4（平裝）

1.生活方式 2.福利國家 3.北歐

747　　106015553

線上讀者回函

The Nordic Theory of Everything

In Search of a Better Life

北歐萬有理論

北歐人本VS.美國夢，美好生活的終極探求

Anu Partanen 安努・帕特寧 著 洪慧芳 譯

Contents

推薦序一

學當一個後現代維京人

李濠仲—作家，現為網路媒體《上報》主筆

就在《經濟學人》雜誌二〇一三年推出「下一個超級典範」封面故事前後，我猛然發現身邊有好幾位來自世界各地的記者、作家，正和我做著同一件事，彼此都希望藉由探求「北方之道」，思索這些世界地圖上的邊陲小國，究竟和自身國家有著什麼樣的分歧和交會。於此之前，我們或許都聽聞了關於北歐社會的美妙之處，但丹麥、瑞典、挪威、芬蘭會是比美國、英國，乃至新加坡更優秀的國家？足堪作為全球下一個超級典範？

當時我人還住在挪威，不同時期的實地體驗，讓人歷經過幾段心情起伏。包括初來乍到的第一年，眼前所有的事物，都因「新鮮感」而予人驚覺萬物皆美，第二年當新鮮感褪去後，才分發現此地根本窮極無聊，甚且，內在的文化衝突開始作祟，從人際互動、交通規則到大小生活瑣事，一直到生養子女，居然會促使你開始懷疑各項指標對這些國家「最宜人居」的加冕，有廣告不實之嫌。對照我所熟悉的台灣社會，北歐生活簡直極其不便。北歐人顯然是和我們完全不同的地球人。

就像本書作者所提，二〇一二年聯合國的《全球幸福報告》（*World Happiness Report*）

將芬蘭評定為全球第二幸福的國家，第一、三名分別是丹麥和挪威。我曾基於「朝聖」的心情前往芬蘭首都赫爾辛基一遊，對它枯燥乏味的都會生活完全不敢恭維。丹麥哥本哈根是有趣了點，而我也承認，短暫的旅遊，確實讓我覺得自己是個幸福的旅人；若得長期寓居，那又另當別論了。

無可否認，早先我設想北歐國家會是人類世界的烏托邦，多數是出於各類報導和國際間的評鑑而來。至於爾後親臨造訪，對它的種種質問，則是起於在地的脈絡習慣和個人既有價值觀不斷摩擦。

最後，我只得服膺一套古老而有效的哲學，就是先把自己成見掏空，騰出來納入另一套文明思考，終於才有機會看到所謂「美好生活終極探求」的真正意涵。包括他們念茲在茲的人文精神，並以平等、自由、人權、永續、包容、開放和創新，取代曾經輝煌一時，基於鼓動慾望所形塑出的資本主義競爭秩序。

回首當初，在尚無退路下，幾位移居北歐的過來人建議我，不妨開始認真學習做個「真正的北歐人」，以當地人的應對邏輯、行為模式過日子，或許會令已然被漫慢嚴冬、無盡黑夜覆蓋的北歐生活重獲生機。事實上也的確是如此，當我決然重新建構個人的生活樣態，那套北歐遊戲規則便不再那麼生硬難嚼。

北歐國家特異之處，某種程度主要在它竟然能以不同過往「強國」的操作，發展出在教育、醫療保健、生活品質、經濟競爭力和政治環境上為人稱羨的成果。本書則是透過一位

「美國人」的視角，為我們找到其中的連結。

假如「我也發現美國和世界各地的很多人似乎沒有發現，生活其實可以過得比當下更好。」可為作者為文體會的總結，那我舉雙手同意，「美式作風」猶有待修，台灣這塊島嶼的一切，也絕對可以透過來自北歐的想像讓它更加美好。

推薦序二

以人的基本需求，所創造出的北歐政策與思維

陳之華｜作家

嫁到美國德州的妹妹，和美國先生一起利用今年暑假，帶著青春期的兒子、女兒到華府一遊；在華府期間，我妹還特別LINE我，急切的和我分享她的華府見聞，無論是國會山莊的宏偉壯碩規模，還是美國文化的自由精神與以民為主，革命立憲如何有遠見等等。

這是在美國生活二十年妹妹的首次華府行，難免有些激動與景仰；遠在南半球另一端的我，竟拿著手機淡淡地說：「還好啦，我覺得還可以，華府我也去過，雖然事隔二十多年，但還有印象。」

妹妹繼續激昂地說著她的感想，我卻持續以「美國已經不是世界上最偉大的國家」理論回應她：「哎喲，很多進步的西方國家都長這樣的啊，澳洲國會大廈也很壯觀啊，也是座落在山丘上居高臨下呢；國會代表人民，本是西方民主社會的基本信仰，所以國會大廈讓人民看著有些感動，也是正好符合大家的期許吧。再說，美國社會本身還有很多問題，她不是一個『最先進』的西方國家，與其他歐洲國家相比，美國還有太多可以參考和進步之處，無

論是資源和所得分配、教育機會平等、醫療照護與福利體系、兩性平權關係、女性地位及人權、最低時薪調漲遲滯、工時長短仍存爭議等等，根本是一言難盡啊。」

我只差沒說，美國很多制度和觀念，還是有些「落後」；真這麼一講，我妹大概要跟我爭辯許久。畢竟，我所說的「落後」，是跟現在居住的澳洲，以及曾住過的北歐國家相較；這些顯而易見的「落後」，是指在民生福祉上屬於基本面的醫療保險、薪資水準、所得分配、女權與民權，以及在幸福程度等議題與政策上。

曾經住過美國，也到過美國旅行多回，很慶幸自己是先住過歐洲之後，才到美國旅行，爾後再有機會居住美國兩年多。美國整體環境舒適宜人、天地開闊，人在美國，容易陷入「坐井觀天」的窄狹，總以美國為天地，以美國為世界運轉；待過歐洲，對美國的宏偉、強大、舒適、便利，以及自由、活力與資本主義體質等等既外顯又強勢的優點，多了一層心靈上的「防護力」，讓直接被美國震懾與吸引的程度降低不小，因而較有機會踏實地看到美國社會與國家在長期發展歷程中，被過度強化的資本主義競爭精神，所衍生出的大小問題困住，像一頭雄獅被繩網所羈絆住一般。

離開美國後的幾年間，我們全家帶著親友們的「憐憫」與「困惑」來到北歐芬蘭居住，在那兒度過了六年嚴酷的寒冬，孩子們也跟著在北歐環境下生活長大。我從對芬蘭與北歐的全然不熟識，到後來的融入體會與深入研究，而能充分理解到北歐式社會福利裡的基本人性思維，以及對人具有基本尊重的政策施行，也就是作者一再述說的「北歐式愛的理論」。

從北歐回臺灣居住期間，我曾在演講中提及，在我們成長與學習的環境裡，總習以為要從萬中選一，以為「競爭」才是王道，我們將所有孩子以縱向式的排列方式，依據考試成績做班排、校排，在大考的折磨中將孩子們一路從第一名排到幾萬名；我們總以為應該要從最好的孩子之中，再選出最優秀、最菁英、最亮眼的，予以錦上添花的表揚，再栽培與資優化，以為如此操作下來，國家才會有前途。

然而，人口數只有五百多萬的芬蘭，以及其他同是小語種和人口數不多的北歐國家（挪威與丹麥的人口都是五百多萬，瑞典則有近千萬人，冰島只有三十多萬人），卻一直與我們有著截然不同的子女育成及文化思考模式。

真要從萬中才足以選一，那五百多萬人口所能拔擢出的人才數目，勢必遠遠輸於兩千三百萬的我們，更遑論和擁有上億人口的美國、日本、中國大陸等大國相較。那北歐人，豈不是不要談長遠生存之道了？北歐是否就該早早向世界繳械投降算了？是否該集體選擇自暴自棄或歸順他國？就我們認知的「常理」來說，國家人口數如此之少，絕不可能從孩子「競爭」之中產生足夠的各類型人才，而沒有足夠的人才，國家就不會有長遠的未來，更不必談所謂的國家競爭力了？

我們總習以縱向式的排序、評比方式來檢視孩子的學習績效，以為排名不好就可能無日後用武之處，並習慣將之漠視甚至鄙視；人口數不多的北歐，卻總選擇以平等橫向式的概念，來看待各種特質的孩子，也運用多元化的教育，將我們掛在嘴邊的所謂基礎教育，真正視之為人民普遍享有的基本權利，不以孩子一時一地的成績，評斷他的養成結果。以「愛人如子」的精神和政策，落實真正的基本人權與社會正義，是北歐能引領現今世界潮流的重要因素。

許多人或許還無法理解北歐模式，總以為北歐是所謂的「社會主義」國家，總以為那是文化與人口密度的不同。然而北歐之所以能成為現代、進步的北歐社會，其實是她別無選擇的挺身面對命運與環境的嚴酷，尤其是人口稀少、位置偏遠、氣候酷寒、夾處於兩大強國之中的芬蘭。

沒有過多無法撼動的階級包袱與傳統禮教束縛，使得芬蘭可以跳脫，也得以掙脫那許許多多不必要的框架與官僚體系，芬蘭深刻理解，沒有嚴密的規畫，就不會有好的未來，尤其身處沒有自然資源，一年中冰封多月的北歐氣候。所以必須更周延的去規畫推動良善治理，也因此，反而更有機會，回到事物的初衷與原點，來到國家與人民的根本需求。

不論是對人的尊重，對生命的敬重，落實人民求知、受教的權利，醫療福利以及與人有關的社會制度，譬如絕大多數國家至今望塵莫及、長達半年以上的父母帶薪育嬰假等；這本書中所提到的許多北歐模式裡習以為常的人文與社會理念及其實際生活，確實是美國至今仍無法企及的。

作者在這本書裡，對比寫下了不少美國與芬蘭的生活，這對一向在政策與思維上都非常「親美」的國人與政府官員來說，絕對有很高的參考價值與觀念上的衝擊與討論空間。當然，臺灣享有美國沒有的全民醫療健保部分，絕對會讓大家覺得和美國比下有餘。

我和作者同樣深信，北歐的許多模式，不是一般國家做不到，也不是特殊文化背景締造出來的，而是真正以「人本」思維所衍生出的政策成果，正如作者所言，任何國家都可以制定出精明的政策；我更深信，政策，始終來自於基本觀念與日常秉持的信念，而觀念與信念，永遠是可以與時俱進、擇善而遵循的。

北歐國家這幾十年來一直能保持思維先進、政策良善、引領潮流，成功擁有高度國家競爭力與人民幸福度，是因為她們相信人權與公平正義，不強調「競爭」和打倒他人，而是要在制度和施政上，讓每個人都能追求美好生活，不論是教育、育嬰假、托育政策、醫療照護，都是如此。這些種種基本生活面向，確實是目前許多國家與人民想要爭取、企盼有朝一日能達成的理想目標。

所以，北歐社會與先進體系的觀念與模式，絕對是一個值得思索的未來式。

序言

柯林頓把身子往後一靠，從眼鏡邊框的上緣若有所思地凝視著前方。他一手握著麥克風，另一手張開掌心懸在半空中，爆滿的會議廳頓時陷入一片沉靜。

這時他開口，對著台上坐在他旁邊的橙髮女士說：「現在美國有一大議題爭論不休。」那是二〇一〇年九月，金融危機爆發近兩年後。柯林頓停了一下，把手放了下來，擱在一旁，「關於二十一世紀卓越的國家需要具備哪些特質，許多國家也面臨同樣的爭論。」柯林頓望向觀眾，「很多人的信心開始動搖。」

台上在柯林頓的對面，坐著幾位美國最頂尖的影響人物，包括時任Google董事長的艾力克・施密特（Eric Schmidt）、蓋茲基金會的共同主席梅琳達・蓋茲（Melinda Gates）、當時擔任多國企業寶僑（P&G）執行長的麥睿博（Bob McDonald）。但柯林頓不是對著他們任一位說話，他完全是對著身旁那位橙髮女士說的。[1]

柯林頓問她：「妳如何建議世界各地的人，不要只看過去，歸咎過去，而是思考我們現在、明天醒來究竟該做什麼？」

柯林頓的焦點日益專注，他把椅子轉離觀眾，直接面向那位女士。他一邊說，一隻手像空手道劈掌那樣揮舞著。

「我們怎麼判斷政府該做什麼？民間該做什麼？如何設計稅制？」他又把椅子轉向觀眾繼續說，「如何規畫我們和世界其他地方的關係？如何界定我們對窮國的義務？如何經營事業？妳會怎麼建議現場的各位，回去該怎麼做？」

他放下麥克風，雙手交叉於胸前，從眼鏡上方凝視著那位橙髮女士。

「謝謝。」她看了柯林頓一眼，說：「這問題很簡單。」

觀眾都笑了，接著她開始盡力答覆柯林頓提出的棘手問題，以回應現場每個人似乎都抱持的憂慮和恐懼。

那是某週二上午在紐約市舉行的柯林頓全球倡議大會（Clinton Global Initiative Conference），地點在時代廣場的喜來登飯店。來自全球六大洲、九十國的上千位人士齊聚一堂，為二十一世紀的全球公民該如何追求更好的生活進行腦力激盪。許多與會者是各國的現任或前任元首、企業領導者，或非政府組織領袖。

一個小時前，柯林頓上台歡迎大家蒞臨會場，並為大會揭開序幕。他看起來氣色不錯，體態比總統任內消瘦一些，看起來明顯老了一圈，但藍西裝搭配白襯衫和紅領帶的裝束顯得俐落有型。他以輕鬆自信的風采，介紹台上的座談成員，包括那位橙髮女士。他在提到他最

1 柯林頓總統的座談描述是根據線上影片：柯林頓全球倡議大會（Clinton Global Initiative Conference）。

感興趣的部分以前，先介紹了那位女士的職業（跟他一樣，她也曾是總統），以及她參與過的其他活動。

柯林頓說：「而且她的國家在教育品質、經濟運作、財富分配、發展機會的全球排名中，一向名列前茅。」

那些讚譽在不久前可能和全球最知名、最強大的國家有關，那個國家也許是美國，也許是日本，也許是德國。但這位在自由世界的前領導人邀請下，與全球最具影響力的科技巨擘、產業大佬、慈善大亨同台的女士是塔里婭・哈洛寧（Tarja Halonen），她穿著簡單俐落的米色褲裝，來自遠比前述幾個強國更低調的國家，遠在北極圈旁邊的歐洲東北角：芬蘭。

這時芬蘭博得全球讚譽已十年了，如今更是眾所矚目的焦點，這一切是從芬蘭學童的教育所引起的熱切關注開始的。從二〇〇〇年起，在國際競賽上，芬蘭青少年在閱讀、數學、科學方面的排名就一直名列前茅[2]。各國代表紛紛前往芬蘭取經，造訪芬蘭的學校，訪問芬蘭的教育專家。不久，世界各地的人都開始熱切地談論芬蘭的教育奇蹟。

接著，就在柯林頓全球倡議大會召開的前一個月，《新聞週刊》發布全球調查的結果。該雜誌企圖回答一個既簡單又複雜的問題：「如果你今天出生，哪個國家最有可能提供你健全、安穩、蓬勃、向上提升的生活？」它以五個類別來衡量國家福祉——教育、醫療保健、生活品質、經濟競爭力、政治環境，並以那些衡量指標來比較一百個國家。調查結果令美國及其他幾個原本預期名列前茅的強國大感意外。《新聞週刊》宣布，對二十一世紀初出生的人來說，全球最好的國家是芬蘭。美國甚至沒擠進前十名，屈居第十一位[3]。

往後多年，芬蘭持續獲得各界的讚譽。國際生活風格雜誌《Monocle》把芬蘭首都赫爾辛基列為全球最適合人居的城市[4]。二〇一一年，世界經濟論壇的《全球競爭力報告》（*Global Competitiveness Report*）把芬蘭列為全球競爭力第四的強國，隔年還晉升到第三位[5]。經濟合作暨發展組織（OECD）指出，在工作與生活平衡的全球排名中，芬蘭高居第四位[6]。歐盟的《產業創新指標》（*Innovation Scoreboard*）也把芬蘭列為歐盟的四大創新先驅之一[7]。

聯合國甚至測量了看似無法衡量的指標：幸福。二〇一二年春季，《全球幸福報告》（*World Happiness Report*）公布時，芬蘭榮登全球第二幸福的國家。此外，高居第一和第三名的國家，也是位於北歐的芬蘭鄰國：丹麥和挪威[8]。

歐元危機席捲南歐，使大家普遍對未來陷入悲觀之際，《金融時報》刊出一篇芬蘭的專

---

2 — 芬蘭高中生：OECD, Lessons, 116; Ministry of Education and Culture, *Finland and PISA*。

3 — 《新聞週刊》：Foroohar, 30–32。

4 — 《Monocle》：Morris, 18–22。

5 — 《全球競爭力報告》：Schwab *Global Competitiveness Report 2011–2012*; *Global Competitiveness Report 2012–2013*.

6 — 工作與生活平衡：排名是根據 OECD 的線上工具 *Better Life Index*。2011–2012 工作與生活平衡的結果是由 Bradford 報導；Thompson。

7 — 創新：European Commission, 7。

8 — 幸福：Helliwell, 30。

題報導，標題是〈富有、快樂的撙節專家〉[9]。在此同時，還有一個全球排名是芬蘭敬陪末座的：《失敗國家指數》（*Failed States Index*）。和平基金會（Fund for Peace）的研究指出，芬蘭是全球脆弱度最低的國家[10]。在國際聲譽方面，還有一些錦上添花的成就，例如全球超人氣的手機電玩《憤怒鳥》是芬蘭程式設計師的創意結晶。

不過，最令人訝異的事，或許發生在二〇一二年五月。英國作為美國在歐洲最長久親密的盟友，其政治人物在一場關於社會流動的會議上，卻講出上個世紀大家可能意想不到的話。在那場會議中，專家討論世界各地的人是否過著比上一代更好的生活。數十年來，最有機會讓人靠著奮發向上提升社會地位的國家一直是美國。但那天英國工黨的黨魁艾德．米勒班（Ed Miliband）語出驚人地表示：「如果你想實現美國夢，那就去芬蘭吧。[11]」

在這些競爭力與生活品質的排名中，經常名列前茅的國家不止芬蘭。誠如《全球幸福報告》所示，整個北歐地區似乎擁有某種得天獨厚的優勢。丹麥、挪威、瑞典、冰島等等芬蘭的鄰國也常雄踞榜單的前列，大家常把那幾個國家統稱為「斯堪地那維亞」。不過，加入芬蘭和冰島以後，比較精確的說法應該是北歐地區[12]。

數十年來，美國在社會流動及生活品質方面一直是全球的典範，但現在不止英國工黨的政治人物覺得美國不再是表率。英國保守黨的前總理大衛．卡麥隆（David Cameron）為英國尋找改善家庭、增加女性就業、促進兒童發展、創造更多全民福祉的方法時，也不再參考美國的作法，而是往北歐國家尋找靈感和建議[13]。不久之後，英國偏自由市場的《經濟學人》雜誌也刊登一篇特別報導，名為〈新超級典範〉，探索北歐國家究竟做對了什麼，才創造出如此卓然的經濟和社會[14]。

北歐文化甚至在美國國內也備受好評。瑞典出了超人氣樂團Abba、史迪格．拉森（Stieg Larsson）的暢銷犯罪小說《龍紋身的女孩》、連鎖平價時尚H&M、革命性家具零售商Ikea，還有環保汽車品牌Volvo。丹麥有行銷全球的塑膠積木樂高，最近也推出《謀殺》（The Killing）之類的一流影集，哥本哈根的Noma則贏得全球最佳餐廳的美譽。二〇一二年八月，《浮華世界》雜誌正式宣告一股日益明顯的趨勢：全球正掀起「斯堪地那維亞風潮」[15]。

對我來說，這一切都讓我感到悲喜參半。二〇〇〇年，哈洛寧當上芬蘭總統時，我二十五歲，是個初出茅廬的芬蘭報社記者，剛獲得北歐發行量最大的《赫爾辛基新聞報》

---

9 — 《金融時報》：Milne。

10 — 失敗國家：Fund for Peace。

11 — 米勒班評論：Miliband。

12 — 「斯堪地那維亞」vs.「北歐」：北歐國家普遍認為，所謂的「斯堪地那維亞」（Scandinavia）只包含丹麥、挪威和瑞典，因為他們有密切相關的北日耳曼語，冰島語也屬於同一語系。相較之下，芬蘭語是源自於完全無關的烏拉爾語系。這五個國家以「北歐」（Nordic）來泛稱這個文化與政治統一的地區。不過，對英語系國家的人來說，Nordic一詞可能讓人聯想到納粹德國時期流行的種族主義思想，所以美國人常用「斯堪地那維亞」泛稱這五個北歐國家。

13 — 卡麥隆和北歐國家：Bagehot。

14 — 《經濟學人》的特別報導：Wooldridge。

15 — 《浮華世界》談斯堪地那維亞：Hotchner。

（*Helsingin Sanomat*）錄用。我是土生土長的芬蘭人，從小在那個北半球頂端的國家成長。那個向來不起眼的小國竟然在一夕間爆紅，成了全球矚目的焦點。

但是正當芬蘭成為全球寵兒之際，我卻反其道而行，開始前進美國。就在《新聞週刊》宣布我的祖國是全球最好的國家之前，我決定拋下芬蘭的一切，遠走美國，展開移民新生活。

我從美國的新家隔著汪洋，遙望北歐的故鄉，像球迷為家鄉的球隊叫好一樣，自豪地看著芬蘭在國際競賽和全球排名上的優異表現。在此同時，美國新生活所帶來的種種挑戰也令我分心。更重要的是，我身邊的美國人大多不太注意，或者也沒興趣知道芬蘭或北極圈附近的北歐國家，美國生活的挑戰已讓美國人疲於應付。也許柯林頓、《經濟學人》的編輯等政策專家有時間和精力去關注芬蘭的種種，但說實在的，一群無關緊要又寒冷的北歐小國，每個人的樣貌、言行和思維都看起來差不多，他們能提供活力充沛又多元的美國哪些有意義的參考呢？

長久以來，美國在世界上，一直是引領自由、獨立、個人主義和機會的燈塔。相較於熱愛自由、無拘無束的美國，北歐地區不僅看來無關緊要，根本就糟透了。不少美國人認為北歐國家是一群可悲的「社會主義保姆國家」，以福利制度寵慣人民，那不僅無法創造幸福，還會讓人依賴成性，陷入冷漠與絕望。美國批評北歐這個「超級典範」時，大多提到他們容易憂鬱、酗酒、自殺的比率很高。

在北歐，其實很多人也不解全球到底在大驚小怪什麼。尤其，我的芬蘭同胞根本是以自尊低落著稱。《新聞週刊》宣布芬蘭是全球最好的國家時，芬蘭國民幾乎一致認為那個雜誌應該是犯了很尷尬的錯誤，大家也覺得「芬蘭是全球第二幸福的國家」簡直是荒謬。芬蘭的冬季漫長、冰冷又昏暗，很多芬蘭人一年到頭有好些日子都必須忍受這種天候，酗酒確實是一大問題。瑞典、丹麥、挪威通常比芬蘭和冰島更有自信，但北歐國家無論如何都稱不上是完美國家，北歐人依然深受美國的啟發與鼓舞，尤其是美國的流行文化、進取精神，以及紐約、舊金山、洛杉磯等世界級的城市。

我在美國展開新生活時，美國經濟已從金融危機的谷底反彈，芬蘭的氣氛反而開始陰鬱了起來。全球經濟衰退和歐元危機開始對芬蘭產生嚴重的影響，減緩了眾人推崇的芬蘭經濟。芬蘭學生的表現依舊搶眼，但是在國際競賽中，他們不再樣樣名列前茅。整體來說，如果你上街訪問芬蘭人，他們的國家是不是全球（更別說還有強盛的美國）的「超級典範」，他們可能都會暴躁地否認，尤其天氣又冷又陰的時候，他們更可能一口否定。

不過，我以北歐移民的身分住在美國愈久，有個感覺卻日益明晰。無論芬蘭是不是全球「最好」的國家，美國多數人以及北歐家鄉的多數同胞並未意識到，在二十一世紀初離開芬蘭或北歐國家到美國定居，彷彿是一種「回到過去」的特別之旅，而且特別辛苦。

身為移居美國的北歐移民，我也發現美國和世界各地的很多人似乎都沒發現，生活其實可以過得比當下更好。

ONE
踏上自由之地
In the Land of the Free

入籍美國
Becoming American

01

機會

新娘望向窗外。在我的記憶裡，她穿著白紗，但現在我看著婚禮當天前幾個小時拍的照片，我才發現原來她當時是穿黑色禮服，一臉焦慮。我仍記得她是焦慮的，因為電視主播忙著解讀她美麗臉龐上浮現的每個表情。而那當下也沒什麼事發生。大家只知道待會兒新郎和新娘就要在義大利的某座城堡，在一百五十多位賓客的祝福下完婚了。攝影記者和狗仔隊則守候在外頭，竭盡所能地報導哪些名流抵達現場、穿戴什麼行頭、喜宴的菜單等等。

當時我在數千哩外的波士頓，從旅館的房間看到這一切報導。我剛抵達波士頓參加一場會議，坐在房間裡切換著電視頻道。新聞上除了報導湯姆・克魯斯和凱蒂・荷姆斯的婚禮外，也提到美國最高法院的大法官收到的郵件中有幾包被下毒的餅乾[1]。寄件人還給每位大法官寫了一封信，說明她的用意：「我要毒死你。」、「這有毒。」當晚排隊拿自助餐的時候，一位與會男士排在我後方，他面帶微笑地問我，能不能幫他先嘗一下某道菜，看能不能吃。我以為他是拿最高法院的有毒餅乾開玩笑，所以我回他，如果食物有毒的話，我會告訴他。他一臉疑惑地看著我。我解釋我是暗指那些受到威脅的大法官，他一聽又更迷惑了。後來，我們都為了那段雞同鴨講的對話咯咯笑了起來。原來，他還沒看到新聞，不曉得最高法院和有毒餅乾的事。晚餐時，我坐在他旁邊，我們進一步瞭解彼此。兩個小時後，我們在大樹下親吻了。翌日，我搭上十小時的航班，飛回芬蘭。

赫爾辛基的朋友聽完我的經歷後，每個人都很興奮。妳認識美國作家！在會議上！好浪漫喔！當他們得知崔沃認識我不久便很快就打電話來，說他要來芬蘭看我，大夥的興奮瞬間轉為欣喜若狂——真正的愛情故事正在上演啊！後來崔沃確實來了，他的芬蘭行一切順利。我們的遠距戀情繼續發展，每次相會後，總是免不了又要相隔兩地。我的朋友開始敲邊鼓，頻頻問我：妳應該很想他吧？妳不會太難過吧？

我的確喜歡他。但我喜歡他的程度，還不到友人所想的那樣。當時崔沃剛從華盛頓特區搬到紐約市，朋友得知我可能會定期去布魯克林造訪他時，他們覺得這簡直就像電視上演的愛情戲碼。他們說，你們就像《實習醫生》裡的梅莉迪絲和德瑞克！妳就像《慾望城市》裡的凱莉！（那兩齣美劇在芬蘭都很熱門。）

只不過有個問題：我無意移居美國。崔沃感覺像真命天子，但我應該為了愛情而放棄一切，遠走他鄉嗎？當時，我已經探索過世界，在海外求學兩年，一年在澳洲的阿得萊德，另一年在法國巴黎。身為新聞從業人員，我已走訪過全球七大洲裡的六大洲，甚至早就見識過傳奇的紐約市了。如此走遍四方後，我的結論是什麼呢？我想住在芬蘭。

1 有毒餅乾：Greenhouse。

我工作、旅行、閱讀、生活的經驗都告訴我，女人不該只是賢妻良母，她應該要有自己的意志、事業，包括自己的收入，誠如英國女演員海倫・米蘭（Helen Mirren）所說的：「經濟獨立對每個女子來說是最大的恩賜。[2]」我想成為堅強、聰慧、有創造力的女人，而不是為了男人而甘於放棄一切的女孩。

我和崔沃交往愈久，這件事也讓我更加煩憂。當我們的遠距戀情滿兩年時，我們為了多點時間相聚，已經在美國和芬蘭之間來回了十四趟。他變成我最好的朋友及摯愛，他的存在總是可以幫我化解生活中的陰霾。我怎麼捨得放棄呢？

顯然我們的關係若要再更進一步，其中一人必須放棄現有的生活。綜觀連串務實的理由，那個人很可能就是我。理論上崔沃可以搬來芬蘭，但他似乎沒那個意願。我也不得不承認，他搬來芬蘭可能也沒有道理，畢竟他又不會說芬蘭話，而我早就會說英語了。紐約是個國際大都會，我在紐約找到工作的機率，也比崔沃在赫爾辛基求職的機率還高。

再加上，芬蘭雖然生活品質良好，但還是有些外人難以習慣的特質，即使崔沃想搬過來，我也不確定他能適應。

我一直很愛芬蘭。這是個夏日美好、美景靜謐的國度，更何況我鍾愛的親友大多生活在這裡。從芬蘭前往歐洲各地非常方便，所以一般人想飛到巴黎或羅馬度個週末也行。不過，話又說回來，相較於美國的任何地方，芬蘭可能感覺像個陰冷單調的小國。芬蘭人向來以簡樸低調著稱，但是拿赫爾辛基跟紐約相比，其實不太需要太過低調。

當然，芬蘭也有一些值得自豪的地方，雖然聞名全球的芬蘭手機公司諾基亞（Nokia）聽起來像日本企業。或許芬蘭比較有名的是設計師和建築師，像是時尚品牌Marimekko；設計師阿爾瓦爾・阿爾托（Alvar Aalto）和他著名的椅子；設計聖路易斯拱門、華盛頓特區的杜勒斯機場、以及紐約甘迺迪機場TWA舊航廈的埃羅・沙里寧（Eero Saarinen）。古典樂迷可能知道芬蘭作曲家尚・西貝流士（Jean Sibelius）創作的交響樂。看過美國節目《康納深夜秀》（Late Night with Conan O'Brien）的人可能常聽主持人開玩笑說，他和芬蘭的橙髮總統有詭異的神似感。當你來自小國時，任何名氣你都會照單全收。

不過，就像史迪格・拉森的小說《龍紋身的女孩》所清楚呈現的，北歐這片土地有它陰暗的一面，而且是名副其實的陰暗，不是比喻而已。崔沃第一次來芬蘭看我，回去跟美國朋友吹噓，他冬天來赫爾辛基待了一整個星期，只看到三小時的太陽。由於這個極北地區有那麼多陰暗的日子，很多北歐居民認為嚴冬時節最好去一趟泰國，才有益身心健康（至少有錢出國的人是這麼想的）。此外，芬蘭人很容易把人生視為無止盡的障礙和失望，對於閒聊和客套話則是能免則免，所以外人可能會覺得芬蘭人沉默寡言、不苟言笑，甚至冷若冰霜。我

2 — 海倫・米蘭：Hattenstone。

可以想像崔沃離開紐約市的喧囂與陽光後，可能會墜入芬蘭這個陰暗憂鬱的深淵。

我愈是思考芬蘭人心理上的陰沉，愈覺得美國確實有資格成為全球最好的國家，他們的人民樂觀進取，充滿聰明才智，而且擅長把困難重重的情境，巧妙地轉化成有利的優勢。事實上，我跟崔沃提起芬蘭人最重視的特質——所謂的 sisu（發音是「希甦」）——我幾乎不太好意思提起自己的故事。所謂「希甦」，譯成英語最貼近的字眼是 grit，意指「恆毅力」。

我十歲時，全家住在樹林深處。我哥和我就像芬蘭的多數小孩一樣，每天自己上下學，路程約一英里。通常我們是騎單車，有時是徒步，但冬季積雪太高時，有時滑雪上學比較方便。我討厭滑雪，所以我還是堅持徒步上學。某天傍晚放學回家，母親不經意地問我，那天上學的情況如何。

我說一開始有點難走，因為我每跨出一步，整條腿都陷在雪裡，積雪快到我的臀部了。但我後來發現，改成爬行前進，至少不會滑倒。所以後面的路比較輕鬆，那天上學的大半路程，我都是爬行前進。

對我那感到驕傲的父母來說，那就是女兒有「希甦」的證明。我可以想像今天要是換成美國的父母，可能會告訴孩子：趕快離開雪地，招台經過的車，然後施展個人魅力進行協商，不僅因此順利上學，還激發了創業精神，使孩子年僅十六歲就成為年收數百萬美元的鏟雪事業執行長，登上《財星》雜誌的封面。如此一想，相較於美國，芬蘭到底有什麼優點呢？有什麼值得留戀的地方嗎？

於是，我開始列出移居美國的優缺點。

先是缺點。

我在芬蘭擔任報社與雜誌社的記者和編輯十幾年了，過著還不錯的中產階級生活，我的朋友也是如此。我總是有足夠的稅後可支配所得，可以上館子、旅行、享受人生，每年還可以存下一些錢，未雨綢繆，以免除後顧之憂。我從來不需要為了健康保險再額外支付什麼，任何疾病的醫治頂多只要再加付一點錢而已。萬一我在芬蘭罹患重病，我不僅不必為了就醫而支付龐大的醫療費，還可以獲得最長一年的帶薪病假及工作保障。一年後，如果我仍需要協助，還可以再提出申請。

如果我生下一兩個小孩呢？在芬蘭，每生一個孩子，可獲得**十個月**的**帶薪**育嬰假，而且不必擔心休假時工作沒了[3]。孩子可以獲得平價又優質的日托照顧。他們可以免費上全球最優秀的學校，直到大學畢業。

我跟許多芬蘭人一樣，每年休四週或五週的帶薪暑假。我們的冬天雖然陰暗慘淡，但夏

3 芬蘭的病假和育嬰假：全民普遍享有約一年的帶薪病假和十個月的帶薪育嬰假。休假期間的薪資是由政府資助的，涵蓋休假者的部分薪資（育兒假約可領七成薪資）。有些公司因有集體協議，雇主提供的福利較好。除非疾病導致員工長時間（通常是一年）無法執行任務，否則雇主不能開除罹患疾病的員工。參見 Kela, *Health*, 8–10; Kela, *Maternity*, 2–8; Virta。

日風光明媚，美不勝收。一到暑假，整個社會包括雇主都覺得，放假對我們的健康和生產力很有利。

我其實不太清楚這些東西在美國是怎麼運作的，但是在我的印象中，芬蘭人視為理所當然的福利，在美國好像比較複雜。此外，崔沃也不是我的美國闊佬。他的著作雖然暢銷，也有一些積蓄，但身為作家兼教師，他的收入只夠支應他自己的生活。

而且，二〇〇八年我開始思考這一切時，正好爆發金融危機。雷曼兄弟引起的金融風暴，使美國經濟陷入極度的不確定性。

但總也有優點吧。

崔沃很棒。紐約很棒。美國向來是充滿機會的國度，充滿積極進取的能量和創意。那裡創造出許多我喜愛及天天接觸的文化，從藝術到商品，從服務到科技都令我神往。移居美國後，我將有機會親身體驗這個全球最強大的國家，展開人生的新篇章，脫離北歐習以為常的安穩與滿足。我將成為「渴望自由呼吸的芸芸眾生」[4]之一，成為這個地球上最偉大實驗的生力軍：打造一個真正多元的國家，讓來自世界各地的人一起生活，並肩工作，因熱愛自由及出類拔萃的機會而團結在一起。美國夢正召喚著我，令人心動。而且我提過芬蘭的冬天是什麼樣子了嗎？更重要是，真愛也在彼岸。

於是，我自問那個經典問題：如果我維持不變，情況會是怎樣？往後的三十年都是老樣子嗎？將來臨終以前，我會比較後悔留下來呢，還是後悔離開？我不是無可救藥的浪漫派，也不是唯利是圖的現實派。我覺得我比較務實，將來臨終的時候，我不會想起自己選了什麼安穩舒適的生活，我會想起自己經歷的愛、展現的勇氣，以及承擔的風險。

所以，十一月我辭掉工作，搬出公寓，清光了家當。聖誕節那天，我跟家人和親友道別。隔天一早，我就搭上了飛往美國的班機。

焦慮

沒想到焦慮感迅速襲來，滲入脾胃，像熱浪般衝擊著我的五臟六腑，使我備感胸悶氣結。整顆頭隱隱作痛，連呼吸也急促了起來，就算大口呼吸，也好像吸不進任何氧氣。每次呼吸，都可以聽到兩耳嗡嗡作響。

這是我這輩子第二次陷入嚴重的恐慌。第一次是和我母親在芬蘭東北部拉普蘭區（Lapland）的森林健行，那裡接近俄羅斯的邊界。我母親突發奇想，提議我們直接穿過森林，披荊斬棘地切進樹叢，直接朝地圖上標示的那個小屋前進。她說她曾和一群朋友去過那

4 — 譯註：取自自由女神底座的十四行詩，是一首維護移民權益的詩歌。

裡一次，但她又開心地透露，他們在森林裡迷路好幾個小時才找到小屋。聽她這麼一說，我就不是那麼肯定我們找得到那裡了。我們沒帶指南針，就這樣放膽踏上征途。

果然，不到兩個小時，我們就迷路了。

我可以感覺到焦慮感在體內流竄，再多的理性都止不住恐懼的浪潮陣陣襲來。我整個人惶惶不安，腦筋頓時陷入僵固，無法運作，內心感到孤獨，覺得麻煩大了。我們的手機完全收不到訊號，更覺得孤立無援。我不禁想到，我們是否該生起篝火求救。我告訴自己別再胡思亂想，我們離開有路標的道路應該不遠，正享受著涼爽清新的美好秋日。但我只能強裝鎮定，滿肚子的焦慮不斷翻騰，無助地想著可能會出什麼狀況。

我們走在松林裡，偶爾和馴鹿擦身而過，最後走上一個小山頂，看到夕陽已西下，推斷那個方向應該是西邊。於是我們掌握了方向，很快就找到地圖上標示的圍欄。不久，我們又回到正規小路上，回到我們冒險的起點，焦慮感也立即煙消雲散。

我搬到美國不久，第二次焦慮症就發作了。我沒做什麼危險的事，但身體出現的恐懼感跟上次一樣。一開始我以為那只是因為初來乍到，適應不良，緊張過度罷了。畢竟，我必須整天說著不同的語言，往往不瞭解周遭的狀況，即使是最稀鬆平常的情境，也可能感到莫名其妙。在美國自由自在地生活，感覺遠比我在其他國家的經驗還要費神。儘管我現在年紀更大，經歷更多，又會說流利的英語，理當覺得更游刃有餘才對，但事實並非如此。

有些雞毛蒜皮的小事，感覺比在芬蘭報稅還要複雜，例如上館子或上美容院要給多少小費，或是去星巴克要怎麼點餐之類的。另外，還有一些比較大、但莫名其妙的事，美國人似乎不知道那些事情在很多國家並非常態。好比，我去銀行開戶，反覆讀了說明書好幾次，還是搞不懂各種奇奇怪怪的收費。我收到一堆信用卡的申請書，但我怎麼可能負擔得起合約附註上所列的誇張利率[5]。還有，我買了一支手機，但我必須接受電信業者綁約兩年，不管那家業者以後是好是壞，反正我就是被綁死了。在芬蘭，手機公司很少用這種合約綁住消費者，即使業者真的搞這一套，芬蘭的消費者也不可能隱忍不發[6]。

還有，申辦有線電視也是個問題。抵達紐約後，我想訂閱幾個頻道，以便觀賞幾個喜愛的節目。在芬蘭，訂閱有線電視很簡單方便又便宜。我事先上網查了一下美國的有線電視費率，但各種費率組合把我搞得頭昏腦脹。所以我乾脆打電話到有線電視公司詢問，但問了以後，我反而覺得我好像不懂英語。

「所以是多少錢？」

5—信用卡：信用卡的利率和費用很難比較，但二〇一一年有一項調查顯示，美國的平均年利率是15%（範圍介於11%至25%）。另一項調查顯示，芬蘭的信用卡年利率介於7.5%到14.5%。我在芬蘭從來沒收過信用卡的推銷方案。參見Tomasino; Ranta。

6—手機：自從我來美國後，美國的行動電話營運商就開始向我分開推銷手機和資費方案。芬蘭的電信業者是提供套裝方案。不過，二〇一四年的一項報告顯示，芬蘭的行動數據傳輸仍是全球最便宜的，美國是最貴的。芬蘭人每傳輸500MB的行動數據要支付5.18美元，美國是支付76.21美元。參見International Telecommunication Union, 132。

「最初三個月，一個月十美元。」

「好，那之後呢？」

「我也不知道，要看當時的價格而定。」

「我不懂，你是說價格像股市那樣每天變動嗎？」

「你要等三個月後再打電話來，才會知道價格。」

「但你不能三個月後直接從我的信用卡隨便扣款吧，我又沒同意那個價格？」

「你必須三個月後再打電話來，不然就會以新的價格繼續訂閱下去。」

那個未知的「新價格」，當然比前三個月的價格高出許多。我後來逐漸明白，這是美國人習慣的作生意方式。這種方式逼著你經常擔心你的錢或薪水永遠不夠，經常焦慮各種企業在超小字的附註裡又塞進什麼莫名其妙的複雜條款，想辦法占消費者的便宜。我第一次在美國報稅時更慘，我先上國稅局的網站瞭解怎麼報稅，但不久就被那些極小字的細則、例外和漏洞搞得頭昏腦脹，棄械投降。在芬蘭，報稅一向很迅速簡單。但是在美國，複雜的報稅說明搞得我神經緊張，擔心我犯下嚴重錯誤而付出慘痛代價。所以我放棄了，直接花錢請會計師幫我報稅，我在家鄉從來不需要這麼做。

每次我在報章雜誌看到一些成功人士的報導，心情就更加低落。那些高收入的神人總是清晨四點起床處理電子郵件，五點上健身房，六點進辦公室開始上班，每週工作九十個小時。美國的媽媽似乎都是女超人，產後幾週就可以回職場上班，趁上班的開會空檔擠奶，週末還可以在家工作，一手帶孩子，一手操作智慧型手機。我確定我永遠無法做到那樣，於是我逐漸得出一個結論：我在美國永遠也無法出人頭地。

我開始注意到新聞報導中的另一群美國人，他們的遭遇令我驚愕。他們可能做錯了一個決定，或只是運氣不好，所以生病了、失業了、離婚了、在不恰當的時機懷孕了，或是遭到颶風襲擊。他們付不出醫療費，房子遭到法拍，每天打三份零工依然入不敷出，孩子只能在可怕的學區就讀，或嬰兒只能隨便托鄰居照顧，因為他們付不起托嬰費，有些比較不幸的人可能必須同時面對上述幾個狀況[7]。

我也開始注意到美國經常出現食物中毒[8]、塑膠瓶[9]和玩具有毒[10]、牧場動物濫打抗生素的新聞，導致很多原本可以用藥物輕易掌控的病毒紛紛產生抗藥性，以後我們都可能因為那些病毒而致命[11]。有時我坐在沙發上盯著筆記型電腦，崔沃會暫時擱下手邊的事情，看著我輕聲說：「妳又出現那個表情了。」並用手指摸摸我的眉心。不知不覺中，皺眉成了我臉上的常態。

7 — 對報導成功人士和不幸人士遭遇的文章感到焦慮：Baker; Holmes; Lublin; Seligson; Abelson; Jubera; Mascia。
8 — 食物中毒：Moss。
9 — 有毒塑膠瓶：Grady。
10 — 有毒玩具：Lipton。
11 — 抗生素和牛：Kristof, "The Spread."。

過了一陣子，我終於明白為什麼我老是處於驚慌失措的狀態。就像小時候在拉普蘭區的森林裡迷路一樣，我的大腦正在處理我和環境的互動，大腦得出的結論很明顯：我迷失在荒野中。在美國這片荒野上，我只能自立自強。

我開始責怪自己。顯然，我在這個令人振奮又充滿活力的國家裡，不夠堅強，不夠聰明，也不夠美國。我的煩惱沒那麼嚴重，為那些事情焦慮，或是煩惱可能發生什麼事情，實在是杞人憂天。我母親肯定會說我的「希甦」怎麼不見了，那個當初在雪地裡毫無怨言爬行一英里的女孩到哪裡去了？於是我告訴自己：你應該多點自立自強，少點抱怨，你行的，別怕。

自信與自尊受到衝擊，又面臨凡事都必須搞定的壓力，我很容易開始質疑自己，質疑以前在家鄉習慣的一切。我開始想起美國對北歐社會的批評可能是對的。北歐的犯罪小說和設計趨勢也許在美國很受歡迎，但美國有許多政治家指出，北歐國家太嬌寵他們的人民了，無條件給予他們太多福利，導致他們連僅剩的一丁點創業精神也消失殆盡。所以最後整個國家都成了無助、天真、嗷嗷待哺的巨嬰，以不健康的方式依賴著政府的照顧。這也難怪那樣的社會塑造出我這種沒用的傢伙。

我坐著思考家鄉同胞的不足以及我自己的缺點時，可能一想就是好幾個小時，而且皺著眉頭。美國人往往很快就指出北歐國家培養不出賈伯斯、Google、波音、奇異、好萊塢。他們覺得北歐國家是欠缺多樣性、GDP微不足道的國家[12]（挪威除外，因為產石油），也沒有大學擠進全球前幾名，沒有偉大的創新，沒有白手起家的富豪。北歐人沒有冒著生命及財產的危險，為所有人的福祉奮鬥。我們也許心地善良，但一點也不卓越。美國那樣才叫卓越。

我依然覺得美國人可能忽略了一些北歐生活的優點，但我逐漸接受了美國的主觀看法：北歐人不像美國那麼有競爭力、有創意、自給自足，或自立自強。我離開芬蘭才幾個月，就從一個事業有成又快樂的職業婦女，變成焦慮、提心吊膽又自我懷疑的一攤爛泥。

不過，當我開始熟悉美國的新朋友後，我很驚訝地發現，很多美國人的焦慮感跟我一樣嚴重，有些人甚至比我更糟。大家似乎都疲於應付美國日常生活的挑戰，很多人接受治療，有些人定期服藥。國家心理健康研究所（NIMH）估計，近五分之一的美國成人有焦慮症，美國最普遍使用的抗焦慮藥是阿普唑侖（alprazolam），許多美國人都認得它的藥名「贊安諾錠」（Xanax）[13]。

不久，我也不再感到那麼孤單或瘋狂了。這可能聽起來很奇怪，但你可以想像我聽到一份研究報告的結果時，大大鬆了一口氣：二〇〇六年人壽保險公司的研究顯示，90%受訪

12 — 按人均國內生產總值的國家：OECD, *National*, 25。

13 — 焦慮症和銷售處方藥：National Institute of Mental Health; IMS Health; Smith。

的女性表示她們覺得財務上沒安全感，46%表示她們真的很擔心流落街頭，無家可歸。而那46%的女性中，有近一半的年收入超過十萬美元。如果年收入超過十萬美元的美國女性都擔心流落街頭，或許我的不安只是美國女性的集體感受，況且那份研究還是在金融危機發生以前做的[14]。唯一的差別在於，對我而言，那些恐懼是全新且詭異的。對她們來說，那只是日常。所以也許我把問題搞反了，也許我焦慮不是因為我來自外國，我是異鄉人，而是因為我變成美國人了。

好幾個月過去，我竭盡所能地適應新生活，學習和不確定性共處。而我周遭的美國人似乎日益浮躁不安，不快樂，愈來愈容易質問他們的生活和社會究竟出了什麼問題。

我抵達美國的時間正好是股市崩盤兩三個月後，大家愈來愈常談到美國貧富差距很大，以及中產階級的收入停滯。政治人物也為了數千萬沒有健保的美國人民爭論不休[15]。在此同時，美國承擔著醫療照護的鉅額費用，人民各個負擔沉重。在派對或聚會上，大家常談到的熱門話題是他們和健康保險公司糾纏不清的爭論。

很多人也在討論美國應該如何改善日益失靈的教育體系。我看到報導指出，貧困家庭想讓孩子脫離可怕的學校，進入也許比較好的實驗學校。富有人家為了爭搶名校的有限名額，付出愈來愈多的金錢。在此同時，家長也必須在職場上爭得你死我活，以便賺取高薪，支付貴得離譜的私校學費，並為孩子日後的大學教育備足資金。

美國夢似乎陷入麻煩。

我在毫無預警下接觸了這些問題，努力去搞懂一切，包括這個新國度的種種可能性帶來的興奮感，以及美國為我及我認識的多數人所帶來的極度焦慮和不確定性。

而就在這個時候，崔沃跟我求婚了。

我們正式結婚是在某個晴朗的十二月天，地點是在曼哈頓下城的市政廳，崔沃的好友伉儷當我們的證人。婚禮結束後，我們在布魯克林大橋上享用香檳。隔年夏天，我們回到芬蘭辦了一個溫馨的小婚禮，接受親友的祝福。在陽光明媚的八月下午，我們在赫爾辛基海邊的樺樹林裡互許終生。

就在我們離開芬蘭，回到充滿焦慮的美國生活時，二〇一〇年八月底最新一期的《新聞週刊》上架了。封面是世界各國的國旗圍成一圈漩渦，正中央令人好奇的標題寫著：「全球最棒的國家是……」我很快得知，那個國家正是我剛放棄的祖國[16]。

我坐在美國住家的沙發上，讀著那篇報導提到我選擇背棄的芬蘭優點。當美國人和我覺

---

14 — 女性在財務上沒安全感：這項研究於二〇一三年又重新進行時，得到的結果很類似。家庭年收入超過二十萬美元的女性中，依然有27%的人擔心自己「流落街頭」。參見 Coombes; Allianz。

15 — 美國健保：據美國人口調查局的統計，二〇〇九年沒有健保的美國人約占美國總人口的16.7%，亦即約5070萬人。參見 DeNavas-Walt, 22。

16 — 《新聞週刊》報導世上最好的國家：Foroohar, 30–32。

得壓力愈來愈大，工作超時，身心不健康，薪酬太低，生活不安穩，不確定孩子能否過得比我們好時，我那些中產階級的朋友則在芬蘭享受著工作與生活的平衡、足夠的空閒時間、充裕的可支配所得，可以去度假，養精蓄銳。他們還有平價的全民健保制度，不僅足以供應所有的芬蘭人，還可以供應聞名全球的足球明星貝克漢。幾個月前貝克漢的腳筋斷裂，他有足夠的財力飛到世界各地尋找名醫（包括美國），但他選擇飛到芬蘭動手術[17]。

我很多芬蘭友人都有孩子，雖然養兒育女從來不是容易的事，但他們的家庭生活在《新聞週刊》報導的福利支持下，過得出奇地健康：父母都有很長的育嬰假，享有平價的日間托兒服務，以及卓越的公立教育體系。《新聞週刊》指出，青少年在芬蘭享有優質生活的機率，比在世界其他地方還高。

《新聞週刊》的調查結果雖然沒使我拋下對美國新生起的欽佩之情，但它確實讓我找回失去的一項重要特質：自信。那篇報導也促使我開始比較美國生活和芬蘭生活的其他面向。然而，開始比較以後，我不禁心想，《新聞週刊》的報導可能只提到皮毛，並未挖掘出更重要的故事。

依賴

人類打從跨入現代以後，就一直在哀嘆現代生活抹煞了傳統社會的支持架構，尤其是家庭和社群，徒留下不安和焦慮。以前好幾個世代同住在一個屋簷下，大家一起分擔家務和雜事，周遭都是人際關係緊密相連的村落，每個人都彼此認識，守望相助，生活充滿安全感——至少發生問題時，有家人及鄰居可以相互幫忙。以前的日常生活大多是在可預期的範圍內，你可能就在出生的那個城鎮終老，周遭都是你認識一輩子的人。然而，在現代社會，那種生活形態已幾不復見。

不過，現代化也為人類生活帶來極大進步，我可以明顯感覺到許多現代化的特質在美國特別顯眼。事實上，現代化的最大效益，或許也是美國最重視、最基本的一些原則：自由、獨立和機會。長久以來，世界各地的人一直把美國視為這些現代核心原則的典範。多數人（包括我自己）都認為，美國之所以如此卓越、出類拔萃，部分原因在於這裡的生活比較不會受到傳統老式社會的羈絆，你不太需要依賴那些命中注定碰到的周遭人。在美國，你可以自由地表達自己的個體性，選擇自己的社群。這種自由讓你根據自己想要的方式，和家人、

17 — 貝克漢的手術：貝克漢是在芬蘭的圖爾庫市（Turku）動手術，由芬蘭的運動傷害專家沙卡力．奧拉瓦（Sakari Orava）執刀。參見 Young。

鄰居及其他同胞互動，不必在乎你應盡的義務，也不會受到傳統思維的束縛。

所以，我在美國住得愈久，造訪愈多地方，認識愈多人，變得愈來愈美國化以後，我反而更加困惑了。因為從我這個局外人的角度來看，現代化的關鍵效益——自由、個人獨立、機會——似乎正以成千上百種細微的方式，從如今的美國生活中消失。在大家日常生活的焦慮和壓力中，那些遠大的理想特質彷彿都成了泛泛空論，而非中肯的實況。

而且，不只紐約市如此，也不限於某些社會階層。我離開紐約，前往緬因州的鄉間、華盛頓特區、俄亥俄州的小鎮、南方的維吉尼亞州、美國西岸，但我發現大家並不覺得他們享有很大的自由，或是完全獨立的個體，或在追求成功方面享有公平的機會。相反的，我遇到及讀到的美國人為了競爭及生存，被迫日益依賴彼此，回歸到傳統老式的人際關係。而在過程中，大家日益依賴配偶、父母、子女、同事和老闆，各方面都限縮了自己的自由。這種情況引發的需求和緊繃，則讓每個人都更加焦慮——就連他們最重視的生活領域也是如此，例如居家生活。

我移居美國後，最欣賞美國的一點，是美國家庭一起做事、相互扶持、相親相愛的方式，家人之間維持一定程度的討論與民主。年輕人和年長者之間沒有僵化的隔閡，不是互不相容的世界，不需要等家長下令才勉強出現交集。在我看來，二十一世紀的美國家庭似乎是健全又進步的。

美國的父母顯然花很多時間在孩子身上，給予孩子很多的愛、關注和鼓勵，這和我那些遠在芬蘭的朋友似乎一樣。我的美國朋友和芬蘭朋友都會送孩子去上音樂課，去練足球，買玩具給孩子，講故事給孩子聽，在臉書上分享孩子的照片。

但他們之間還是有一些差別令我耿耿於懷。我造訪美國家庭時，總是有一種奇怪的感覺是我在芬蘭不曾感受到的：不知怎的，孩子似乎占據了父母的生活。一開始，我以為是我的北歐思維太過封閉古板，無法理解美國生活的頂尖創新。

我努力瞭解為什麼我對這一切感到莫名困惑時，遇到了許多很有想法的美國父母，他們覺得有必要指引小孩的玩樂朝著有生產力、教育性、目標導向的活動發展。我發現，這和盡早讓嬰幼兒擠進優良幼兒園的風潮有關。我不禁納悶，這對孩子的創造力該會有多大扼殺？接著，等孩子再大一點，進入小學，我也聽說學校的老師發現，家長幫孩子做了大部分的作業[18]，只因為家長希望孩子獲得好成績，以便申請好學校。我不禁自問，這樣做究竟灌輸了孩子什麼樣的依賴觀念？

等到孩子申請大學時，焦急的美國家長也不得不事必躬親，為孩子打理競爭日益白熱化的申請流程。等到孩子終於獲准入學，因為大學的學雜費昂貴，許多家長繼續花大把銀子在

18 — 家長幫孩子做作業：華盛頓特區的名校西德威爾友誼中學（Sidwell Friends School）甚至還寫信給家長，要求家長讓孩子自己寫英文作業，不要讓家長或家教編輯作業。參見 Sidwell。

學費、食宿和健保上，甚至連家具和汽車都奉上了。家長為了送孩子上大學如此出錢出力，也難怪有些家長會要求孩子經常報告生活動態，即使孩子已經離家，逐漸成年了，家長依然遙控著不放。我看到報導指出，大學生依然透過每日數次的簡訊和通話，跟父母保持聯繫。

至於低收入的家庭，由於家長不知道如何協助大學申請流程，青少年因此在升學方面吃了大虧。有些弱勢家庭的孩子可能排除萬難進了好大學，離鄉背井到外地就學，但進了大學以後，卻因為發現自己需要貼近家人而輟學返鄉。

我在美國常聽到成年人說，父母是他們最要好的朋友，而且那個比例之高，令我相當訝異。這種對父母的依賴心態，在北歐國家幾乎是聞所未聞的事[19]。

不過，更令我意外的是，在美國，等孩子成家立業，有自己的家庭責任以後，親子之間的依賴關係似乎整個翻轉過來。我認識一些中年人，他們疲於照應年邁父母的生活，一肩扛起照顧老人的重擔，無論是時間或金錢上都令他們難以招架。他們除了要顧好自己的事業及孩子以外，還要為父母的醫療照護、生活起居、醫療費用及保險給付煩惱。在芬蘭，這種依賴也是聞所未聞的。我的芬蘭朋友當然也會回老家探望年邁父母，幫他們處理一些小事，但是像美國人那樣一肩扛起各種照護責任，那幾乎是難以想像的狀況。

我爸媽都是受過良好教育的都市專業人士，他們一直很支持我，但是從我很小開始，他們就讓我自己處理很多事情。我九歲時，突然想學騎馬，我自己翻電話簿找了在地的馬場，打電話去詢問課程。接著再打電話去公司問我母親，能不能幫我支付學費，她說好——通常事情都是這樣運作的。我開始上騎馬課，有時爸媽會載我去馬場，但我通常是自己騎單車或搭公車去上課。我十七歲時，和一位朋友一起去阿姆斯特丹旅行。到了十八歲，就像芬蘭所有十八歲青年一樣，在社會和法律上已經是不折不扣的成年人了。我上大學挑主修時，選了新聞系，幾乎沒跟父母討論過。畢竟，那時我已離家求學，而且大學學費又不是父母支付的。

我從小體驗的芬蘭式親子教養法，絕不完美。在有些家庭中，這種方式可能在親子之間築起一道高牆，尋求協助可能被視為懦弱的象徵。或許正因為如此，現在的芬蘭父母比我爸媽那一代更融入孩子的日常活動。我與父母的關係一向非常親近，我需要協助時，始終能夠依靠他們的幫忙，但他們也刻意放手，讓我自己去處理許多人生的重要決定。我在芬蘭認識的人，大多也是以類似的模式成長，和父母維持類似的親近關係，同時從小培養相當的獨立性。

我很快就發現，報章雜誌上也開始出現類似我的觀點。兒童發展專家指出「直升機教養」（helicopter parenting）方式的種種危險[20]，他們說那些孩子從小在家長的呵護下，有二十幾年的時間免於挫折的磨難，也不需要自己做決策，但長大後往往難以成為獨立的個體。

---

19 父母與念大學的子女通簡訊，影響他們的入學機會，當他們最好的朋友：Volk Miller; DeParle, "For Poor"; Williams。

20 「直升機教養」：Gottlieb, "How"; Gunn; Kolbert。

HBO影集《女孩我最大》（Girls）之類的電視節目，就是以這類問題作為喜劇素材。那齣戲的主角是二十幾歲的作家漢娜，從小到大獲得父母的經濟支援，直到大學畢業兩年後，父母突然說要停止一切經濟資助，整齣戲就是從那裡開場的。更有甚者，美國人也日益擔心，孩子依賴過度干預的父母，可能對日後的人生造成哪些長期的傷害。《大西洋月刊》有一篇熱門的封面報導〈如何搞到孩子需要治療〉，提出警告，製藥業正卯足全力從銷售抗焦慮及抗憂慮的藥物中大發利市[21]。

我比較芬蘭和美國的朋友時，發現簡單的親子教養型態——讓孩子犯錯及學習獨立，讓他們自己去尋找及追求機會——其實是許多美國家庭覺得無力負擔的「奢求」。在美國，想要達到穩定的中產階級狀態，主要關鍵似乎可歸結到一點：擁有主動積極、孜孜不倦、事必躬親的父母。然而，這樣做並無法栽培出獨立面對現代生活挑戰的孩子，只會讓孩子依賴成性而致生活失能。這個問題的根源似乎不是情感性或心理性的，而是結構性的——是公立教育體系失敗以及大學學費高漲等問題所衍生的結果。

成年的孩子必須一肩扛起照顧年邁父母的責任，也是源自於類似的問題。在美國，幾乎不可能找到優質又平價的老人照護設施，所以成年人不得不自己照顧年邁的父母。

我現在還沒有孩子，上了年紀的父母也遠在芬蘭，所以目前我還可以輕鬆地思考美國和芬蘭之間顯著的親子關係差異。不過，有另一種人際關係是我目前正親身體會的，而且這個關係也導致美國和北歐的生活截然不同：男女關係。

我在成長過程中，受到許多堅強美國女性的啟發，包括政治人物、藝術家、作家等等。她們忠於自我，而不止是致力尋找及取悅男性而已。當我在職場上需要受到激勵以追求目標，或是在人際關係或社交上需要鼓勵自己堅持下去時，我總是可以從美國女作家的作品獲得鼓舞。移居紐約後，置身在穿著打扮時尚、足蹬高跟鞋、頂著完美妝容、秀出美甲的曼哈頓女性中，我總是感到不太自在，我比較習慣芬蘭家鄉那種低調的打扮。不過，在某大財金雜誌的曼哈頓辦公室短暫工作的那段期間，周遭女性的積極態度和大膽堅毅的性格確實令我敬畏。

然而，相對於積極正面的特質，還有另外一面。我在美國定居下來後，開始對身為美國女性的新生活產生了一些困惑，尤其是關於婚姻及男女關係的性質方面。

我看美國的電視與電影很久了，已經很習慣看到女性一心想追求完美婚姻的劇情。一九九〇年代初期，芬蘭的電視首播第一部美劇《大膽而美麗》（The Bold and the Beautiful），播出後立刻掀起熱潮，芬蘭人甚至開始以劇中人物利奇（Ridge）和布魯克（Brooke）的名字為新生兒命名[22]。那齣戲對我的影響就是學到兩個新單字。第一個是commitment（承

21 — 銷售抗焦慮及抗憂慮的藥物：McDevitt。

22 — 芬蘭小孩命名利奇和布魯克：Population Register Centre。

諾），那是劇中女性一直要求男性付出的東西。第二個字是libido（性欲），劇中人物用這個字眼來解釋為什麼令人神往的男人永遠不可能許下「承諾」。

不過，有時女性在堅持不懈下也能如願以償，等到男人獻上燦爛奪目的鑽戒，那枚戒指通常是泡在香檳杯裡。（我一直覺得那樣做很危險，因為北歐的冬天又長又冷，連最優雅的北歐女性喝酒時，也是不加思索，抓起酒杯就先乾了再說。）在我和朋友之間，commitment這個字眼變成了我們應該從男人身上期待的奢求。我們常以美劇的認真口吻，模仿美國腔說這個字，說完立刻笑彎了腰。後來我看到《艾莉的異想世界》和《慾望城市》裡的女性也是竭盡所能想要抓住男人，不過那些戲劇的調性又更複雜了一些。之後，又換成美國的真人實境秀「怪獸新娘」（bridezillas）系列引領風騷[23]。

當然，螢幕上刻畫的女性都很誇張，但我移居美國後逐漸明白，她們對真命天子的追求其實還滿寫實的，不像我想的那麼誇大。在美國的現實生活中，承諾很重要，完美的丈夫當然還需要帥氣、善良、浪漫、可靠、勤奮、愛孩子。但是搬來美國一段時間後，我發現追求承諾的背後還潛伏著一種情緒，那是我之前沒注意到的——雖然我現在發現《慾望城市》裡已經有很多證據表露無遺了。在美國，女人尋求男性的承諾時，大家往往也隱約或明顯知道她其實是在找收入高的對象，或許收入高還比其他特質來得重要。

關於這點，第一個顯而易見的跡象是美國女性戴的訂婚鑽戒。連我那個當作家兼教師的低薪美國男友崔沃跟我求婚時，也獻上了一只鑽戒。他很幸運，從祖母那裡繼承了那只戒指。那顆小鑽石的兩旁襯托著蛋白石，是我擁有的東西中，最美麗奪目的一個。那只鑽戒真真切切地象徵著崔沃的愛，令我心花怒放。但我對戒指的感覺有些複雜，在芬蘭，訂婚戒指通常只是簡單的金指環，男女雙方各戴一只，就像美國的婚戒一樣。等到舉行婚禮時，男方也許會給女方第二個戒指，上面也許會鑲一些寶石，但很少鑲昂貴的鑽石。我戴著美國未婚夫給我的訂婚鑽戒時，有時覺得這樣大剌剌地戴著那麼昂貴的東西很不好意思。不過，更重要的是，我納悶為什麼這個象徵未來婚姻的東西，非得如此炫富不可呢？而且為什麼不是展現我的財力，而是展現他的財力呢？我撫摸著光滑的蛋白石及閃閃發亮的鑽石時，感覺自己就像《魔戒》裡的咕嚕，對這個珍寶又愛又怕。

當然，不是所有美國婚姻都是心滿意足的女人和有錢男人結為連理的故事。然而，在美國的現實生活中，大家依然覺得結婚也是一種財力的結合。要證明這點，其實只要看美國典型的報稅制度就夠了。國稅局獎勵夫妻合併申報所得稅，而這對芬蘭人來說，卻是令人費解又訝異的事。芬蘭是每個人獨立課稅，婚姻狀態和你繳納的稅金毫無關係。芬蘭的做法是精心考慮過的，每個配偶都可以輕易追蹤自己的收支以及對家庭的貢獻，每個人不必考慮他們的婚姻關係，都是以類似的方式課稅。事實上，芬蘭要是出現像美國那樣合併報稅的政策，

23 — 譯註：指超難伺候的準新娘，在籌辦婚禮的過程中，太求好心切，一心只想變成最佳女主角，絲毫不顧別人的感受，渾然不知自己已變成眾人眼中的難纏角色。

芬蘭人會覺得政府在干預私德。美國國稅局的合併報稅措施，使美國夫妻的財務更加緊密地結合，促使配偶之間在財務上更加相互依賴。

美國夫妻之間這種心照不宣的財務依存關係，就像美國的親子關係一樣，讓我不禁有種時光倒流的感覺，彷彿是往昔留下的殘跡，好像美國這個盛產好萊塢浪漫故事的地方仍沉浸在古代的氛圍裡，那時的婚姻不是愛情的表現，而是一種財務與資源的互補合約，兩家人藉由聯姻來匯集資源，幫彼此存續下去。這不禁讓人納悶，為什麼全球最現代化的國家竟然還需要那麼老套的合約？

後來我也逐漸發現，我不是唯一對美國的婚姻問題感到不解的人。例如，很多受過良好教育的女性開始提到（有的是在大家廣泛閱讀的雜誌裡提到），要找一個值得結婚的男人愈來愈難了。這裡所謂「值得結婚的男人」，是指學歷、社會地位、收入與她相當或更好的男人。優秀女性努力取得知名大學或研究所的學位，可能工作也很體面，她們不知道該不該將就學經歷、地位和收入都差自己一截的男人[24]。

至於本來就屬於弱勢的族群，他們的婚姻更是陷入全面的危機。一項引發諸多討論的研究指出，三四十歲只有高中學歷的白人中，有一半以上未婚[25]。評論家為了這個現實狀況的原因爭論不休[26]，但我覺得最令我訝異的是，這個話題最終還是繞著財務打轉——要嘛就是男人的收入太低，不然就是女性覺得生活福利開銷太大。這些問題以及可能的解方，似乎都和夫妻或家庭的收入息息相關——傳統上這是指丈夫的收入，但現在有時是指妻子的收入。

於是，收入成了維繫婚姻的關鍵，或是拆散婚姻的導火線。

從北歐的觀點來看，這一切都非常奇特。我一直覺得在愛情和婚姻的關係裡，兩個人是以對等的伴侶、情人、朋友的身分在一起，跟財務是無關的。這種觀點不是出於天真單純。我從小在芬蘭成長時，父親就建議我找個收入不錯的職業，但他從來沒要我找個收入不錯的老公。我母親從我兒時有記憶以來就以身作則，清楚示範了這點。她是牙醫，自己開業，我整個童年期間，她的診所生意都很好。至於芬蘭的朋友和我自己，我們從來沒聊過希望配偶的收入多少，財力鮮少成為我們評估婚姻的因素。大家普遍認為夫妻都應該有工作，僅此而已。

然而，如今我入籍成為美國女人——自己賺得不多，老公也賺得不多——我發現美國人習慣把婚姻視為一種財務的結合，雖然令人遺憾，但確實有一些令人信服的道理。在美國，如果你考慮結婚，養兒育女，首先你需要仔細地思考你的財務狀況。你還欠多少學生貸款？你負擔得起健康保險嗎？分娩要花多少錢？不同的健康保險提供的生育福利有很大的差異。我就聽一對有健康保險的年輕夫婦說，他們為了生孩子，付了醫院兩萬美元的費用，我大吃

24 — 職業婦女尋找另一半：Bolick; Gottlieb, "Marry"; Rosin。
25 — 高中學歷白人的婚姻：Murray。
26 — 對婚姻的爭論：Chait; Cherlin; DeParle, "For Women"; Frum; Samarrai; Schuessler。

一驚[27]。

孩子生下來以後，還有育嬰的種種麻煩。根據美國法律，員工數不到五十人的公司，不必提供育嬰假[28]。如果妳產後想自己帶孩子，妳可能得辭職，但辭職了，往後生活是誰要付帳單？比較大的公司只需要提供員工三個月的產假，而且是無薪的。有些雇主提供的福利可能比較好，但一般來說，美國夫妻想要養兒育女的話，光是安排生活及支應開銷就得面臨很大的挑戰。通常夫妻之中有一人可能會為了育嬰而工作不保，而那個人通常是母親。這表示先生需要一肩扛起家計，賺得更多。突然間，女性一心追求高薪男人的承諾，似乎挺有道理的。

如果你設法計算孩子誕生以後的開銷，當你算到孩子稍大一點時，會遇到另一個財務危機。如果父母在產後都回職場工作，他們請得起保母或是有錢把孩子送去私人托嬰中心嗎？無論是請保母或是送托嬰中心，都是為數不小的支出。等孩子再大一點，美國父母還得想辦法在好的公立學校附近買房子，或是送孩子去念昂貴的私校——前提是，孩子還要擠得進窄門才行。至於儲蓄上大學的基金，那就更不用說了。

我很欽佩美國夫妻為了共組家庭所投入的心神和毅力，但是當我看到美國的婚姻節節敗退時，我一點都不意外。或許這是因為美國生活把婚姻制度變成一種窮忙、作息瘋狂、缺乏個人自由的泥沼，毫無魅力可言。當金錢可以影響家庭和孩子未來的每個決策時，這也難怪美國女性無論思維再怎麼現代，可能也不得不去注意潛在對象的收入和福利待遇。

配偶之間隱忍不發的怨懟，當然是刺激美國治療業蓬勃發展的另一個因素。心理醫生和精神科醫生靠著婚姻諮詢日進斗金，至少對負擔得起婚姻諮詢的夫妻來說是如此。但是對我這個來自芬蘭的人來說，我還是覺得問題的根源不是情緒或心理的，而是很簡單的結構問題。美國社會雖然充滿高科技的創新和行動力，卻未提供家庭基本的支持架構。相對的，北歐國家覺得那些都是全民理當享有的權利，全球幾乎每個現代化國家都是抱持同樣的看法。

對崔沃和我來說，我們的生活和家庭計畫無疑都會受到經濟不確定性、職業性質和收入的影響。我想像我跟不少美國人一樣，夜裡捧著一盒冰淇淋，坐在電視前觀賞英國熱門影集《唐頓莊園》，想像我嫁給家大業大的貴族，家裡有一群傭人可以使喚。

而且，家大業大到還有設備齊全的私人醫療院所，裡面有充足的醫護人員，一點都不希罕雇主提供的醫療保險。這也讓我想起美國第三個令我困惑不解的關係：雇傭關係。

我搬來美國以後，目睹過最難過的事情，跟一位美國友人抗癌的歷程有關。他不僅罹癌，婚姻也分崩離析。而這個案例中，最令人費解的一環是：這位罹癌的年輕朋友還需要做數個月的醫療，但是他們夫妻若是離婚，他就失去健康保險，因為醫療保險是由配偶的雇主

27 — 兩萬美元的生產費用：Wildman。

28 — 美國育嬰假法律：U.S. Department of Labor。

提供的。所以這段不幸福的婚姻只能繼續維繫下去，導致雙方承受更多不必要的折磨。由於他們兩人都必須依賴其中一人的雇主，如此衍生的痛苦因此莫名倍增了。

有些朋友的狀況不像這位羅癌友人那麼悲慘，但也充滿無奈，勉強接受不太喜歡的工作，只因為他們需要雇主提供的健康保險。有些朋友遲遲不敢換工作，或是遇到不錯的職業發展機會也不敢把握，因為那樣做必須放棄健康保險。另一個問題不像健康保險那麼明顯，但一樣充滿隱憂：我認識的美國人幾乎都不敢請完所有的假期，無論雇主給的休假有多麼微不足道，他們都不敢請完。至於每天五點下班，那又更不可能了。

後來我逐漸明白，美國有許多人在很多方面都需要依賴雇主，而那些事情多到令我難以想像，醫療照護、健康儲蓄帳戶、退休金提撥是其中最明顯的幾項。因此，雇主在雇傭關係中的權力遠大於員工。在美國，得罪雇主的風險不止是丟掉飯碗而已，後果遠遠超乎我的想像。

美國人以常換工作出名，但由於他們依賴雇主提供的福利，我認識的美國朋友似乎都比我認識的北歐人更敬畏雇主。美國人幾乎不太休育嬰假，他們顯然覺得加班是義務，對工作時間的安排幾乎無從置喙。

我在芬蘭當記者時，做過幾個壓力很大的工作。趕大案子截稿時，我也常加班或週末趕工，但大體上，我從來不必擔心以後能不能補休，或能不能把每年四到五週的帶薪假休完。此外，我的健康保險也完全不可能受到工作狀態的影響，我的芬蘭朋友也一樣，放假去休養生息、養精蓄銳時，也從來不會猶豫再三。事實上，老闆通常還會鼓勵他們去放假。他們也會休滿應得的育嬰假，以養育健康的寶寶。孩子還小時，他們也敢坦率地要求雇主讓他們以兼職的方式上班。

北歐人比較不擔心那樣的要求會引起雇主的反感，或是對職業生涯造成負面影響。原因很簡單：在北歐，基本的醫療保健以及其他的社會福利和基本服務，都不像美國那樣依賴雇傭關係。

目前為止，我已經習慣聽到大家把北歐國家貶抑成「社會主義保姆國家」。但諷刺的是，在美國，製造商品販售獲利的企業，不知怎的卻承擔了照顧員工健康的責任。我猜想，偉大的自由市場經濟學家米爾頓・傅利曼（Milton Friedman）肯定會氣到在墳墓裡死不瞑目！從北歐的觀點來看，讓營利事業負責提供員工這種基本、複雜、昂貴的社會福利，是很荒謬的事。

當然，美國人也知道這種現象很矛盾，所以在討論美國企業時，專家常提到企業承受的醫療保險重擔，尤其是小企業。但似乎沒有人談到這件事情的另一面：這導致員工對雇主產生不健康的依賴，員工只能靠雇主取得這些福利。這是一種令人不得不低頭的傳統依賴，在我看來，那完全和現代強調的個人自由與機會背道而馳，我可以想像這些美國朋友在生活上面臨的窘況。

在歐洲，尤其是北歐，批評美國人膚淺、愛錢、工作狂、勢利眼，不重視生活、家庭、休閒和愛等等，已經是老調重彈了。不過，移居美國後，我逐漸覺得這些批評不太公道。我認識的美國人都很善解人意、充滿關懷、心地善良，他們都特別重視家庭。但親眼目睹美國社會如何把人民逼上絕境，使他們最基本的人際關係，如親子關係、夫妻關係，尤其是雇傭關係遭到扭曲後，我完全可以理解為什麼會出現那些老掉牙的批評。

我也想知道，這種情況是否和美國第四種基本關係息息相關：政府與人民的關係。美國有許多政治爭論是繞著一個概念打轉：政府權力太大時，會營造出人民依賴的文化，那樣的依賴對家庭和事業都有害。美國也許真的政府權力太大，被不健康的依賴文化壓得喘不過氣來，但是在我看來，政府的大小其實不是問題所在。問題在於怎麼運用政府，以及目的是什麼。從北歐的觀點來看，美國的問題不在於太現代了，而是太落後了。

二十一世紀初，全球公認北歐國家是最成功、調適最好的地區，但是他們究竟做了什麼呢？他們真的是一群同質性很高的孤立小群體，無憂無慮地享用各種福利嗎？還是現實正好相反呢？

在全球化世界中，現代生活的緊湊步調和壓力可能是無可避免的，但是讓人民回歸傳統家庭和村落的支援架構，靠自己苦撐，那絕對不是無可避免的。我在美國生活愈久，愈覺得北歐社會所想出來的解方，其實是讓現代化更進一步的方式，而且比美國想得更遠。我們甚至可以說，北歐社會成功淘汰了社會依賴的過時老舊形式，為現代化帶來了合理的結果。北歐國家發現一種政府運作方式，以巧妙的政策為每個人民營造符合現代生活的文化，讓他們自給自足，不必依賴他人。他們因此在日常生活中落實了許多美國人在個人生活裡只能幻想的理想境界：真正的自由，真正的獨立，真正的機會。

北歐方法的一大優點是，當你把現代化推升到最高境界，讓人民自由享有真正的個人獨立時，他們不會失去和家庭、社群、彼此的連結。相反的，北歐的經驗顯示，擺脫老派的家庭依賴模式，孩子變得更自主，配偶變得更滿意，家庭變得更有活力，也更幸福。

美國只要採取一些明智的政策措施，一定可以達到類似的結果。但是在此之前，美國可能需要先有一套自己的「北歐式愛的理論」。

TWO

北歐式愛的理論

The Nordic Theory of Love

長襪皮皮的魔法

Pippi Longstocking's Magic

02

瑞典人性化嗎？

長襪皮皮是個力大無比的叛逆小女孩，綁著兩根翹起的紅辮子，滿臉雀斑。她的母親過世了，父親總是出差不在，所以她獨自一人和一隻猴子及一匹滿身斑點的白馬住在大房子裡。皮皮的力氣很大，有時會把那匹馬舉到頭頂上。皮皮有時講話唐突，不太禮貌，但她沒有惡意。

皮皮是阿思緹．林格倫（Astrid Lindgren）筆下的瑞典童書主角，長襪皮皮系列於一九四〇年代首度出版，後來譯成七十多國語言[1]，多次改編成電影和電視劇。美國也曾把皮皮的故事改編拍成電影，第一部是一九六一年由秀蘭．鄧波爾（Shirley Temple）主演。在鄰國芬蘭，我從小就是讀林格倫的著作長大的，非常喜愛她的創作，也很愛皮皮，尤其是她的馬。皮皮會把馬帶到屋內，不用馬鞍，直接騎在馬背上。但皮皮在世界各地也是兒童和家庭間的傳奇人物，她的名氣不僅局限在北歐——我那美國先生崔沃還記得小時候有人讀長襪皮皮的故事給他聽。但究竟是什麼魔力，讓許多人對皮皮如此著迷？

皮皮最好的朋友，是隔壁家兩個孩子安妮卡和湯米。他們來自完美無瑕的小家庭，和皮皮一點都不像。小時候，從來沒有人跟我解釋皮皮這個角色，也沒有人為我說明皮皮和那兩個小孩的關係究竟有什麼含義，甚至成年以後也沒有人告訴我。後來我遇到拉斯．特雷葛（Lars Trägårdh），他才為我指出其中的意涵。

特雷葛是瑞典學者兼史學家，在美國居住數十年，對她有非常深入的瞭解。他從小就夢想到美國，高中畢業後，他順利申請到加州的波莫納文理學院（Pomona）。於是，他就像每年數百萬名美國學生那樣，開始申請助學金以支應大學學費，那是他第一次體會到美國的運作方式。波莫納的助學金承辦人員遞給他兩份表格，請他填寫。其中一份詢問他的收入和存款，另一份詢問他雙親的收入和存款。

特雷葛覺得很困惑。他已經十八歲了，在法律上已算成年。在瑞典，他的父母對他不再有任何責任，在法律上也沒有權利干涉他的事情。他自力更生，所以不解父母的收入跟他的大學學費有什麼關係。特雷葛記得當時他向波莫納的助學金辦事員解釋這一切時，對方告訴他，在美國，家長非常愛孩子，很樂意幫孩子出數千美元的學雜費——數十年後的今天，隨便念個大學可能都需要數萬美元。

那次經驗促使特雷葛開始思考及撰寫美國夢，並比較美國夢和北歐夢的差異，那也成了他畢生的志業。他是由單親媽媽扶養長大的，後來確實申請到助學金。一九七〇年代他在波莫納完成學業後，在舊金山開了一家咖啡館，也開創了自己的電腦事業，成了創業者。一九九〇年代初期，他重返校園，進入加州大學柏克萊分校攻讀博士學位。之後，他在紐約市的

1　長襪皮皮的譯本：Astridlindgren.se。

巴納德學院（Barnard College）教授歐洲史十年，後來和美籍妻子搬回瑞典。目前他在瑞典大學的研究重點是兒童權益和社會信任，亦即有助於維繫社會的道德凝聚力。

幾年前，特雷葛與人合著一本書，書名是《瑞典人性化嗎？》（*Är svensken människa?*）[2]。這個令人有些驚訝的問題，其實是過去一項研究的主題，許多瑞典人可能都能一眼看出來，但外人可能需要一些解釋才會明白，而這一切其實和前面提到的長襪皮皮有些關係。

一九四〇年代，林格倫開始撰寫活潑可愛的皮皮時，另一位瑞典作家正在分析瑞典人的性格，寫了一本截然不同的書，書名就是前面提到那個令人吃驚的問題。他的名字是山福里．寧安德－尼爾森（Sanfrid Neander-Nilsson）。寧安德－尼爾森認為，瑞典人的性格冷漠、內向、悲觀、抑鬱，幾乎就像動物一般。他筆下的瑞典人渴望孤獨，畏懼他人，一點都不像長襪皮皮。

把瑞典人描述成終極的孤僻者，可能很令人訝異，尤其那和風靡全球的長襪皮皮宛如天壤之別。但是那說法其實有幾分道理，北歐人確實不是以外向著稱，給外界的形象大多偏向內斂沉靜，可能還帶點陰鬱。但是話又說回來，大家對北歐人的刻板印象也許是不太多話，但可能又覺得他們對同胞的需求很敏感，尤其外界有時會認為北歐人有社會主義的傾向。也因此，大家覺得北歐人有集體心態，會彼此相互扶持，而不是極端的個人主義者。

然而，強大的個人主義**確實是**北歐社會的部分基石，因此特雷葛覺得「瑞典人性化嗎？」這個老問題值得重新複習，並以比較正面的新觀點來看待北歐的個人主義。多年來，他觀察瑞典與美國的差異後，在書中以瑞典社會的一些核心特質（也是每個北歐社會普遍都有的特質）來說明北歐的成功。事實上，特雷葛的研究結果充分說明了，為什麼北歐國家在全球競爭力和生活品質調查上名列前茅。此外，特雷葛也幫我理解了，為什麼美國的種種關係令我如此費解，尤其是親子關係、夫妻關係、雇傭關係。這一切歸根結柢，都跟北歐對「愛」的想法有關，而長襪皮皮就是一個完美範例。

特雷葛和合著者——知名的瑞典史學家兼記者亨利克·貝格倫（Henrik Berggren）——把他們對個人主義的觀察歸納成一套理論，稱之為「瑞典式愛的理論」（Swedish theory of love）。那套理論的核心概念是這樣的：兩人唯有彼此獨立對等，才有可能產生真正的愛與友誼。這個概念充分說明了我從小到大學習的價值觀，我覺得那是芬蘭人及其他北歐國家最重視的價值，不止瑞典人這麼想，所以我喜歡稱它為「北歐式愛的理論」。對北歐公民來說，人生中最重要的價值觀，是達到個人的自給自足以及群體關係的獨立自主。如果你是美國個人主義和個人自由的愛好者，你可能會覺得那根本是美式思維。

如果一個人必須依靠同胞，不管他喜不喜歡，都是屈居於不平等的地位。更糟的是，就

2 《瑞典人性化嗎？》：Berggren, Är; Neander-Nilsson。

像特雷葛和貝格倫討論長襪皮皮的寓意時所說的：「當一個人蒙受他人的恩情和幫助，或需要陌生人和親密伴侶的救濟才能生存下去時，他也會變得不可靠……他會變得不誠實，不真實。」

在皮皮的世界裡——別忘了，她是力大無比、獨自住在大房子裡的小女孩——這表示，正因為她完全自給自足，她的友誼對那兩個鄰家孩子來說是很棒的禮物。他們確信皮皮的友誼是無條件的，真誠的，也別無所求。正因為皮皮是一種誇張的自給自足狀態，她讓我們看到她的愛是純真的，她可以熱情奔放，肆無忌憚，我們因此對她充滿了欽羨之情。當然，在現實生活中，皮皮那個年記的孩子仍然需要健康依賴父母，就像皮皮的鄰居湯米和安妮卡那樣。但皮皮充分展現出毫無負擔的愛是一種怎樣的理想狀態。在北歐思維中，那個故事的寓意也可以延伸套用到現實生活的多種成年關係[3]。

特雷葛在美國多年後逐漸瞭解到，北歐社會在整個二十世紀及二十一世紀的首要目標，根本不是大家誤以為的經濟社會化。北歐的目標，其實一直是讓每個人掙脫家庭**和**社會裡的**各種**依賴形式，例如讓窮人不再依賴慈善救助，妻子不再依賴丈夫，成年的孩子不再依賴父母，而年邁的父母不再依賴孩子。這個明確的自由目標，是為了讓所有人際關係都不受外在動機和需要的束縛，因此達到完全的自由，徹底的真實，而純粹受到愛的驅動。

我想親自和特雷格討論這一切，所以我從紐約的新家聯絡遠在瑞典的他。我們在Skype上聊天時，他解釋，這正是他覺得美國大學的助學金制度很奇怪的原因。「在美國，一般預期家長為孩子出錢是一種道義，甚至是合情合理的，即使孩子已經成年了也是如此。」特雷葛說：「但是這樣的預期也意謂著父母有權力主導孩子。」

北歐人擺脫了那種預期，他們教養孩子時，目的是培養孩子獨立自主，以便將來自食其力。北歐社會的普遍預期是，每個人都應該要有能力開創人生，不需要因為財務上虧欠父母太多而影響自己的未來。另一個相對應的預期是，任何人都不該因為父母的財力不足而陷入劣勢。同樣的，妻子也不該在財務上過度依賴丈夫，反之亦然。任何人在選擇工作時，也不需要擔心自己能否繼續獲得癌症治療之類的保障。

這一切所營造出來的人際關係，比較沒有怨恨、內疚和包袱。所以，北歐式愛的理論其實是一種處世哲學，充分顯示獨立自主的人如何在現代社會中待人接物。當我們從舊時麻煩的財務和人情義務中解脫以後，我們與愛人、家人、友人的關係才能搭建在單純的人際關係上，而且可以更自在地表達我們對這些關係的真實感受。

在此同時，北歐式愛的理論也變成一種建構社會的終極理念，因此啟發了北歐國家提出多種政策選擇，以確保單一的首要目標：讓社會裡的每個人都能享有獨立、自由和機會。北歐國家的主要決策——舉凡家庭政策、教育政策、醫療保健政策等等——大多是源自於北歐

3 — 特雷格和貝格倫談論長襪皮皮：Berggren, "Pippi," 12。

式愛的理論，也是這個理論的直接體現。雖然這些決策的靈感可能是源自於北歐的文化價值觀，但政策制定無關文化，就單純只是政策選擇罷了。不過，美國普遍誤解了北歐這一切是怎麼運作的。

現代化的進展

在美國，大家覺得個人自由的最大敵人是國家。就這方面來說，美國人那樣想確實是有道理的。歷史充分證明了，國家可用來壓迫，甚至完全破壞個人自由。畢竟，過去幾十年間，美國的最大敵人是蘇聯，蘇聯當局往往連人民生活中最隱私的細節也掌握不放。美國有些人評論北歐的成就時，把芬蘭等國貶抑成「社會主義保姆國家」，他們的說法表達出一種真實的恐懼，擔心人民可能會變成溫順的羔羊，日益受到政府的影響和掌控。

不過，每當我聽到美國人把芬蘭稱為社會主義國家時，總覺得時光好像瞬間回到一九五〇年代。我這一代和老一輩的芬蘭人都很清楚社會主義是怎麼回事，更遑論共產主義了。畢竟，我們成長的過程中，蘇聯就緊挨在隔壁。二十世紀，芬蘭曾為了保障自由、獨立及自由市場體系，而與社會主義打了三次殘酷的戰爭。

以下是一點歷史背景：在二十世紀初以前，芬蘭一直是由瑞典和俄羅斯交替統治，一九一七年俄羅斯的共產革命推翻俄國沙皇時，芬蘭獲得獨立。但芬蘭國內馬上陷入激烈的鬥爭，工人階級認同俄羅斯共產主義者的理念，對抗保守的資本家。在短暫但激烈的內戰中，自由市場派勝出，徹底擊敗了社會主義者的反動。

二十年後，蘇聯威脅到芬蘭的獨立時，芬蘭再次擊退了社會主義，保全了自由和獨立，但芬蘭也為此付出很大的代價。近五分之一的芬蘭國民上戰場對抗蘇聯，還有更多人是以醫護人員和支援的角色參戰。總計，芬蘭共三百七十萬人口中，有九萬三千人在戰爭中喪生[4]。

我們芬蘭人所瞭解的社會主義是這樣的：政府控制生產，禁止人民擁有財產，不准有私人工廠、公司或商店，也沒有自由市場。沒有人可以累積個人財富，只有一個政黨，幾乎沒有個人自由和言論自由。社會主義和共產主義其實只差一步，馬克思定義的共產主義是：政府或國家皆可拋。

把當代的北歐社會視為社會主義的社會，是很荒謬的想法。有些保守派的批評者喜歡說，歐巴馬那種自由派的美國領導者是社會主義者，那種說法實在太可笑了。事實上，芬蘭人很快就對這種刻板印象嗤之以鼻。二十世紀期間，芬蘭為了對抗社會主義和共產主義所犧牲的人數，跟美國為了對抗共產主義而參與韓戰和越戰所犧牲的人數差不多（美國在那兩次

4 — 芬蘭人在一九三九—一九四四年戰爭中的犧牲：當時芬蘭總人口是三百七十萬人，其中有七十萬人參戰，九萬三千人喪生。參見 See Leskinen, 1152–55。

激戰中犧牲了約十六分之一的人口）[5]。過去七十幾年來北歐國家的經驗顯示，即使是美國這樣一個已經非常堅持自由的國家，可能也能從北歐獲得一些有關自由和自由市場資本主義的啟示。

事實上，如果二十一世紀國家存在的目的，不是為了從人民身上剝奪更多的權力，而是為了進一步推廣自由和獨立的現代價值觀，為人民最完善的個人自由奠定基礎，那會是什麼樣子呢？如今的北歐社會契約就是由這種對個人主義的特殊堅持界定的。從北歐地區在全球各種調查上的排名，不止生活品質方面，還有經濟活力方面，可以清楚看到採行這種方式的結果。

我離開芬蘭、移居美國時所放棄的種種優勢，諸如公共醫療照護、平價托兒服務、真正的育嬰福利、優質免費的教育，納稅人資助的老人住所，甚至配偶單獨課稅等等，並不是政府為了讓我們變成依賴國家德政的奴隸而發放的禮物。北歐體制的設計，是刻意把現代生活的具體挑戰納入考量，讓人民盡可能在生活和財務上達到獨立。這其實和共產主義或社會主義的體制恰恰相反。這也是為什麼在北歐國家呼籲人民團結一致，並不像一般所想的那麼高尚的原因。

特雷葛告訴我：「瑞典人喜歡把自己想成非常無私、總是做好事的人。」其實同樣的說法也可以套用在芬蘭人或其他北歐人身上。不過，促使瑞典人和其他北歐人支持北歐體制的真正動機，其實不是利他主義，而是利己主義，沒有人是那樣無私忘我的。北歐社會提供全體人民——尤其是中產階級——最大的自主權，讓他們掙脫傳統的依賴關係，這樣做除了確保個人自由以外，也幫人民省下很多錢和麻煩。特雷葛和貝格倫指出，北歐國家其實是世界上最個人化的社會。

我知道有些美國人會覺得這聽起來很可怕，那肯定讓他們聯想到極權主義國家——為了把人民變成體制的奴隸，而切斷人與人之間的所有情感關係。如果你因為在芬蘭住過，而對北歐社會抱持負面看法，那也是可以理解及寬恕的。芬蘭人也很愛抱怨國內的一切有多糟——舉凡社會服務有多爛、家庭關係有多麻煩、孩子成長有多慘、政府有多官僚等等。這有部分是人性使然，人無論生活過得多好，總是可以挑剔自己的處境有多糟。事實上，很多芬蘭人真的不知道自己過得有多好，因為他們不曾在美國這種國家當過公民。例如，很多國際化、高學歷的芬蘭朋友聽我解釋了上百遍，還是不懂為什麼美國已經通過俗稱「歐巴馬健保」（Obama-Care）的平價醫療法案，卻仍沒有全民健保。他們根本無法想像先進的富有國家會這麼落後。

儘管你在北歐社會還是會聽到抱怨，你只要比較近幾十年來北歐國家和其他國家的家庭生活統計數據就會清楚看到，相親相愛的家庭、健康樂群的孩子、守望相助的社群其實是北

5— 芬蘭人的犧牲人數：韓戰及越戰中喪生的美國人約九萬五千人，幾乎跟芬蘭兩次抗戰蘇聯的死亡人數差不多（九萬三千人）。二〇一五年七月，芬蘭的總人口約五百五十萬人，美國則有三・二億人。Leskinen, 1152–53; Leland, 3。

歐的常態。聯合國兒童基金會（UNICEF）研究全球幾個富國的孩童福祉，比較兒童貧困、兒童健康與安全、家庭關係、教育、行為（包括飲食、少女懷孕、霸凌）等指標後，發現荷蘭、挪威、冰島、芬蘭、瑞典都名列前茅[6]。很遺憾，美國的排名幾乎墊底。慈善組織「救助兒童會」（Save the Children）的研究顯示，北歐國家是全球對母親最好的國家，美國的排名是第三十三位[7]。這怎麼可能呢？這確實是有可能的，因為讓人掙脫財務和其他相互依存的束縛，使他們更加關心彼此，而不是更加冷漠，正是北歐式愛的實踐。

但是這些有關北歐極端個人主義和獨立性的討論，是否意謂著：即使北歐人很愛他們的家庭，他們的家庭關係終究還是薄弱的吧。畢竟，讓夫妻擺脫財務上相互依存的關係，使他們不必非得待在一起不可，那不是鼓勵家庭分裂嗎？

事實上，北歐式愛的理論藉由讓個人享有自主權，反而使家庭脫胎換骨，變得更現代，更能因應二十一世紀的挑戰。特雷葛和貝格倫為瑞士達沃斯的世界經濟論壇準備了一份報告，標題是〈北歐模式〉（*The Nordic Way*），他們寫道：「家庭仍是北歐國家的核心社會制度，但家庭本身也充滿同樣的道德邏輯，強調自主和平等。在理想的家庭中，成年人有自己的工作，財務上不相互依賴，小孩也在大人的鼓勵下，儘早獨立自主。這種模式不會破壞『家庭的價值觀』，而是讓家庭這種社會制度走向現代化。[8]」

特雷葛用來說明北歐式愛的理論以及北歐社會如何看待家庭的例子是老人照護。在美國，萬一你的年邁父母長年生病，照顧他們及支付醫療費可能會耗光你的財力和人生。在北歐，萬一你的父母長年生病，他們的照護與醫療都可以依賴國家的健保系統。結果是什麼樣子呢？你可以善用陪伴父母的寶貴時間，去做一些社工人員沒辦法幫你做的事情，例如陪父母散步、聊天、閱讀，或就只是一起共度時光。

特雷葛告訴我：「研究調查詢問瑞典人，他們比較願意依賴自己的成年子女，還是依賴國家？他們回答國家。如果你換一種問法，問他們是否喜歡孩子來探望他們，他們都會說喜歡。所以瑞典老人並非不想和孩子親近，只是不希望讓親子關係變成依賴狀態。」

儘管有些美國人仍懷疑北歐國家對自由市場的投入，但瑞典、芬蘭、美國和其他工業化富國都是沉浸在現代資本主義的社會。這種現代自由市場的生活，正是化解家庭和社群的傳統關係，讓性別角色逐漸平等，鼓勵個人化和獨立的力量。評論者有時聲稱，北歐國家沒什麼值得全球學習的地方，因為北歐的成功是某個孤立、文化單一、種族單純的小群體所特有的。但這種說法過於狹隘，忽略了更大的格局。雖然北歐式愛的理論看似某個地區特有的文化概念，但那裡衍生的優良社會政策，正好適合每個國家日益現代化時普遍面臨的挑戰。

如今美國積極採行現代的自由市場體系，可說是超級現代的社會，但美國卻像古代社會

6— 各個國家的孩童福祉：UNICEF。

7— 全球對母親最好的國家：Save, 10。

8— 特雷葛和貝格倫談作為社會機構的家庭：Berggren, "Social," 15。

一樣，讓家庭和其他社群體制來因應現代自由市場所衍生的問題。從北歐的觀點來看，美國陷入矛盾的衝突中，但那不是自由派和保守派之間的衝突，也不是民主黨和共和黨之間的衝突，更不是大政府與小政府之類的老套爭論，而是卡在過去與未來之間的矛盾。從現代化的觀點來看，美國政府的所作所為確實看起來膨脹得荒謬，且恣意妄為。美國政府以形形色色的政策過度干預社會，並為特殊利益量身打造福利的方式，在北歐人看來顯然是過時的治理方式。無論美國願不願意承認這點，持續陷在過去無疑會使美國在世界上愈來愈屈於劣勢。

世界不斷地發展與改變，每個國家都需要新的想法。美國知名專欄作家大衛・布魯克斯（David Brooks）在名為〈人才社會〉的文章中，把這個需要描述得特別貼切：「我們活在美好的個人主義時代。[9]」他表達的觀點幾乎和特雷葛一樣。布魯克斯引用的證據顯示，無論我們喜不喜歡，現代化正持續地進步。例如，幾個世代以前，未婚生子是羞於見人的事，但現在未滿三十歲的美國女性所產下的子女中，有一半以上是非婚生子女。一半以上的美國成年人是單身，28%的家庭只有一個人。美國單人家庭的數量比結婚有小孩的家庭還多。認為自己政治立場獨立的美國人，也比共和黨或民主黨人還多。終生雇用的情況愈來愈少，工會的會員人數也急遽下降。

布魯克斯因此指出：「這個趨勢很明顯。」他也提到個人獨立性逐漸取代了傳統老舊的人際關係。「五十年前，美國人習慣群體生活，大家比較可能融入穩定、綿密、義務性的關係，大多是以永久的社會角色來定義身分，例如母親、父親、執事等等。如今，個人擁有更多的自由，在比較多元、鬆散、彈性的關係中游移。」

布魯克斯勾勒出來的美國樣貌，是允許「有抱負、有才華的人從各種美好的可能性中脫穎而出」，但缺乏那些技能的人則遭到遺忘冷落，無人聞問。雖然這多少道破了美國的困境，但並不是美國的全貌。說到「有抱負、有才華的人」，我們還必須補充，有抱負、有才華的人還必須幸運擁有大量的私人資源，才能在現今的美國中找到機會。

布魯克斯說，現在是把美國遺忘的安穩綿密社會加以徹底改造的時候了。這正是北歐地區所做的，布魯克斯形容目前我們的文化和經濟生活的特色是「多元、結構鬆散、彈性的關係網絡」，北歐式愛的理論正好可以作為這種關係的扎實基礎。在這個愈來愈自由的年代，芬蘭和其他北歐國家找到了拓展個人自由，同時也確保絕大多數人（不止菁英）都能夠蓬勃發展的方法。

隨著二十一世紀的進展，能自己發展出「北歐式愛的理論」的國家，將享有長期的優勢。良好的生活品質、工作滿意度和健康、經濟活力、政治自由和穩定是息息相關的。有鑑於此，如果美國能仿效一些北歐社會的成果來振興自己，從哪裡著手最好呢？

以北歐人的觀點看來，從人之初著手，也就是從嬰兒開始，是不錯的起點。

9 「我們活在美好的個人主義時代。」：Brooks。

THREE

真實的家庭價值觀

Family Values for Real

堅毅的個體組成美好的團隊

Strong Individuals Form a Beautiful Team

03

從小孩開始

美國友人珍妮佛得知自己懷孕時，請朋友推薦產科醫生。她先打電話詢問醫生是否接受她的保險給付，以及他和哪家醫院合作。珍妮佛找到一位滿意的醫生，而且不必多付額外的費用後，開始定期去做產檢。每次產檢大多是做例行的檢查，她記得診所給新手媽媽的建議裡，只提到可能出現產後抑鬱症。至於哺餵母乳方面，她是自己上網查詢及詢問朋友的。

當時她在紐約市一家大型媒體公司上班，每天工作到晚上七八點才下班。懷孕以後，她問老闆可不可以讓她轉調到工時較短、上班時間較固定的職位。儘管公司沒必要特別通融孕婦，但她的老闆很大方，一口答應了她的要求。珍妮佛臨盆前幾個月，開始出現早期陣痛，醫生要求她臥床休息。她的老闆還是很大方，讓她在家工作，直到孩子出生為止。對此，珍妮佛始終心懷感激。

產後，她住在醫院的半私人房裡靜養了三天，住院費是由保險給付，但剖腹生產是自費的。接著，她開始放三個月的無薪產假。雇主提供的「短期失能保險」付了她十週的薪水，她休完產假後回去上班，換她的先生把累積的假期休完，以便在家裡多照顧小孩一個月。

珍妮佛很早就開始尋找日間托嬰中心，因為她知道那很麻煩。她研究了多家日托中心，以確認它們的品質和聲譽，排候補名單，比較價格，並詢問親友的意見。最後，她選定的那間托嬰中心每個月收費一千兩百美元，一年要價一萬四千四百美元，紐約市區的托嬰中心大抵都是這個價位[1]。所以，她的寶寶從四個月大開始就在那裡度過白天。

珍妮佛懷第二胎時，她已經換到一家比較小的公司。工作時間較好控制，但健康保險不同了，她無法找上次那位產科醫生看診。由於新公司的員工人數不到五十人，她也不再享有產假，公司也沒有提供短期失能保險。所以即使她在懷孕的第二期和第三期出現嚴重背痛，她還是得天天進辦公室，就這樣痛苦地撐了六個月。她剖腹生產後，醫生鼓勵她下床活動。她產後幾天就回家了。回家沒多久，她坐在沙發上抱著寶寶時，感覺身體有股外漏的極度不適感，原來手術的傷口裂開了，她必須回醫院重新縫合。她的新雇主也表現得很慷慨大方，讓她休了六週的帶薪產假。由於這次她先生沒有足夠的假期可休，所以小兒子才六週大就跟著姊姊一起到日間托嬰中心。「我是剖腹產，那是腹部的重大手術。」珍妮佛接著說：「所以我等於是在重大手術六週後就回去上班，而且那六週還要照顧孩子，嚴重睡眠不足，我覺得那實在太不人道了。」

其實珍妮佛在這個體制中已經算幸運的了。她的第一個雇主允許她懷孕期間在家工作，而且她的保險涵蓋了兩次生產費用。不是每個孕婦都那麼幸運。一般來說，美國有保險的婦女生個孩子還要自掏腰包數千美元。沒有保險的婦女可能生個孩子就要支付上萬美元的費用[2]。

1　二〇〇九年，紐約州一名嬰兒的托嬰費，一年平均是 10400 美元；紐約市是一年平均 16250 美元。參見 Office of Senator Kirsten Gillibrand, *Child Care*。

至於休假，在員工五十人以上的公司任職一年以上的美國人，每年可享有十二週的家事假和醫療假[3]，這當然是**無薪的**，但那個假可用於以下幾種情況：生育；領養；照顧生病的孩子、配偶或父母；養病[4]。二〇一二年，美國只有一半多一點的員工享有這個法律所賦予的權利，其他人無法保證以任何理由獲得任何假期，無論是生育或生病都不見得能請假[5]。美國人盛讚小企業是美國經濟的支柱，但小企業也有黑暗的一面：員工毫無任何保障。理論上，公司不准因員工懷孕而開除員工，但實際上這種事情經常發生[6]。

說到勞工的家庭和醫療假，美國在這方面完全達不到現代國家的常態規範。北歐人民往往沒想到自己的福利有多好，美國人則沒發現自己受到的待遇有多糟。二〇一四年，聯合國調查一百八十五個國家和地區，那份報告指出只有兩個地方沒有保證帶薪的產假：巴布亞新幾內亞和美國[7]。美國也是少數幾個不保證勞工可獲得帶薪病假的國家，其他幾個類似國家是安哥拉、印度、賴比瑞亞[8]。

因此，美國人養兒育女時，他們的選擇因居住地、雇主、工作技能、職位高低的不同而有很大差異。有些州和城市要求企業必須給員工帶薪病假[9]，加州是少數提供帶薪家事假的州[10]，只要是加入該州失能保險的勞工，均可請帶薪的家事假，但最多六週，而且只領約一半的正常工資。倡導家事假的美國人頌揚加州是進步的典範，那確實是不錯的開始。但以任何北歐國家的標準來看，六週領半薪的家事假依舊很落伍。

有些比較優良的美國企業確實提供員工帶薪的病假，有些企業甚至提供帶薪的家事假。

大家常稱頌Google提供五個月的產假。有些公司也為員工補貼短期的失能保險，那筆保險金可用來支應無薪育嬰假的部分薪資，就像珍妮佛第一次產子時那樣。許多新手媽媽是請病假和年休來作為帶薪的育嬰假，但是那樣做也犧牲了自己未來迫切需要的假期[11]。

整體來說，美國的現實狀況令人悲觀：二〇一五年，在私營企業上班的美國人中，雖然有87%至少可享有一些無薪的家事假，但享有帶薪家事假的人只有10%[12]；約三分之一的私營企業員工沒有帶薪病假，四分之一沒有帶薪年假。即使是享有帶薪年假的人，在私人企業任職滿一年的全職員工，平均也只有十天的帶薪年假；任職滿五年後，帶薪年假可達十五

---

2 生產費用：Truven; Rosenthal, "American Way."。

3 譯註：家庭與醫療休假法（Family and Medical Leave Act）賦予符合資格的員工（無論男女）12週留職停薪權利，讓員工生育或照顧小孩、配偶或雙親。

4 美國育嬰假法規：U.S. Department of Labor。

5 法律規定賦予勞工育兒假的權利：Klerman。

6 美國懷孕婦女失去工作和缺乏工作保障：Bakst; Graff; Liptak; Redden; Suddath; Swarns; New York State Office of the Attorney General。

7 世界各地的產假：Addati, 16。

8 不同國家的病假：Heymann; World Policy Forum。

9 美國有些州和城市提供帶薪病假：White House Office, "White House Unveils."。

10 加州帶薪家事假：Employment Development。

11 企業家事假例子：Grant。

12 美國的帶薪假：Bureau of Labor Statistics, "Table 32" and "Table 38."。

天。二〇〇六年至二〇一〇年間，近三分之一的美國職業婦女表示她們沒休產假。至於有休產假的職業婦女，平均產假是十週[13]。

珍妮佛一語道破了這一切窘境：「在這個國家，你只能任憑雇主擺布。你其實沒什麼權利，也因為這樣，你始終生活在擔憂裡。」

對信奉「北歐式愛的理論」的國家來說，美國人養育下一代的方式著實令人費解。北歐國家身為現代化、工業化的富國，知道勞工與企業的生產力以及社會和經濟的長期穩健，首要的就是有賴親子關係、夫妻關係、雇傭關係的健全發展，所以北歐地區養育下一代的方式與美國截然不同。

在芬蘭，友人漢娜得知自己懷孕時，先打電話到鎮上的婦產科預約看護士（她住的城鎮在赫爾辛基附近）。她第一次去看診時，她和胎兒馬上被納入芬蘭為培育所有家庭而設立的全面照護系統中。也就是說，芬蘭的每個家庭，無論收入、居住地或就業狀態，都享有這項福利。

整個懷孕期間，護士（偶爾換成醫生）會追蹤漢娜的健康，並指導漢娜如何哺乳，該避免哪些食物，以及懷孕時可能出現什麼感受。護士會為漢娜做一些產檢，以提早偵察出任何狀況，並與她討論過去的健康狀況，好瞭解是否有酗酒、吸毒和吸菸的風險。每當漢娜有疑問時，都可以徵詢護士的意見，或是打電話到新手父母的專線詢問。

漢娜懷孕期間過得很平順，只需要看醫生幾次。護士依照慣例幫她安排了兩次超音波檢查，兩次都沒出現什麼問題。漢娜自己又付費找私人醫生做了兩次超音波掃描以求心安。不過，萬一真的出現問題，公共醫療體系還是會馬上處理。我嫂嫂維拉懷第一胎時，肚子看起來異常的小，她馬上被送到醫院進行額外的檢查，幸好一切正常。另一位朋友懷孕時出現輕度的心律不整，也是馬上送到醫院檢查。

對漢娜和她先生歐利來說，除了那兩次額外的超音波掃描以外，其他所有的產前護理都是免費的。美國人一聽到這種事，可能會出現兩種反應。漢娜和歐利肯定支付極高的稅金去補貼那些公共福利，使他們的可支配所得遠比類似的美國家庭還少，美國家庭至少可以自由挑選自己想買哪種保險。或者，美國人可能會很同情漢娜和歐利，覺得他們肯定很窮或是弱勢家庭，才有資格獲得那麼多免費的追蹤檢查、諮詢和協助。

我們暫且不談稅金的問題——那其實是很有趣的議題，我們稍後會談到——漢娜和歐利其實一點也不窮，也非弱勢家庭。他們在芬蘭最負盛名的赫爾辛基理工大學（如今更名為阿爾托大學）讀工業工程系和管理系時相識的。漢娜懷孕時，他們兩人都在赫爾辛基的頂尖管理顧問公司上班。漢娜懷孕時獲得的照護，其實是芬蘭任何人都可以獲得的標準照護。有些

13 — 美國產假天數：U.S. Department of Health, 40。

芬蘭朋友甚至覺得懷孕期間護士詢問的私人生活問題有點煩，但他們還是泰然面對，因為他們知道診所只是想確保胎兒的健康。很多人都很樂於接受那麼多的幫助，尤其嬰兒出生後，家長可以繼續帶嬰兒免費回診，那也是新手父母最有可能充滿問題、不知所措的時候。

隨著預產期的到來，漢娜和歐利可以選擇生產的醫院。他們可以事先參觀醫院的設施，瞭解分娩輔具、浴缸、以及產婦分娩時舒緩疼痛的方法。漢娜去醫院生產時，她和歐利是住在公立醫院的私人房四天，新生兒的嬰兒床就放在旁邊。訓練有素的助產士負責管理產科病房，每天都會探訪病房數次。歐利則是負責更換尿布以及取用餐點和藥物。

這些都是所有芬蘭父母享有的標準照護。我嫂嫂維拉仍記得她生下第一胎時，在公立醫院獲得許多醫護人員的實用指導，包括如何幫嬰兒洗澡、更換尿布和哺餵母乳。維拉告訴我，醫院的助產士根本是天使，他和我哥米柯在醫院的私人房住了三天，那三天對剛努力熟悉新生活的小家庭來說有很大的幫助。多年後，維拉和我翻閱著兩個小孩剛出生時的照片，她開心回憶道：「而且我們不是只吃燕麥粥，我們在那裡享有最好的優格、什錦燕麥和果乾，各種營養。」

漢娜和歐利在照顧新生兒上不需要那麼多指導，因為他們已領養過一個小嬰兒。不過，生產還是帶給漢娜一些身體上的創痛，她馬上獲得一位物理治療師的協助，在住院期間開始療程。漢娜生產幾個月後，我去赫爾辛基的郊外住家探訪她，我們一起坐在她家的廚房，她對我描述這一切經驗。「我真的覺得一切進行得很順利。」她的兒子奧利佛就睡在我們旁邊的嬰兒床上，「這一胎有點難產，但我獲得一切所需的照護，而且我還沒恢復體力以前，沒有人急著趕我們出院。」

不過，漢娜和歐利確實需要為這些醫療付出費用。很抱歉，這個帳單竟然才三百七十五美元[14]。

當然，不是每個人在芬蘭的生產經驗都如此美好。萬一遇到緊急狀況，孕婦可能必須和其他人共用一間病房，或是在非個人首選的醫院裡分娩。每個城市確實有不同的慣例和設施，生產在任何情況下都可能是勞心費神的折磨。不過，我的芬蘭朋友大多提到，他們懷孕和生產時受到良好照護。我認識一對夫妻，他們住在醫院的私人房一週，因為產婦遲遲無法以母乳哺餵嬰兒。在醫護人員確定嬰兒獲得妥善的營養以前，醫院從來沒有建議他們盡早打包出院。延長住院時間確實讓他們的醫療費用增加，但總計也只增至五百美元而已。

這就是嬰兒出生時，北歐式愛的理論在芬蘭實踐的方式。那個理論主張，父母應該盡可能把焦點放在迎接新生命的到來，盡量去關愛新生兒，而不是被生活上的種種挑戰搞到焦頭

14 — 漢娜的住院費用：二〇一五年，芬蘭公立醫院的基本房間，一天的最高收費是38.10歐元。漢娜住的那間醫院針對私人家庭房收雙倍的價錢。她以一天76.20歐元支付了四天的費用，外加另一天的費用是38.10歐元，總共是342.90歐元。這個數字在二〇一五年七月相當於375美元，價格涵蓋食宿、醫療、所有手術和醫院提供的藥物。Ministry of Social Affairs and Health, Terveydenhuollon; HUS。

爛額。其他北歐國家都有類似的作法，只是多少有一些地方性的差異。丹麥在分娩方面不像芬蘭那樣給予那麼多的關注，他們比較強調自然分娩，不鼓勵無痛分娩或長期住院，但以針灸減輕分娩痛苦仍是常見作法。我的丹麥朋友布蘭德在妻子漢娜產下第一胎的當晚凌晨，就被醫院趕回家了，留下產婦和嬰兒住在醫院裡。護士很直率地告訴他：「醫院不是飯店。」然後就催他搭計程車離開，布蘭德回憶道：「我一路上還跟計程車司機講好多話。」另一位丹麥友人希格蕊剖腹產下第一胎時，她很感謝護士讓她待在醫院一週，以確保她能夠順利餵母乳。相反的，後來她又自然產下兩胎時，她分娩完幾小時後，就被送回家休養了。她和先生都覺得這樣也很好，其他有類似經驗的丹麥朋友也有同感。一位瑞典朋友直誇她懷孕期間，護士在她身上投注了很多時間。另兩位瑞典朋友則認為同樣的貼心服務（例如陪孕婦閒聊感受等等）有點太多了。有些瑞典朋友生產時是住醫院的私人房，有些不是。平均而言，他們住院需要支付的費用僅五十美元左右[15]。

新生兒平安誕生後，北歐式愛的理論也深深影響到他們降臨人世的第一年。北歐國家認為，支持家庭照顧孩子，對每個人來說（包括企業）都是長期最有利的作法。畢竟，長遠來看，幸福的家庭成員更有生產力，未來企業也可以招募到更多健康、高效、敬業樂群的員工。所以嬰兒出生後，北歐國家提供的育嬰假也和美國截然不同。

在北歐地區，無論從事什麼工作，父母普遍都可獲得**至少**九個月的育嬰假。休育嬰假時，這些父母可領至少七成薪水[16]。有些國家確實針對育嬰假的薪資設有上限，但那只針對薪水特別高的族群。一些北歐國家也提供多種選項，例如，挪威的家庭可選擇領十一個月的全薪育嬰假，或是領十三個月的八成薪育嬰假，但基本上都是保證父母普遍獲得帶薪育嬰假[17]。育嬰假政策和公司的規模大小無關，也跟不同地方的各種變化無關。北歐的育嬰假是一種簡單、直接、統一的國家政策，育嬰假期間的所得是以稅金支付的，由各國的社會保障體系負責管理[18]。為了公平起見，北歐的育嬰假是由全體員工及雇主納稅資助，而不是那個雇用孕婦或職業婦女的公司支付的。不過，話又說回來，北歐的育嬰假也很有彈性，父母可以根據個人需求來分配休假時間，夫妻自己協調休假的時機。此外，所有北歐國家都為父親預留了奶爸假，鼓勵他們積極參與養兒育女的工作，減輕男性在職場上因忽略家庭而承受的污名。

在芬蘭，最初四個月的育嬰假是專門給母親的，而且是預產期前至少五週就開始放了。產婦分娩後，她有三個月的產假可以靜心修養，哺餵母乳（芬蘭的母親大多選擇親餵母乳）[19]。不過，在此同時，父親也可以休三週的帶薪陪產假，協助家務及培養親子關係。至於後面六個月的育嬰假，父母可以根據自己的喜好來分配休假時間。最後，父親還有六週的育嬰假可

15 — 不同國家的平均住院天數：OECD, *Health at a Glance 2015*, 109。
16 — 北歐生育福利占薪資的百分比：Nordic Social, 42。
17 — 挪威的育嬰假：Norwegian Labour。
18 — 北歐國家的育嬰假福利：Aula, 33–34, 42–44。
19 — 芬蘭的哺餵母乳：Uusitalo。

以自由運用，那是父親專屬的奶爸假，母親不能用。這也不是因任職公司而異的政策，而是為人父母者都普遍擁有的權利[20]。

這套體制運作得很平順，雇主和家庭都普遍認為這是標準常態。而且，在芬蘭，十個月的育嬰假結束後，父母之中的一人**仍然**可選擇繼續待在家裡，直到孩子滿三歲，也不會失去工作。這段期間，那個繼續留在家裡的家長是留職停薪的狀態，不再領部分薪資，但會收到小額的家庭照護津貼。最長三年的育兒假結束後，他／她就回去上班，重新融入原來的職場。

漢娜和歐利從肯亞領養第一個孩子時，肯亞的領養機構要求新父母必須在肯亞停留半年以上，那是領養孩子的流程之一。所以漢娜請了一年的育嬰假，歐利也請了七個月的假。不過，父母同時休那麼長的假期確實罕見，而且歐利的假是不帶薪的。這次他們生第二個孩子時，漢娜在預產期前一個月就開始休產假，並打算在家裡待上一年半。第二胎出生後，歐利休假兩週，之後還可以休更長的假。

父母都回職場上班時，北歐式愛的理論又以新的方式發揮效力。在這個嬰幼兒階段，北歐社會想確保雙親都能充分投入工作，成為有生產力的員工，同時也依然是稱職的父母。在美國，日托中心往往是家長最頭痛的挑戰，也是最昂貴的開銷。相較之下，北歐社會認為政府應該幫父母卸下這個重擔，因為這樣對相關的每個人和機構最有利，包括雇主、父母，當然，還有孩子本身。北歐式愛的理論讓芬蘭、瑞典、挪威、丹麥的每個家長都可以輕鬆獲得平價又方便的日間托兒服務，那是公共補貼的設施，通常是按家庭收入的高低，收取不同等級的費用。父母一休完育嬰假後，就可以馬上把孩子送到日托中心，日托中心都受到有關單位的監管，以確保品質。許多地方也有私營的日托中心，家長可以自行選擇[21]。

在芬蘭，由於家長在孩子滿三歲以前都享有重返職場的工作保障，多數家庭會選擇讓父母之中的一人在家帶小孩兩年，之後才把孩子送到公立的優良日托中心[22]。低收入戶可免費獲得日托服務，高收入戶的托兒費用也有上限。以二〇一六年為例，費用上限是第一個孩子每個月付三百五十美元，或者一年四千兩百美元，而每增加一個孩子，額外的費用則會減少[23]。

漢娜和歐利第一個領養的孩子有外國背景，他們希望送他去英語日托中心，所以漢娜上網查詢當地的日托中心清單，選了兩間靠近她家的私營機構，並寄電子郵件去詢問。其中一家馬上接受她兒子，所以托嬰的事情就這樣解決了。由於送孩子去私營的日托中心也可以享

20 — 關於雙親的育嬰假長度以及芬蘭家庭福利的其他資訊，可上芬蘭社會保險機關 Kela 取得。為了符合請育嬰假的資格，孩子的父親必須與孩子的母親及孩子住在一起。參見 Kela, Benefits for Families。

21 — 北歐父母面對日間托育：孩子出生後，他在北歐國家獲得公共日托的權利，比美國父母預期開始的時間還晚，通常是在六個月大到一歲之間才開始送日托中心，確切的時間因國而異。美國人可能會說，更小的嬰兒缺乏公共日托的選擇，導致家長無法早點返回職場。不過，在北歐國家，多數家長都很樂於充分利用每個父母都享有的較長育嬰假，所以那不會是問題。Nordic Social, 57–63.

22 — 芬蘭孩子的日托年齡和托育機構類型：Säkkinen。

23 — 芬蘭的公立日托費用：Ministry of Education *Varhaiskasvatuksen*。

有補助，漢娜和歐利每個月為私營日托中心所支付的費用，只比公立日托多三百七十美元左右。

我問漢娜，她會不會擔心請那麼長的育嬰假對職業生涯有害，還有歐利是否也擔心同樣的狀況，因為歐利也請了七個月的育嬰假，畢竟管理顧問公司向來以競爭激烈聞名。而且，漢娜的公司在世界各地營運，總部在美國，漢娜自己也曾在美國總部上班一年。

「我想，歐利確實想過這個問題。」漢娜告訴我：「我也想過一點。」但她覺得芬蘭分公司的老闆很支持她休兩年的育嬰假，她和歐利也都能夠迅速重新融入公司。「我們為第一個孩子休完育嬰假後，我們都覺得重返職場很容易。所以這次生第二胎，我覺得不必再擔心那些了。」

其他的北歐國家還有更好的安排來協助父母，先是提供育嬰假，接著再提供日托服務。在瑞典，家長可獲得四百八十天的帶薪育嬰假（約十六個月），在孩子滿四歲以前，家長要怎麼休假都可以自由安排[24]，而且部分的休假日還可以保留下來，在孩子滿十二歲以前任意運用。瑞典的日托費用比芬蘭還便宜[25]。芬蘭人通常選擇自己在家帶小孩較久，其他北歐國家的人通常選擇在孩子滿一歲時重返職場[26]。除了育嬰假和普遍的日托服務以外，多數北歐國家的家長在小孩上小學一年級以前，也有權縮短工時[27]。萬一幼童生病了，其中一個家長可以在家照顧幼童幾天[28]。

北歐社會知道，一個人若要充分投入工作或是善盡家長的職責，需要時間休息、恢復體力，以及享受親友的陪伴。這表示各級勞工（不分階層）每年都需要足夠的帶薪假期。在芬蘭，員工任職的第一年，每上一個月的班，就可獲得兩天的帶薪假。任職滿一年後，全職勞工每年都有三十天的帶薪假，相當於五週[29]，其他北歐國家也有類似的規定[30]。漢娜和歐利在赫爾辛基的工作雖然忙碌，但公司也鼓勵他們充分利用帶薪假，因為休假不止讓他們變成更好的人，也變成更好的員工。歐利每年至少會休假五週，漢娜則是休六週。

這裡必須強調，北歐國家任何規模的公司都不能拒絕父母享有上述的政策福利，那是國家立法規定的政策。北歐社會在北歐式愛的理論啟發下，為家庭及國家未來的主人翁做了這些付出。

雖然這些政策看起來好像是專為父母設計的，其實還有另一種看法：這是為了確保孩童

24—瑞典的育嬰假：Försäkringskassan。
25—瑞典的日托費用：Nordic Social, 73。
26—北歐小孩的日托年齡：Nordic Social, 62。
27—北歐國家兼職父母的育嬰假：Duvander, 43。
28—在家照顧病童：Nordic Social, 52–53。
29—芬蘭的休假：Ministry of Employment and Economy。
30—其他北歐國家的帶薪假：European Foundation, 17–19; Fjölmenningarsetur。

享有優質的生活。北歐藉由這種方式，從一個人呱呱落地開始，支持他盡可能達到個人自由的目標。從北歐的觀點來看，無法讓父母獲得充足的育嬰假，無異是違反基本人權的——尤其是兒童獲得照顧、培育，以及擁有克盡親職的父母等等基本人權。

這種態度絕非利他主義。在北歐人看來，確保孩童的基本人權，其實是在投資社會的未來。以帶薪的育嬰假、病假，以及真正讓人休養生息的假期，來協助家庭的心理、生理和財務的健全發展，有助於確保孩子長大變成健康、有貢獻的公民，而不是淪為囚犯、病患或失業。在此同時，政府補助的日托服務讓身體健康的父母可以回歸職場，從事對經濟有貢獻的工作，也讓所有的孩子都獲得學齡前教育的好處。當然，養育孩子主要還是父母的責任，但社會也提供了輔助，因為這樣做對各個孩子和整體社會都有助益。

一位住紐約的美國朋友曾向我抱怨，他有一位女同事在產後要求以兼職身分在家上班。在他看來，那樣做是給其他同事添麻煩。他生氣地說：「孩子是她自己想生的，現在她還要大家遷就她的選擇，那又不是我們的問題。」在北歐國家，你很難聽到這種無情觀點，即使是沒小孩的人也很少這樣想。不過，我可以理解他的論點。我自己也沒有孩子，我每天工作的時間也是比家有幼童的同事長，為了讓他們享有育嬰假和日托服務，我繳的稅金也比我理當支付的還高。不過，我還是覺得孩童健全發展是眾人的福利，孩童貧困或不幸是眾人的問題。此外，我也覺得孩童應該擁有美好的童年，那個權利是不容剝奪的，成人的舒適不該看得比孩童的幸福還重要。不過，或許最重要的是，我可能只是出於私心吧：我知道以後我要是有小孩的話，也可以享有一樣的支持架構。

此外，如果我在芬蘭養育孩子，我可以期待獲得芬蘭最受歡迎的傳統之一，而那是美國人覺得非常奇怪的東西：收到我自己的嬰兒箱。

嬰兒箱和啃老族

我移居美國的第一年，遇到最明顯的文化衝擊之一，是讀到《大西洋月刊》網站的一篇文章：〈芬蘭的「嬰兒箱」：究竟是聖誕老人的禮物，還是社會主義者的地獄？〉。該文的作者是美國政治學家多明尼克・蒂爾尼（Dominic Tierney），在文中為美國讀者說明芬蘭一項最受歡迎、最沒有爭議的傳統：每個喜獲麟兒的家庭都會收到一個裝滿全新嬰兒用品的箱子，裡面裝有衣服、寢具、保濕霜、嬰兒牙刷、可重複使用的尿布組、磨牙玩具、圖畫書等等。那個箱子本身經過特殊設計，可以作為嬰兒床，內建小床墊[31]。芬蘭人認為這份特別的禮物可以幫助經濟拮据的新家庭，對忙碌的家庭肯定也很方便。新手父母可以選擇不領箱

31 — 芬蘭的嬰兒箱：Tierney; Kela, *Maternity*。

子，改換現金一百五十美元，但多數家庭都選擇拿箱子。那個箱子也鼓勵孕婦在分娩前去一趟產科，因為妳第一次去產科，就會收到箱子。我的芬蘭朋友都對這個嬰兒箱讚譽有加，畢竟新手父母怎麼可能事先就想到幫小嬰兒買指甲刀或浴用水溫計呢？很多朋友都用那個堅固的箱子來當嬰兒的第一張床。芬蘭的嬰兒箱或許是「北歐式愛的理論」第一個具體的表現：爸媽肯定會竭盡所能地愛你，但你呱呱墜地時，不必完全依賴他們的資源。

不過，蒂爾尼認為這種箱子在美國可能會引發一種反應：「有些美國人可能會覺得嬰兒箱是保姆國家的縮影。你需要嬰兒床，不會自己去買嗎？」不缺錢的芬蘭家長當然可以自己買嬰兒床，事實上，我很確定家長到最後都會自己買嬰兒床。但是對手頭較緊或是沒什麼親友的家長來說，嬰兒箱很重要，而且每個新生兒都有一個，所以不會有污名。此外，嬰兒箱也相當划算，因為政府身為全國最大的供應者，可為箱裡的東西談到最優惠的價格。那些嬰兒服的顏色都很明亮，設計也常更換。有一年，赫爾辛基阿爾托大學的平面設計系學生還比賽設計嬰兒箱。美國人可能以為芬蘭的遊樂場一到冬天，所有小孩都穿著清一色政府發放的防雪裝，宛如共產主義的小孩兵團。我可以跟各位保證，芬蘭的家長不會只讓孩子穿嬰兒箱裡的衣服，小孩的衣服大多是交換、承接及新買來的。芬蘭人通常把嬰兒箱視為一種令人愉悅的傳統，也是整體社會迎接新生命的象徵，那意謂著：我們為你決定養兒育女感到高興，支持你展開為人父母的旅程，你不孤單。

美國其實也有美國版的嬰兒箱：嬰兒出生前舉辦的祝福派對（baby shower）。親友們齊聚一堂，為即將為人父母的家長送上祝福、關愛和嬰兒相關用品，那種場合相當難得。美國那種嬰兒派對，其實也象徵著小孩即將面臨的狀況。家庭的資源多寡和人際關係，不僅會影響一個孩子從嬰兒派對上收到的東西，也會影響孩子以後能否獲得良好的醫療照護、日托服務、親子教養和教育。美國最貧困的家庭可以從社會福利方案或補助金獲得一些協助，但是對壓力日益龐大的中產階級以及富人來說，出生這件事完全是看你的家庭狀況而定。

以「北歐式愛的理論」為基礎的社會政策，在孩子日益成長茁壯後並未消失。相反的，北歐社會認為，孩子逐漸成長、邁向成年之際，幫孩子發展成健康獨立的個體，讓他不因父母的資源、人脈、能力的多寡而享有優勢或承受劣勢，是更加重要的事。北歐社會以多種方式幫孩子在成長時，培養一定程度獨立於家長之外的自立狀態。

但我們先回頭來談一下蒂爾尼的論點，因為他也提到這種可能性。他在那篇文章中提到許多美國人可能會有共鳴的一些感受，亦即擔心雞婆的保姆國家可能會帶來危害：「這難道不是一種滑坡謬論嗎，不會變得愈來愈離譜嗎？等小孩再大一點，穿不下第一箱衣服時，國家怎麼不再送第二個嬰兒箱，接著再送兒童箱，然後再送成人箱呢？」

這種質疑確實很合理，而這個問題的答案存在於一種最近出現的現象，我搬到美國以前從來沒聽過：啃老族。

幾年前，美國社會學家凱瑟琳·紐曼（Katherine S. Newman）注意到，一九七〇年代開始，三十到三十四歲的美國人中，仍和父母同住的人數增加了50%。快滿三十歲及三十幾歲的年輕人中，從未離家居住的年輕人更是迅速增加。這種現象在美國特別明顯，但是在日本、義大利、西班牙等地也是如此。紐曼不禁納悶：「為什麼在世上最富裕的社會裡，這些年輕（和不太年輕）的成年人無法獨立自主呢？[32]」

紐曼的研究團隊發現多種壓力延長了孩子對父母的依賴，導致這些成年的孩子「回流」老家。全球化拖累了年輕人的薪資，直升機父母和消費主義培養出寧可花錢買昂貴鞋子及度假，也不想自己付房租及花錢買生活用品的年輕人，而且家長已經嬌寵孩子慣了。在依然講究傳統觀念的家庭裡，年輕的女性遲遲不肯婚嫁，因為結婚後，她們就必須擔負起照顧一家子的責任，不止是照顧自己的小孩，還要照顧公婆等等。現代生活的壓力，再加上傳統社會結構的持續羈絆，改變了年輕人的成年體驗，阻礙他們成長。

紐曼團隊接著把注意力轉向另一個地方：北歐地區。「挪威、丹麥、芬蘭、瑞典的公民不懂這些問題，這是可以理解的……斯德哥爾摩或奧斯陸的年輕人十八歲就離家了。年滿十八歲還跟父母住在哥本哈根或赫爾辛基會惹人說閒話。這點則令人費解。[33]」

紐曼所見，正是「北歐式愛的理論」的實踐結果。孩子逐漸成年後，北歐的社會政策幫他們在生活與財務上日益減少依賴父母，以下是幾個主要的例子：北歐的大學生不需要靠父母提供大學的學費，因為大學教育大多是免費的，他們畢業後也不必負擔沉重的學貸。大學生也不必依賴父母提供生活費，他們在畢業以前都可以領到學生津貼。北歐的年輕人不必被迫搬回老家和父母同住，因為他們可以申請買房或租屋補貼。萬一經濟不景氣，畢業後找不到工作，失業救濟金也足以讓他們獨立生活。由於年輕人通常沒有工作經驗，可領的失業救濟金並不多。一般人領的失業救濟金是根據失業前的收入比例計算，但是領一兩年的救濟金後，金額會大減，不過仍可請領某種形式的現金補助。失業者必須定期造訪就業服務處的輔導員，證明自己確實有認真找工作或尋求教育[34]。總之，北歐的孩子因為享有這些福利，而得以擺脫對父母的依賴，因此比較善於因應邁向成年的過渡時期。

美國人可能心想，年輕人一畢業就領失業救濟金，那也太慘了吧。而且美國家庭的支援模式有它的優點，美國的父母與成年子女的關係似乎比北歐國家親近，無論那是基於自由意志、還是出於必要，至少美國的親子關係是比較親近的。但啃老族愈來愈多也顯示，成年後還依賴父母，那跟其他形式的協助一樣，對一個人的獨立、成熟和自力更生是有害的。事實上，我們甚至可以主張，依賴家庭比其他形式的依賴傷害更大。啃老族無法自力更生，最終只能回歸童年的模式。北歐式愛的理論主張，父母和成年子女之間的關係應該是平等的，如此一來他們才能以自給自足的成年身分，對彼此表達關愛、感情和支持。相反的，啃老族和

32 — 「為什麼在世上最富裕的社會」：Newman, Kindle loc. 207。

33 — 「挪威、丹麥、芬蘭的公民」：Newman, 39–40。

34 — 北歐失業福利和政策：Nordic Social, 79–102; Kela, *Unemployment*。

父母之間只能透過複雜又漫長的協商，來處理財務和心理上的依賴關係，而那很容易讓人感到尷尬、焦慮、怨恨和內疚。

此外，當整個社會只剩下家庭可以作為個人面對現實嚴峻考驗的緩衝時，另一種更深層的破壞力可能暗暗地腐蝕著家庭的基本關係。經濟不穩定對家庭的衝擊愈來愈大，使家長能用來支援幼年或成年子女的資源愈來愈少。以美國來說，經濟不穩定所衝擊的家庭不止包括弱勢家庭，受到波及的中產階級家庭也愈來愈多。對關愛家庭的美國人來說，這種悲慘的狀況實在很諷刺。美國過度依賴家庭支援時，主要的後果之一是婚姻首當其衝，成了犧牲品。

婚姻本末倒置

二〇一四年一月，佛羅里達州的參議員馬可・魯比歐（Marco Rubio）發表了一場演說，紀念詹森總統推動「向貧窮宣戰」（War on Poverty）五十週年。魯比歐是古巴移民之子，他在演說中表示：「對多數美國人來說，他們的一大心願是過更美好的生活。對有些人來說，那是指變得更富有，那樣想無可厚非。但是對多數人來說，他們只求生活幸福充實，安居樂業，有時間陪伴家人，做自己喜歡的事，安穩地退休，讓孩子也有機會過得跟他們一樣好或更好。[35]」

我可以想像任何北歐的政治人物也都會發表一樣的演說，因為那是各國人民普遍抱持的夢想。魯比歐接著提到美國貧富不均的狀況日益明顯，令他驚愕。他也談到那些讓美國窮人難以翻身的力量，例如低技能的工作消失、稅賦太重、法規嚴苛、國債太高等等。他哀嘆社會流動不足，並提出可能的解方，例如要求長期失業者去上訓練課程，才能續領失業救濟金（芬蘭落實這種政策已好多年了[36]）。不過，他也提到一點是你不太可能在北歐國家聽到的：「事實上，讓孩童及家庭脫貧的最佳妙方，可使兒童陷入貧困的機率大減82%，但那不是靠政府支出推動的。那個妙方就是婚姻。」

這番說法聽來浪漫，也振奮人心。畢竟，誰會反對婚姻呢？但是這個主張其實是在說：想解決二十一世紀美國家庭所面臨的財務和生活困境，顯然不是去做其他現代化國家已經在做的事，也就是為孩童提供合理的支持，例如帶薪育嬰假，或保障孩童基本權利的其他政策。不是。根據美國的思維，想要解決大家錢不夠的問題，最好的方法是透過婚姻。

把「婚姻」這個人類最珍貴的經驗，包裝成一種終結貧窮的政策——這個概念聽在北歐人的耳裡，感覺好像在講古。現代的婚姻不該變成逼迫兩人財務相互依賴的約定。以前每個好端端的個體，尤其是女性，必須為了家族和財產的傳承而犧牲個人的真正渴望，拋開對婚

---

35 — 魯比歐的演說：Quotes are from a transcript published on Senator Rubio's Web site. See Rubio。

36 — 芬蘭失業者的工作訓練：Kela, *Unemployment*。

姻的任何不安，組成家庭。現代社會本來就應該幫我們掙脫這種傳統的束縛。

保護那種自由和機會，正是北歐式愛的理論所追求的目的。如今的婚姻應該是兩個想要自由付出愛與關懷的人，以自給自足、毫無負擔的平等身分而做出的承諾。他們純粹是基於愛而選擇在一起，那才能創造出深厚的關係。寡言內斂的北歐人反而是世界上最浪漫的族群之一。

不過，魯比歐的提議確實有一些令人遺憾、無可反駁的道理。這樣說也許聽起來令人驚訝，但是在美國，與孩子同住的男女通常是結婚的夫妻；未婚媽媽基於很多現實的目的，大多是單親家庭[37]。評論者因為擔憂這個現象，指出研究顯示非婚生子女比較可能陷入貧困、失學，出現生理、社交和情緒問題[38]。

在北歐人看來，美國的單親家庭比雙親家庭貧窮是很合理的現象。以一份收入養家顯然比較辛苦，而且美國政府又沒為單親家長提供足夠的支持。但怪的是，許多美國人看到同樣的情況，卻得出完全相反的結論。他們認為結婚人數愈來愈少及貧童愈來愈多是政府的錯，而不是像北歐人所想的，是因為政府放任單親家庭自生自滅。很多美國人認為，就是因為政府補助太多，才會導致單親家庭比結婚更有吸引力[39]。

美國單親家庭獲得的好處，相較於北歐國家在內的多數先進國家，其實少得可憐。婦權組織法律動力（Legal Momentum）研究十七個高收入國家的單親媽媽，發現美國單親媽媽的境遇最慘[40]。她們的貧窮率最高，最有可能缺乏醫療照護的保障，獲得的收入支援最少。

對美國的單親媽媽來說，他國單親家長所享有的育嬰假、病假和公共日托服務都是奢求。

根據美國人這種奇怪的邏輯，亦即單親家長那麼多，都是因為政府提供他們太多的補助，那世界上最有動機製造非婚生子女的人，肯定是北歐的父母了[41]。畢竟，北歐提供孩童那麼多慷慨大方的政策，除了有平價的日托服務以外，還有許多有幫助的現金福利。

所以，北歐式愛的理論以及那個理論激發出來的種種家庭支援政策，是否真的導致北歐家庭崩解呢？

如果你研究一下北歐非婚生子女的統計資料，你可能會以為北歐家庭已經遭到殲滅了。北歐非婚生子女的比率是全球富國中最高的。瑞典、挪威、冰島的非婚生子女其實比婚生子女還多。丹麥和芬蘭的趨勢比較沒那麼明顯，但他們非婚生子女的比率依然比美國高出許多。

---

37 — 不同國家的已婚、同居和單親父母：OECD, *Doing Better for Families*, 28。

38 — 單親家庭子女所經歷問題的研究：Amato; Berger, 160–161; U.S. Department of Health, 12; De-Parle, "For Women"; Murray。

39 — 聲稱政府計畫破壞家庭：for example, see Edsall; Levin; Rubio。

40 — 單親媽媽的跨國比較：Casey。

41 — 不同國家的家庭結構：Livingston; OECD, *Doing Better*, 25–28; OECD, *Family Database*; Statistics Finland。

但是非婚生子女的比率真的是有用的衡量指標嗎？我們確實應該停下來自問，在這個年代，婚姻本身是否跟以前一樣，仍是有意義的重要指標？你看家庭結構的統計數據時，會發現情況已有大幅改變。事實證明，北歐小孩的父母即使沒有結婚，他們和雙親同住的比例還比較高。

社會學家紐曼也寫過這個現象：「美國人認為和貧窮有關的家庭模式——亦即單親家庭、同居、分婚生子女等等——其實在北歐國家是非常普遍的現象。[42]」北歐社會受到「北歐式愛的理論」的啟發，選擇採用適合現代社會的彈性家庭模式，以根本人性為重。在芬蘭，連總統也欣然採納這種彈性模式。芬蘭總統哈洛寧是單親媽媽，她當選總統時，和伴侶已交往多年，但那位男士不是孩子的父親，也沒和他們住在一起。（選後，他的確和哈洛寧一起搬進總統官邸，後來兩人也結婚了。）外人往往想像北歐的文化把北歐人民束縛在路德教派的道德規範中，但實際上北歐社會早就認為如今的成人關係可有多元的樣貌和型態，所有家庭政策的核心應該放在支持每個家庭成員上，不管這些家庭想要維持怎樣的私人關係。

北歐的夫妻和同居伴侶以及單親家長所獲得的子女福利幾乎是一樣的。如果小孩只有單親，社會會主動協助那位家長因應情感、經濟、生活上的難關，但請注意，那樣做不是為了單親家長的利益，而是為了確保孩子盡可能擁有完善的童年。北歐的模式不會鼓勵單親家長找新的伴侶，就算不結婚也不成問題。

不過，話又說回來，魯比歐的主張也不是毫無道理，北歐國家難道不會製造出一堆「濫用福利者」，卯起來生孩子，以便領政府補助，再也不工作了嗎？畢竟，在芬蘭，女性只要連續生兩三個孩子，為每個孩子請領兩三年的育嬰假，就可以待在家裡照顧孩子六年，也不怕失去工作。防範這類濫用福利者的作法，在於規定家長支領的福利和他之前的薪資水準有關。如果一個女人產前從未工作過，她可獲得的生育津貼非常少。在芬蘭，產前未曾工作的女性，每月領取的稅前生育津貼約為六百美元，在家照顧一歲或兩歲幼童的津貼更少。那點錢無法誘使家長不去工作，即使他們可能還有資格領取額外的補助，那還是不會讓人不想工作。多數人並不想靠延長支領最低津貼過日子[43]。

育嬰假的設計用意，是為了讓家長暫時抽離職場，休息一下，而不是一種生活方式。北歐政策也確保育嬰假對絕大多數人的人來說恰到好處。因此，北歐的單親家長和美國的單親家長一樣可能選擇上班，甚至機率更高，主要是因為北歐家長更有選擇的餘裕[44]。而在美國，單親家長為了照顧新生兒又要保住工作，往往面臨很大的挑戰，不僅如此，日托服務及通勤交通也是讓單親家長頭痛的難題。北歐社會則是積極協助及鼓勵單親家長持續發展職業生涯。

42 — 「家庭組成的模式」：Newman, 159。

43 — 芬蘭和其他北歐國家無工作經歷者的育嬰假福利：Nordic Social, 40–42; Kela, *Allowance* and *Amount*。

44 — 單親父母就業：OECD, *Doing Better*, 216, 225, 238。

美國人擔心，政府援助會自然地削弱家庭，鼓勵單親家庭的存在，也會製造出濫用福利者。但北歐國家的經驗證實，這些擔憂都是子虛烏有。雖然原因乍看下有悖常理，但確實是因為北歐國家不補助婚姻和家庭這個組合關係，家庭才因此變得更穩健。從北歐式愛的理論來看，把焦點放在家庭上是錯的。家庭必須先有自給自足又堅強的個人，才能組成穩健運作的團隊，所以北歐社會努力確保個人的獨立自主。對父母來說，那樣做的結果是讓他們覺得持續維繫一個家庭不是那麼困難。這種方式也減少家庭成員的壓力，因為他們不必為了家庭做出極端犧牲而失去獨立性。美國家庭往往因為那些壓力而分崩離析，或是乾脆不結婚了。

美國人（尤其是勞工階級）之所以不結婚，最合理的解釋其實和道德無關，也和政府的福利方案無關。這是社會學家及《先天不良》（*Coming Up Short: Working Class Adulthood in an Age of Uncertainty*）的作家珍妮佛．席爾瓦（Jennifer M. Silva）提出的論點[45]。席爾瓦花了幾年時間，訪問美國年輕的勞工階級以瞭解他們的生活。

「這些人只能一直打零工，工作一個換一個。他們因為搞不定助學金的申請書，或達不到助學金的要求而從大學輟學。遇到緊急的醫療狀況時，只能刷卡應急。也無法成家立業，因為他們連自己都養不起。」席爾瓦寫道：「他們日益疏離工作、家庭、社群結構。他們在成長中逐漸學到，依賴他人最終受傷的還是自己。他們的成年不僅遭到耽誤，也因為信任、尊嚴、人際關係、對他人的義務遭到顛覆，而大大改變了。」

這些年輕人發現，連家人都無法幫他們抵擋全球化的衝擊以及現今美國生活的種種挑戰。更糟的是，他們開始覺得他人的陪伴是一種負擔，而不是一種支持的來源。如果你連自己都養不起了，跟另一個一樣苦撐的人結合在一起，只會讓情況變得更糟。誠如席爾瓦說的：「日常生活的不安穩與不確定，使承諾變成他們負擔不起的奢求。」然而，從小灌輸的觀念，使他們很快就怪罪自己沒有努力打造更穩定的生活。他們無從比較美國和外國的狀況，不知道美國的社會架構已經無法因應現代的挑戰。可悲的是，美國似乎正在塑造一批害怕培養長期關係的新生代。

如果你來自北歐，面對這種落伍的問題和爭論，很難不感到震驚。在北歐，這種爭論幾乎已經不存在。結婚率下降和家庭結構的改變都無關緊要，甚至沒有人覺得那是問題。很久以前，北歐國家就透過法規推動職場彈性，確切落實合理的帶薪假期。北歐社會的主要目標已經與時俱進，變成支持個人獨立，讓每個人都有能力和他人共組家庭，對他人做出支持及關愛的承諾。北歐藉由這種方式，變得比美國更加自由放任，結果也是大家有目共睹的——家庭更加穩健。

另一個結果是女性變得更加堅強，家庭也因此變得更加堅韌。

45 — 席爾瓦談美國年輕勞工階級和婚姻：Silva。

母親更堅強，父親更幸福

多年來，北歐國家對於推動男女平權的成果，特別自豪。在芬蘭，國會女性占近半數席次是常態，芬蘭總理和總統都曾是女性，內閣也有一半是女性成員[46]。當然，性別平等的大業尚未完成，但是相較於美國，北歐國家的差異顯而易見。

所以，我看到美國女性依然肩負著親子教養的多數責任時，著實很驚訝。爭取育嬰假、研究日托中心的選擇、為了孩子調整自己的工作時間，幾乎都是女性的責任。母親負責帶小孩去看醫生，幫孩子準備中餐，孩子生病時，也是母親請假留在家裡照顧孩子。美國母親照顧孩子的時間約是父親的兩倍。至於家務方面，美國女性花的時間是男性的三倍。美國女性為那些無薪家務所投注的時間，遠比男性還多，也遠比北歐女性多。當然，凡事必有例外。現在美國男性當專職奶爸、讓太太去上班已經比較常見了，但仍算少數[47]。

在芬蘭，父親換尿布、料理三餐、接送孩子去日托中心、帶孩子去遊樂場玩耍是稀鬆平常的事[48]。對芬蘭的男性友人來說，在臉書上貼他們照顧嬰幼兒的近況和照片，是一種「假抱怨、真放閃」的炫耀文，甚至引以為傲，還會相互較量。一位芬蘭爸爸告訴我：「現在你不幫孩子換尿布，好像不是真男人似的。」

芬蘭的母親在生下孩子後，通常會在家裡帶孩子至少一年，甚至兩年。等母親重返職場後，父親通常會接力休育嬰假半年左右。母親之所以休得比較久，是因為芬蘭的婦產科提倡世界衛生組織的建議：嬰兒六個月大以前只餵母乳；六個月大到一歲仍繼續餵母乳，並增添副食品，滿一歲以後仍可以繼續維持下去。結果顯示，母親的教育程度愈高，餵母乳的時間愈長[49]。

美國人常把產假視為母親分娩後恢復元氣的時間，如果產假再長一點，美國人就覺得那個福利對男性及沒有小孩的同仁來說不公平。北歐社會對這個問題的看法不同。首先，北歐人認為父母都放長期的育嬰假很重要，那是讓孩子和父母培養深厚關係的關鍵時期。另一個原因是，讓父親也放育嬰長假，可讓夫妻雙方一開始就習慣公平地分擔家務和工作。這也可以支持兩性平等。

因此，北歐社會的性別平等並非抽象的目標，不是隨口說說而已，而是為了實踐北歐式愛的理論：讓每個人達到自給自足，以便更大方、單純地奉獻愛與關懷。父母皆有育嬰假的政策，就是為了促成這樣的結果。這樣不僅可以讓伴侶公平地分擔家務，也讓伴侶公平地投入帶薪的工作，增加雙方的獨立自主權。父母各自都有收入，也各自和小孩培養了深厚的

46 — 不同國家的女性國會議員和內閣成員席次：OECD, *Women*, 28–29。

47 — 兩性花時間照顧小孩和操持家務：Bureau of Labor Statistics, "Table 1" and "Table 9"; Miranda, 11–12; Parker, *Modern*。

48 — 芬蘭小孩送日托中心：Säkkinen。

49 — 芬蘭的哺乳建議和現況：確切地說，WHO 建議哺餵母乳並搭配副食品，直到兩歲或甚至更久。芬蘭則是建議到一歲或更久。Aula, 49; World Health Organization; National Institute of Health, *Tietopaketit*; Usitalo。

親子關係。如此確保每個家長的獨立，可讓整個家庭變得更穩健。伴侶不必因為一方專心投入職業生涯、掌控家計，另一方肩負所有家務及養育孩子的責任，而產生依賴，心生怨恨。萬一夫妻不幸離婚，由於雙方各有職業及照顧孩子的經驗，他們在財務和情感上依然可以堅強地面對婚姻的離異，那對孩子也比較好。更坦白地說，父親更投入家庭，母親能夠自力更生，也可以降低美國政策制定者所憂心的單親家庭風險。

為了鼓勵男性善用育嬰假，北歐國家還推動「父親專屬」的帶薪奶爸假[50]。在母親重返職場後，如果父親不把握這段特別的假期，全家就白白浪費了一段休假。冰島以所謂的「3+3+3模式」聞名，也就是把九個月的育嬰假分成三等份，每段各三個月，其中一段是父母之中的任一人皆可放假，但剩下的兩段分別是父親和母親專屬的。如果父親不把握他專屬的那段假期，母親也不能代休。

在挪威，父親也有十週的奶爸假。瑞典的父親可享有三個月的奶爸假，芬蘭的父親可獨享九週的奶爸假，其中有三週可以和母親的育嬰假重疊。當然，父親想待在家裡更久也行，他們可以選擇使用部分或全部的「無限定父母」育嬰假。

奶爸專屬的育嬰假很不一樣。這種假期鼓勵北歐父親放更長的育嬰假，對家庭影響深遠。幾個國家的研究顯示，當父母都放育嬰假時，家庭動態變得更和諧，男性更積極地擔負起養兒育女的責任，也參與更多的家務，如烹飪、購物等等，女性因此有較多時間投入有薪的工作[51]。

老派思維的人認為男性是負責養家餬口的唯一支柱，他們可能不覺得這種改變是進步。但這其實可以用不同的方式解讀。即使在美國，如今也有愈來愈多的男性認為，他們被剝奪了和孩子培養深厚關係及幫忙養育孩子的權利。調查顯示，愈來愈多男性想放育嬰假。遺憾的是，雇主往往無法讓他們如願以償。

就算雇主確實提供男性育嬰假，美國的父親也不太敢休，深怕老闆認為他們對公司不夠投入，因此損及升遷的機會或產生更糟的影響[52]。不僅美國如此，很多國家的男性為了幫忙照顧孩子而縮短工作時間時，往往在職場上遭到揶揄或騷擾。北歐的奶爸假是全國性的政策，這讓父職變成每個男人都應該追求的合理目標。北歐的例子顯示，當雇主和同仁都知道男性若不放育嬰假，他的家人便失去享受那段假期和津貼的權利時，他們更願意接納男性待在家裡的決定。

---

50 — 北歐國家的奶爸假：丹麥於一九九七年推出奶爸假，但於二〇〇二年廢除。其他北歐國家仍持續有奶爸假。目前有關北歐育嬰假的資料是截至二〇一五年七月。參見 Duvander, 38–39; Nordic Social, 41–49; Rostgaard, 8–9; OECD, *Closing*, 208; Poulsen; Försäkringskassan; Kela, *Paternity*; Norwegian。

51 — 奶爸假對家務、照顧小孩和有薪工作的影響：Addati, 52; Nordic Social 49; OECD, Closing, 208–9; Patnaik; National Institute of Health, *Tilastotietoa*。

52 — 美國男性對奶爸假抱持的態度和挑戰：Berdahl; Cain Miller, "Paternity Leave"; Harrington; Ludden; Mundy。

這類決策在北歐社會衍生的結果很明顯——不僅職場上顯而易見，連遊樂場上也可以明顯看到。我的芬蘭朋友薩斯卡在一九九〇年代初期生了兩個孩子，後來他再婚，二十年後又生了兩個孩子。他告訴我：「我第一次當爸時，常顯得與眾不同，整個沙坑旁邊只有我一個爸爸，其他都是媽媽。現在有很多爸爸跟我一起坐在沙坑邊，」但他笑著補上一句：「只不過他們都比我年輕二十歲。」二十年前，在家當奶爸可能令人尷尬，但現在芬蘭的父親若不休育嬰假，可能會覺得更尷尬。很多父親覺得自己有責任盡量參與孩子的生活，舉凡看醫生、接送孩子到日托中心或學校的校外活動都是如此。當然，幼童的日常生活很瑣碎，可能使任何成年人感到麻痺、傷神。不過，芬蘭有許多男性發現，深入參與孩子的生活有個出乎意料的好處，那個好處和孩子無關。幫忙訓練孩子如廁不僅可以拉近親子關係，也可以拉近夫妻關係，讓婚姻更加融洽美滿。對很多芬蘭的男性友人來說，他們不再煩惱要不要休育嬰假的問題；休假來克盡父職已是一種生活常態。據我所知，他們都很高興自己休了育嬰假。

他們的配偶——孩子的母親——當然也很高興，她們也對奶爸假的效果感到驚喜。芬蘭的自由撰稿人卡琳娜說：「我還記得我先生放育嬰假時，那感覺真的很棒。我兒子跌倒時，他會呼叫爸爸去幫他，而不是呼叫我。」她的先生是專業的砌牆師傅，專門砌造訂製的石牆。他們夫妻倆決定均分育嬰假，各休半年。她解釋：「那感覺很棒，因為那減少了我的內疚感。身為母親，妳會一直想著，妳是不是該負起在家照顧孩子的責任，出外工作是不是錯的。基本上，那樣想只是高估自己的重要性罷了。我看到兒子跌倒後，第一個反應是呼叫老爸，當下我知道我們的選擇是對的，也確定孩子獲得完善的照顧。他不見得隨時隨地都需要我，理性上我本來就知道這點，但是看到孩子反應的當下，情感上我也相信了，那讓我大大鬆了一口氣。」

超人媽媽的麻煩

長久以來我一直很崇拜美國女性，當梅麗莎・梅爾（Marissa Mayer）在懷孕期間獲任為雅虎的執行長時，我對美國女性的崇拜又更深了。當時她馬上宣布她只會休幾週的產假，接著她在辦公室旁邊另闢一間育嬰室，以便隨時看顧孩子[53]。我很懷疑芬蘭女性就算職位很高，能否也像她一樣認真做到這點。臉書的營運長雪柔・桑德伯格（Sheryl Sandberg）在著作《挺身而進》（*Lean In*）中，鼓勵女性在工作上爭取更多的責任，不要受到母職的羈絆。她在書中提到她趁著開電話會議時擠奶；搭私人專機去參加會議時，在機上忙著幫孩子抓頭蝨，那些都是美國超人媽媽的故事[54]。我總覺得在美國超人媽媽的世界裡，北歐的凡人媽媽

53 — 梅爾的孕期：Sellers; Swisher。

54 — 桑德伯格的《挺身而進》：Sandberg, chaps. 7 and 9。

毫無立足之地。

北歐媽媽也工作，但她們的工作步調很少像美國媽媽那麼緊湊。雖然較緩慢的步調和較多的休假肯定對母親和子女來說都比較健康，但我們也不得不承認，放很長的產假確實有利也有弊。休假太久可能使女性錯失重要的工作經驗及升遷機會，更遑論她們也會因此失去部分的收入及退休金的提撥。此外，雇主在招募新人時，可能比較不願雇用年輕的女性，因為年輕女性可能不久就會懷孕生子而請假。遺憾的是，統計數據證實了上述一些恐懼。例如，儘管北歐社會努力追求性別平等，北歐女性擔任管理者的機率依然低於美國女性[55]。所以，北歐女性應該學習美國的超人媽媽，在職場上「挺身而進」同時兼顧母職嗎？

我們比較北歐和美國母親的困境時，看到一個矛盾的現象。在北歐國家，一般普遍預期孩子滿周歲以前，有一個家長在家裡帶孩子，那段期間確實是由母親休假居多，父親休假的時間較短。在美國，大家普遍認為孩子出生不久後，即使孩子才幾個月大或幾週大，父母馬上回到職場是可以接受的，甚至是必要的。於是，美國媽媽開始變成超人媽媽，必須想辦法兼顧工作和孩子。雖然這對美國女性來說不是理想狀態，但至少美國女性不會因為生了孩子，就像北歐女性那樣中斷工作六個月、九個月或甚至一整年。

但是，那並不是美國的全貌。在美國，一個家長在孩子出生後就完全退出職場，從此當全職家庭主婦／主夫，再也不回職場[56]，或是多年後才重返職場，也是大家普遍接受的情況，而且很常見。在美國，絕大多數退出職場的父母是母親，而且這個趨勢似乎愈來愈明顯。在美國，孩子未滿十八歲的母親中，近三分之一是全職家庭主婦。二〇一二年皮尤研究中心（Pew Research Center）的統計資料顯示，這是二十年來最高的比例。相反的，在北歐國家，父母為了養育孩子而完全脫離職場的情況很少見，甚至很少人覺得那樣是可取的。一般預期北歐父母在放完一年左右的育嬰假後，就重返職場。至於芬蘭，一般預期是放兩年的育嬰假，芬蘭媽媽通常休得比其他北歐媽媽稍長一些。所以，在北歐國家，二十五歲以上的女性投入職場的比例，反而比美國還高[57]。美國女性也許是超人媽媽，但事實證明，要求婦女變成超人媽媽並非解決之道，因為很多女性乾脆完全退出職場。

美國女性常陷入這兩種有限制的選擇——超人媽媽或全職家庭主婦——原因在於美國的日托服務實在貴得離譜。雖然有近三分之一的美國母親放棄職業生涯，在家自己帶孩子，但仍有一半以上的美國雙薪家庭亟需托兒服務[58]。對這些家庭來說，日托服務的天價費用簡直是災難。二〇一四年非營利兒童看護組織（Child Care Aware）的研究顯示，美國全日托中心照顧一個小孩的平均年費是介於四千八百美元（密西西比）到兩萬兩千六百美元（哥倫比

55—北歐和美國女性擔任管理者：Blau; OECD, *Closing* 156, 177。

56—美國全職家庭主婦：Cohn。

57—北歐和美國女性勞動力：一九九〇年，美國在二十二個OECD國家中，女性加入職場的比例排第六名。到了二〇一〇年，美國的名次降至第十七名。參見 Blau; OECD *Closing*, 156, 177, 235。

58—美國雙薪家庭：Parker。

亞特區）之間，有二十州的每年托兒費用超過一萬美元[59]。四歲幼童的托兒費用只比嬰幼兒稍低一些。如果一個家庭有不止一個孩子（多數家庭都不止一個孩子），每年的托兒費用還會加倍。聯邦政府和某些州政府可能補貼低收入家庭一些費用，抵稅額也有幫助，但即便如此，托兒費用依然占了美國家庭預算的一大部分，尤其是收入不高的家庭。

至於我在美國的親友，他們大多卡在中間：家庭收入沒高到可以讓一個家長在家帶孩子，同時維持中產階級的生活形態，也請不起保母或輕鬆支付日托費用。他們都是了不起的超人家長，只能發揮極大的創意來解決日托的難題。他們可能做兼職工作，和朋友輪流帶彼此的孩子；他們可能一起共用保母，委託親戚幫忙帶孩子，或是在家工作。他們想辦法說服雇主允許彈性工時，有些人甚至為了讓孩子進入優良的托兒所而舉債。很多人都說他們一直活在經濟不安穩的邊緣，比較幸運的人則有父母幫忙分擔費用。

我很欽佩美國朋友這種靈活應變的智慧，但也不禁納悶：二十一世紀的社會以這種方式配置寶貴的人力資源是精明的作法嗎？大家為了搞定托兒問題而絞盡腦汁，耗費大量人力和智力，也占用了許多原本可善加利用的時間，我總覺得這是很浪費時間和潛力的事。

對北歐公民來說，這些問題根本就不存在。全國普遍推動長度合理的帶薪育嬰假，幫有新生兒的家庭消除了許多財務壓力及職場壓力。等嬰兒再大一點，政府普遍提供優質又實惠的日托服務，也讓雙薪家庭更容易掌握生活。統計顯示，北歐絕大多數三到五歲的孩童，是送到優質專業的日托中心[60]。如此衍生的結果是，北歐女性同時兼顧工作和母職的比例比美國女性還高，而且她們不需要變成超人媽媽。

相較於美國女性，北歐女性在一個方面確實有待加強：美國的職業婦女在公司的職位較高。不過，整體來說，美國女性還是落後北歐女性。許多研究顯示，對女性職涯最理想的安排，是提供她們帶薪的育嬰假，但育嬰假也不要太多——不到兩年或甚至少於一年。還有，很重要的是，要搭配父母共用育嬰假的政策，以及減少家長的工時，包括男性的工時[61]。

世界經濟論壇衡量了世界各國在四個根本類別上的男女差異：(1)經濟參與和機會；(2)教育程度，(3)健康和生存；(4)政治賦權。研究結果顯示，北歐國家通常是全球最平等的社會。相較之下，美國表現如何呢？二〇一五年，美國排名第二十八位。年度報告還明確指出，北歐國家女性投入職場的比例是全球最高的，男女薪酬差異是全球最小的[62]。整體來說，即使北歐女性在企業管理職上有點弱勢，北歐社會的女性仍有很多機會晉升到領導地位。

北歐式愛的理論提供了一個願景：獨立的個體比關係不平等或財務與生活上相互依存的

---

59 — 美國日托費用：Child Care Aware。

60 — 北歐孩子送日托：Nordic Social, 62。

61 — 女性職涯理想的育嬰假：Addati, 8–9; OECD, *Closing*, 209; World Economic Forum, *Global Gender* (2015), 43; OECD, *Babies*, 21; Cain Miller, "Can."。

62 — 不同國家的性別差異：World Economic Forum, *Global Gender* (2013) 20; World Economic Forum, *Global Gender* (2015), 4, 8。

伴侶更能夠打造出穩健、堅韌的家庭團隊。北歐國家也藉由全國普遍實施適合二十一世紀家庭的社會政策，來實踐這個願景。而想要達到類似結果的國家也可以採用同樣的作法。

美國因為持續活在過去的模式中，而付出了昂貴的代價。美國家庭為此付出了收入，承擔了壓力，吃盡了苦頭。這一切衍生出極大的焦慮負擔，我從周遭隨處可見，而我自己也在移居美國不久後就跟著焦慮起來。美國女性付出的代價尤大，失去很多機會。美國孩童也因為社會未能保障他們獲得優質日托的權利而付出代價，其中有些代價或許是我們目前還無法理解的。此外，美國經濟也為此付出代價。二〇一四年白宮經濟顧問委員會的報告指出，帶薪育嬰假、彈性工時、實惠托兒服務等等有助於婦女工作的政策，可為經濟成長帶來重大的貢獻[63]。

不過，從最基本的層面來說，其實這一切可以一語道盡：美國家庭理當獲得更好的待遇。

未來家庭

美國身為一個國家，該如何開始因應這些挑戰呢？首先，美國人可以先看已經展開的改革。除了加州以外，紐澤西州和羅德島也推動了父母皆有帶薪育嬰假的政策，資金是由員工提撥，對雇主來說沒有直接成本[64]。許多公司也開始提供自己的帶薪育嬰假，Google、

Facebook、雅虎等矽谷巨擘正引領潮流。如果美國最具前瞻性的企業和州政府都自願這麼做了，為什麼不讓整個競爭環境變得更公平，擁抱未來，把合理的帶薪育嬰假變成全國性的政策呢？那樣做對所有美國企業及美國整體經濟來說成本太高了嗎？

目前為止，加州實施帶薪育嬰假的結果顯示，當美國員工享有更多的育嬰假，他們都心懷感謝地放假，家人顯然也跟著受惠[65]。加州的政策是讓符合條件的勞工休六週的帶薪育嬰假，以北歐的標準來看，六週當然不多。但二〇一三年的《總統經濟報告》（*Economic Report of the President*）顯示，這項政策的推動使女性員工休產假的時間增加了一倍以上。一般的新手媽媽從以前只休三週產假，變成休六週或七週，這麼做不僅對母親有益，對嬰兒更是啟動人生的美好開始。二〇一〇年，經濟學家艾琳．艾波包姆（Eileen Appelbaum）和社會學家露絲．密爾肯曼（Ruth Milkman）研究了加州推行這項政策的結果，調查顯示拜新政策所賜，母親餵母乳的時間更長，父親休的育嬰假也變長了。那些演變雖然不大，卻是朝美國版「北歐式愛的理論」邁進的第一步，看起來大有可為。

不過，實施更好的家庭政策一直很難，因為企業擔心成本。事實上，加州頒布那些政策

---

63 — 白宮報告談家庭政策和經濟成長：Executive Office of the President, 43。

64 — 美國的家庭假和醫療假法令：National Conference, *State Family*。

65 — 加州實施帶薪育嬰假的結果：Appelbaum; *Economic Report of the President*, 130。

以前，企業界就開始遊說反對，說那個政策會「扼殺就業」。那種恐懼究竟有幾分是合理的呢？如今加州推行新的休假方案已經六年了，艾波包姆和密爾肯曼的調查發現，當初企業擔心提供假期可能導致成本上升的現象都沒有出現。事實上，絕大多數的企業表示，那個方案對生產力、盈利能力、員工流動率和士氣有正面的影響，或是沒有明顯的影響。

既然這類措施在州裡產生不錯的效應，期待全美都落實更好的家庭政策似乎很合理。二〇一三年底，紐約參議員陸天娜（Kirsten Gillibrand）和康乃狄克州的眾議員羅莎・德勞羅（Rosa DeLauro）在國會提出《家庭法案》（Family Act），那是直接以加州和紐澤西州的範例為基礎擬定的[66]。該法案提議設立一套由雇主和員工薪資提撥的系統，以提供全體員工最多十二週的帶薪假，讓員工可以利用那個假期育嬰、養病、照顧生病的親人，並領取部分的薪資。這套系統將由社會安全局負責推動。

白宮也以大大小小的方式為勞工推動改善的休假政策。歐巴馬總統努力為全國勞工爭取更多的帶薪病假，也為聯邦政府的員工爭取更好的育嬰假政策。更重要的是，歐巴馬政府提出的幾項預算為「州帶薪假基金」（State Paid Leave Fund）編列了資金，以幫助各州推動自己的帶薪假方案[67]。

不過，在聯邦政府及許多州內，反對這類聯邦措施的聲浪依舊強大。反對者指出，提供美國勞工更多的育嬰假，那個成本太高了，更何況是普遍提供優質的日托補助，那會導致美國經濟受到牽累，在全球競爭上敗陣而退。但是說到家庭政策和國際競爭力，美國政治人物似乎消息很不靈通，不太清楚外界的真相。

增加勞工的帶薪假是全球趨勢，也是朝著北歐國家已經採行的方向發展。聯合國底下的國際勞工組織（ＩＬＯ），負責判斷世界各地勞工的合理工作標準，曾因其工作內容獲得諾貝爾和平獎。國際勞工組織認為，現在合理又人道的帶薪產假是**至少**十四週，帶薪比率至少是之前薪資的三分之二。ＩＬＯ指出，為了公平落實這項標準，政府需要為帶薪的家事假（paid family leave）設立某種形式的公共資金[68]。要求私營企業承擔育嬰假的福利並不公平，原因有兩個：那對企業的資產負債表造成負擔，也可能導致企業在招募人力時歧視女性，因為產假的成本較高。愈來愈多國家同時延長這些假期的時間，也增加這些福利的金額。

美國人似乎認為提供那些假期需要有利他主義的支撐，但是那樣想其實搞錯了重點。其他國際組織——經濟合作暨發展組織（ＯＥＣＤ）、歐盟（ＥＵ）、世界經濟論壇——也鼓勵成員國保證提供帶薪的育嬰假及補貼日托服務[69]。他們會這麼做，是因為那些事情顯然對

66—《家庭法案》：Office of Senator Kirsten Gillibrand, *American*。

67—歐巴馬總統的育嬰假政策：*Economic Report of the President*, 130; White House Office, "White House Unveils."。

68—國際勞工組織建議和發展育嬰假：Addati, 9, 11, 16, 20, 22, 25–27。

69—國際組織支持帶薪育嬰假及平價日托服務：European Commission; OECD, *Closing*, 18–19; World Economic Forum, *Global Gender* (2015), 36–43。

經濟成長有益。研究顯示，為當今的現實狀況所設計的家庭政策，有助於一國的經濟發展。家事假的政策及平價的日托服務，可增加女性投入職場的比例，幫雇主留住員工，改善婦女和兒童的健康。

在已頒布這類政策的國家中，國內企業或經濟並未蒙受傷害，而且長期經濟成長的前景也因為生育率的提升而改善了。經濟合作暨發展組織、歐盟、世界經濟論壇等組織，現在都向政治人物及企業家推薦這類政策。他們不是從做好事的角度出發，而是從獲利的角度遊說。而且這些組織說的都沒錯，美國企業的領導者若想有更健康、更快樂、更有生產力的員工，更重要的是留住他們，就應該遊說最高層級的政府頒布強制性的普遍政策，因為那樣做可避免競爭對手以犧牲員工的方式獲得不當的競爭優勢。當全國每家企業都必須提供同樣的福利時，育嬰假的成本即可透過某種公共資金的形式分攤。如此一來，也為所有的企業創造出公平的競爭環境，讓所有人都能受惠。

我的芬蘭朋友知道他們享有充裕的育嬰假，日托服務經濟實惠，公共醫療體系會給予他們妥善的照顧，所以他們可以從容地規畫養兒育女的計畫。當然，家庭生活的安排從來不是一件容易的事，我的朋友大多也需要仰賴父母和其他親戚的幫忙。但是如果你想在北歐成家立業，你無需猶豫，儘管去做就對了。一旦你做了，你花在孩子身上的時間和精力，可以集中用來關愛與養育他們，而不是為了養孩子而工作到昏天暗地，沒多少時間看到他們。

一個人無論擁有再多的資源，還是可能會挑剔抱怨，即使是芬蘭人也是如此。不過，芬蘭人的抱怨大多和生活的調適有關，而不是抱怨難以獲得基本的福利。當初那些為我和崔沃的戀情敲邊鼓、為我移居紐約而歡呼的朋友常告訴我，如果我們想要孩子，不必太煩惱錢的問題，反正船到橋頭自然直，這類說法常讓我覺得好笑並不禁嘀咕：是啊，**你自己**來美國生小孩，看能不能不想錢的問題！

北歐國家不僅設法讓更多女性進入職場，過程中也實踐了北歐式愛的理論。他們的整體目標是支持個人，不分性別，並在過程中培養出更健康的員工，改善工作與生活的平衡，為兒童和家長提供更多福祉。北歐社會在強化個人的同時，讓個人更有能力組成更穩健的家庭團隊。美國沒有理由達不到同樣的境界。

不過，強化個體還有另一種方法。那個方法涉及每個社會最寶貴的資源：國家未來的主人翁。

FOUR

如何讓孩子出類拔萃

How Children Achieve

教育卓然有成的祕訣

Secrets for Attaining Educational Success

04

教育強國的崛起

我和崔沃結婚並移居美國後，在美國多了一個美好的大家庭。崔沃的表姊荷莉和她的先生約翰是我最早熟識的第一批人。他們住在美國東南部的中型城市，很快就變成我最要好的朋友。荷莉體貼慧黠，總是很樂於分享自己的經驗及學習他人的經驗。約翰機靈風趣，樂於接納新人融入團體，對我這種外國人格外親切。荷莉在學術界工作，約翰在私營企業上班，他們都是高學歷、勤奮工作的知識份子，育有兩個學齡兒童。

我和崔沃結婚後，開始認真思考養兒育女這件事。當時我已認清在美國照顧幼兒對生活和財務都是一大挑戰。但是孩子大一點，需要上學時，又是什麼情況呢？為了瞭解可能的狀況，我找上判斷力值得信賴的母親：荷莉。她和約翰又是怎麼安排孩子的教育？

我聽荷莉描述她的經驗，覺得那好像私家偵探的工作。她徵詢許多親朋好友的意見和印象，確認風評，花很多時間研究不同選項，以縮小選擇的範圍。她親自造訪許多托兒所，接著又補充提到，那整個過程跟她幾年前為了找合適的日托中心一模一樣。

找到一家不錯的托兒所後，荷莉繼續研究及親自造訪學校，好讓孩子順利晉升到下個階段：就讀優良的幼兒園和小學。「我造訪了幾所學校。」荷莉告訴我：「孩子就學的問題簡直把我累死了。」

荷莉還需要考慮每個選項的利弊。在最近的全國評鑑中，他們那個學區的公立學校績效不佳。但荷莉去學校參觀幾堂課時，覺得校長令人印象深刻，很有活力。她還跟孩子也念該校的家庭聊過，他們對學校也都滿意，但她還是不太放心「公立學校的教育方式」。荷莉覺得公立學校的班級太大了，太多作業需要死背及寫練習題，孩子到戶外休息或上體育課的機會太少。她從研究得知那些問題背後的原因——美國公立學校的學生必須接受連串標準化的考試，而那些考試成績則決定了學校的未來。因此，老師承受著很大的壓力，必須盡量提升學生的考試成績。荷莉擔心，不斷準備考試的教學方式可能會取代讓學生創意學習的教育方式。

荷莉和約翰的財力又不足以送兩個孩子上私立學校，所以他們的選項裡並未包含私校。但他們後來聽朋友說，附近有所私校可讓中產階級家庭申請助學金，便改變主意。荷莉去那所學校參觀，瞭解課程內容，令她嚮往極了。那所學校有充滿創意的完善課程，沒有標準化的考試。無論天氣如何，他們會常讓孩子到戶外活動，上體育課。所有學生都會上音樂、藝術、戲劇、科學和外語課程，和她參觀的公立小學完全不同。後來學校答應提供助學金，即使剩下的學費負擔依然沉重，他們還是決定選這所學校。荷莉覺得這個決定還是帶有一種無奈的諷刺感，她說：「我送孩子去那所學校，不是為了讓他們出類拔萃，將來好上哈佛。基本上我送他們去讀私校，只是希望他們能享有休閒，接觸藝術。」

我本來就知道在美國為孩子尋找優質完善的教育可能充滿挑戰，但是跟荷莉談完後，我更加震驚了。種種變數的複雜性及潛在成本根本令人畏懼。

不久，我和遠在芬蘭的朋友諾拉聊天。諾拉的個性體貼細心，設想周到，又有愛心。她有兩個小孩，和先生住在芬蘭南部的小鎮上，女兒即將上小學。我問諾拉，她幫女兒去比較過不同學校了嗎？她說沒有。他們收到市府的通知單，通知他們把女兒送到哪所學校就讀。即使他們有個家族好友在附近的另一所學校當校長，並建議他們把女兒送到那所學校讀書，諾拉和先生還是覺得沒必要把事情搞得那麼複雜。她不假思索地說，畢竟那兩所公立學校都離家很近，也都很棒。

那時我腦中還想著荷莉的經歷，所以我問諾拉，是否擔心女兒的在校成績。諾拉對我的問題有點訝異，她說：「我相信她會有不錯的成績吧，我從來沒想過這個問題耶。」她停頓了一下，接著問道：「妳為什麼會這樣問呢？」

現在的芬蘭人很難理解，教育對他國人民來說是多麼重要且攸關人生的討論話題。他們可能也很難瞭解，為什麼芬蘭的教育制度會變成世界各國如此感興趣及關注的議題。我新認識的美國朋友開始問我有關芬蘭學校的問題時，我以為他們只是客套地問問，以表現他們對我祖國的興趣。但我很快得知，對這些美國朋友、家人和同事來說，教育就像一座錯綜複雜的迷宮，必須經常探索與摸索，每個角落都潛藏著危機，可能破壞每個家庭為了栽培孩子而投入的心力。美國家長經常討論教育，因為那是令人焦慮的來源。

如今許多美國人似乎都認同，美國的教育制度需要徹底改革。許多公立學校的教育失敗；私立學校的競爭日益激烈，費用高昂；公費補助的民營特許學校（charter school）雖有不錯的成果[1]，但也創造出新的問題和不確定性，而且數量有限。如今美國富家子弟的在校成績優於中產階級和貧困家庭的子弟[2]，而且差距是數十年來最大的。家長為了讓孩子擠進好學校而使出渾身解數，不是去優良公立學校的學區買房子，就是咬牙支付日益高昂的私校學費。當然，隨著大學學費飆漲，念完大學愈來愈難。整體而言，相較於他國學生的學習成果，美國在國際上的表現欠佳。目前這種教育制度的受益者，主要是那些向憂心忡忡的家長推銷輔導課程和考試訓練的營利型文教事業。因此大家都很想問：美國到底該如何改善學校呢？

根據我自己上芬蘭公立學校的記憶——坦白講，我記得的不多——芬蘭的教育其實沒什麼特別之處。我的老師都很好，但大多很無聊。我和芬蘭同學以前也是接受死背教育，跟美國現在公立學校的學生差不多。我還記得，中學時代有很多學生對老師很不尊重。體育課是我們這一代共同的可怕經歷，到現在大家還會聊到以前的體育課跟軍事訓練沒兩樣。在學業方面，我們也有很多功課，標準化的考試也不少。當年的國際調查顯示，芬蘭的教育排名普

1—民營特許學校辦學成果：Center for Research on Education Outcomes。

2—富裕孩子優於其他孩子：Reardon。

通，沒什麼值得關注的。但後來出現極大的改變。在過去幾十年間，芬蘭徹底改革了教育，創造出有史以來全球最出色的公立教育體系之一。

這個教育奇蹟在海外享負盛名，主要是因為一項特殊的研究：OECD每三年進行一次的國際學生能力評量計畫（Programme for International Student Assessment，簡稱PISA）。PISA是設於巴黎的團體，成員包含全球主要工業大國。該項調查是比較不同國家的十五歲青少年在閱讀、數學、科學方面的能力。二〇〇〇年起，芬蘭的學生在這三方面幾乎都名列前茅，與南韓、新加坡等優秀國家的學生並駕齊驅。二〇一二年的調查是以數學為主科，閱讀和科學為輔。在那次調查中，芬蘭的排名稍微下滑了一些。中國的學生名列冠軍，其他來自新加坡、香港、台灣等亞洲地區的學生緊追在後。在歐洲，芬蘭學生的數學成績也輸給列支敦斯登、瑞士、荷蘭、愛沙尼亞等國的學生。雖然與他國的競爭可能只會愈來愈難，但是從實務目的來看，芬蘭目前仍維持名列前茅的狀態。以二〇一二年的結果為例，那三個領域加總起來，芬蘭排名第三，在OECD三十四個會員國中，排名僅次於南韓和日本；在數學方面，排名第六。

這和美國相比又是如何呢？同一期間，美國學生在PISA調查中的表現頂多只達中等。二〇一二年，美國在閱讀、數學、科學等方面的總成績，在OECD三十四個會員國中排名第二十一位，數學表現低於平均，排名二十七[3]。

芬蘭的教育成果之所以特別引人注目，還有另一個原因。芬蘭不是只有一些學校表現優異，而是幾乎所有學校都表現出色。其他國家沒有如此一致的教育成果。此外，在個別的學校裡，成績最好與最差的學生之間，差距也非常小，那表示幾乎每個芬蘭學生都表現得很好。而且，芬蘭是以非常低調的方式達到這些成果。芬蘭孩子的功課很少，上學時間很短，多數學童都是就讀住家附近的學校。芬蘭人對於美國父母為了確保孩子的教育必須煞費苦心，都感到十分訝異，我的芬蘭朋友諾拉不是唯一對此感到意外的父母。

芬蘭這種另類教育成就，吸引了許多外國代表團到芬蘭的學校取經，也引來許多全球媒體的報導，大家紛紛驚嘆芬蘭的教育奇蹟。這其中也包括許多美國人的熱切關注，但也有些美國人認為芬蘭的經驗沒什麼可取之處。其實我自己也很好奇，芬蘭真的有什麼值得美國參考的地方嗎？我開始研究芬蘭的教育史時，發現美國如今陷入的困境和幾十年前芬蘭的狀況大同小異。當初芬蘭為了解決教育困境所採用的方法，很符合「北歐式愛的理論」的目標。這對美國如今的教育選擇來說，有發人深省的意義。

一九四〇年代末期，芬蘭從對抗蘇聯的戰爭中重新振作起來，展開新的歷程。當時芬蘭很貧困，除了森林以外，沒什麼天然資源，也不像其他歐洲鄰國可以從海外殖民地擷取資

3 芬蘭和美國在PISA的排名：Kupari; Ministry of Education, *Finland and PISA*; Ministry of Education, PISA12; OECD, Country; OECD, Lessons; OECD, *PISA 2009 Results*; OECD, *PISA 2012 Results: What Students Know*; Sahlberg, "Why."。

源。這樣的困境迫使芬蘭的領導人推論，芬蘭人只能靠腦力來開創未來。芬蘭人也覺得讓孩子接受教育是讓下一代出類拔萃的最好方式。於是，教育變成芬蘭的最大寄託，全體人民都期待靠著知識，而不是農業或製造業來開創新經濟。雖然高科技的知識經濟還要再等幾十年才會出現，但芬蘭先天的劣勢使她為二十一世紀打造教育體系時，反而搶得了先機。

不過，當時有極大的問題需要克服。芬蘭社會因嚴重失衡而四分五裂，其中也包括比現在的美國更嚴重的教育失衡現象。所有芬蘭學童被迫從兩種中學之中二選一，一種是普通的「民間學校」，另一種是學術導向的私立「文法學校」。文法學校的運作或多或少就像現在的中學，那也是接受大學教育的先決條件。不過，文法學校會收取學費，而且小城鎮通常沒有這種學校，所以以前只有大城鎮或都市地區的富家子弟有可能上大學[4]。

我祖母就是這種教育體制的受害者。她在小型農業社群成長，資質聰穎。她的公立小學老師建議她到文法學校繼續升學，一路念上大學。但她的母親是單親媽媽，無力支付文法學校的學費，所以儘管我的祖母天賦過人，卻只能依賴家人的資助，讀完小學六年級就輟學了。後來她雖然獲得一些職業培訓，但很快就成為家庭主婦，開始照顧我父親和他的兄弟，後來也幫忙照顧我們這些孫子。

我父母求學時，芬蘭的教育體系已有所改善。那時有較多的學校，政府也開始資助私立文法學校。私校為了獲得政府的補助，必須按照規定免費錄取一些貧困的資優學生。即便如此，芬蘭學童在接受六年基本教育後，大多離開教育體系，僅四分之一左右進入文法學校。

那樣的體制並不足以為芬蘭日益成長的知識型企業提供足夠的知識型員工。芬蘭企業想招募受過良好教育的員工，來幫他們在國際上競爭及醞釀創新發明——其實這種情況和現在的美國並無二致。不過，當時的芬蘭人對於改革教育體制的最好方法，也有很大的歧見——這也跟現在的美國一樣。芬蘭人為了芬蘭是否應該建立統一的公立學校制度，激烈爭論了二十年。評論者質疑，把所有學生都教導到文法學校資優生的優異程度合理嗎？社會真的需要讓所有青年都獲得良好教育嗎？還是只是浪費稀少的資源罷了，尤其社會上還有其他問題待解決？而且，預期所有青年像文法學校要求的那樣，不止學芬蘭文和另一個官方語言瑞典語，還要學一種外語，這要求真的公平，或甚至有必要嗎？

最後，一個特別委員會公開發表建議：芬蘭應該建立統一的公立學校制度。那項建議掀起了全國各地的反應。小學教師認為每個學生都能學得一樣好，但大學教授對此存疑。政治人物的立場也出現分歧，一位芬蘭教育專家提到當時的可怕預言：「有些人預測，如果為全體學童建立統一公立學校的新概念通過了，芬蘭將會前景黯淡：知識水準下滑，浪費現有國家人才，芬蘭在國際經濟的競爭上將會落後其他國家。[5]」

不過，這些悲觀主義者忽略了北歐式愛的理論所衍生的效益。為所有學童提供優質的公

4 芬蘭教育體制歷史：OECD, *Lessons*, 118–123; Sahlberg, *Finnish*, chap. 1。
5 「有些人預言黯淡的未來」：Sahlberg, *Finnish*, 19。

立教育，可讓每個人無論出生、家庭背景或家庭財力狀況，都獲得良好教育。學童不再因為家長的技能或收入不同，而被迫中斷學業。當教育機會普及，成就單純反映出個人的努力和才能時，每個人——個人和全體社會——都會因此受惠。確保優質教育成為人人皆可享有的福利，而不是少數人的專利，才能打造出一個由自給自足的獨立個體所組成的社會。這樣的社會也比較不可能培養出不健康的相互依賴關係，以及依賴政府的關係。芬蘭將因此獲得活力、經濟成長、人力資源等好處，人民也因為充分發揮潛力而得以改善生活，過得更稱心如意。

後來，主張普遍優質教育的倡議者勝出了。一九七〇年代初期，芬蘭學校改革的第一個基本階段開始施行。初步目標是慢慢把民間學校和文法學校這兩條平行的升學管道合而為一，變成單一的綜合體系。芬蘭當局希望藉由這個方法，讓所有學生都接受比較嚴謹的教育課程。到了一九七〇年代末期，芬蘭全國各縣市已經普遍施行新的制度。

但新的架構一旦建立，芬蘭必須為學童許下更重要的承諾。這時情況開始有趣了起來。

表現出色是怎麼來的

帕思·薩爾博格（Pasi Sahlberg）身形削瘦，頂著一頭褐髮，五十幾歲，穿著剪裁合身的雅致西裝，貌似在高科技企業任職的工程師，但他其實是頂尖的芬蘭教育改革權威。他是教師、學者，曾任芬蘭教育部國際流動中心主任。近幾年，他在哈佛大學教育研究所擔任客座教授。他移居劍橋以前，在赫爾辛基從事的部分工作，是負責招待前來芬蘭瞭解教育奇蹟的各國教育代表團。此外，他自己也會走訪世界各地，介紹芬蘭的教育方法。

二〇一一年十二月，薩爾博格到紐約市的私立預科學校說明芬蘭教育。他坐在中央公園正對面德懷特中學（Dwight School）的教室裡，被學生、教師和訪客團團包圍著，由此可見美國想瞭解芬蘭教育的熱切程度[6]。薩爾博格和學生談論美國和芬蘭在教育制度上的差異，例如教書是聲望多好的職業？兩國的校園生活有什麼不同？美國的學術能力評估測驗（SAT）和芬蘭的高中畢業會考有何差異？不過，薩爾博格有提到一個最特別的重點，似乎沒引起大家的關注，他提到：「芬蘭沒有私立學校。」

很難去誇大薩爾博格這句話的意涵。理論上，芬蘭確實有少數幾所獨立學校。有些是華德福學校，採行德國首創的自由教育理念，強調創意和藝術。有些學校是以芬蘭語或瑞典語以外的語言授課，還有一些是宗教學校。不過，所有學校都必須獲得教學許可，並遵循芬蘭教育當局頒布的全國核心課程。最重要的是，這些獨立學校也都需要政府稅金的資助。只

6 薩爾博格訪問德懷特中學：作者親自觀察記錄，這裡有些內容曾發表在《大西洋月刊》。參見 Partanen。

有少數幾所學校獲准收取幾百美元的小額學費。所以，這些獨立學校其實無法和美國私校相比，美國的私校有自己的課程，靠收取學費來支應學校的營運。芬蘭有一些私立職業學校，還有一些提供外國學位的國際學院，但沒有私立大學提供芬蘭學位。這一切所衍生的意義和影響相當深遠，即使芬蘭國內還有其他選擇，但無論是上托兒所，還是攻讀博士班，幾乎每個芬蘭國民都是上公立學校[7]。

這怎麼可能呢？其實答案很簡單：芬蘭政府已經把全民獲得免費優質教育的權利寫進憲法裡了，而且確實履行這項承諾[8]。就像合理的育嬰假和平價日托服務一樣，北歐式愛的理論促使芬蘭認為，全民皆享有良好的教育，也是現代社會保障孩童基本人權的必要措施。孩子的出生貴賤，不該影響其受教育的權利。因此，芬蘭父母不需要花時間尋找私校或想辦法籌錢支應昂貴的學費，家長也不需要為了讓孩子上特別好的公立學校，而花很多錢在特定的學區購屋。

薩爾博格的父母都是教師，他從小在芬蘭的學校成長。他曾在赫爾辛基的初中教數學和物理，在芬蘭的教育部擔任過多項職務，也在OECD、世界銀行、其他國際組織擔任過多年教育專家。為了回應他老是被問到的問題，二〇一一年他出版了一本書，名叫《芬蘭教育這樣改！》（*Finnish Lessons: What Can the World Learn from Educational Change in Finland?*）。

在薩爾博格看來，美國的教育改革者一直很在乎某些問題，好比，如果你不經常考試，怎麼追蹤學生的學業？如果不追究不良教師的責任，或是按績效獎勵優良教師，那要如何改善教學？如何在教育體系裡培養競爭？如何吸引私營部門投入教育？又要如何提供學校選擇？

但薩爾博格認為，這些問題大多搞錯了重點。他造訪德懷特中學後，當天又到哥倫比亞師範學院演講，他在演講中坦言，在美國，所謂「提供父母更多的教育選項」，是指提供他們特許學校和私立學校，讓他們自己去選擇。薩爾博格指出：「大家認為學校就像商店一樣，家長可以貨比三家，為孩子選擇他們想給孩子的教育。你滿意就來，不滿意就換另一家。」但是，如果美國的所有學校都很出色，都跟芬蘭差不多呢？

這裡蘊含著一個真正令人驚訝的重點。無論那些美國聽眾是否注意到，薩爾博格在演講中揭露了他想傳達的核心訊息。數十年前，芬蘭的教育體系亟需徹底改革時，芬蘭推動教育的方式雖然創造出如今的出色成果，但當初的目標其實並不是為了追求卓越。

---

7 芬蘭的獨立學校和私立大學：唯一的例外是赫爾辛基國際學校（International School of Helsinki），他們獲得教育部的許可，每年可收取近一萬美元的學費，因為他們是採用國際課程，主要是為了服務短期住在當地的外國家庭兒童。E-mail interview with Anne-Marie Brisson of the Ministry of Education and Culture (Aug. 10, 2015); Ministry of Education and Culture (Aug. 4, 2015); e-mail interview with Laura Hansén of the Ministry of Education and Culture, *Basic Funding, and Valtioneuvosto*; Basic Education Act 628/1998, chap. 3 and chap. 7, section 31; Yle。

8 芬蘭的免費受教權：Ministry of Justice, section 17。

當時芬蘭所追求的目標其實是平等，而這個目標從「北歐式愛的理論」來看，可說是再合理不過。

為了說明芬蘭四十多年前做了什麼，我們先來看一下最近的教育研究。幾年前，麻省理工學院經濟學教授阿比吉特・班納吉（Abhijit V. Banerjee）和艾絲特・杜芙若（Esther Duflo）出版了《窮人的經濟學》（*Poor Economics: A Radical Rethinking of the Way to Fight Global Poverty*）。他們在那本書中探討各界常推薦給窮國解決各種問題的方案，例如營養、醫療照護、金融和教育等等。尤其，教育常被視為解決一國所有問題的萬靈丹。

班納吉和杜芙若發現，負責解決一國問題的專家通常對教育抱持以下兩種看法。一種是「需求法」，把教育視為投資。他們認為家長願意為了孩子的求學付錢，因為那是一種投資，將來可獲得報酬。當教育的效益夠高時，家長會付錢送孩子上私校，或是要求政府改善公立教育。以這種思維來看，競爭是確保家長為孩子獲得理想教育品質的關鍵。也就是說，改變是由需求所驅動，與供給無關[9]。

這種教育觀點在世界各地普遍獲得認同，在美國也很熱門。儘管美國有廣泛的公立學校制度，主要是由州政府管理並資助，但美國仍有10%的學生上私校，美國的大學教育幾乎都是依賴學費營運的。連公立教育也非常依賴私營部門提供的服務，包括民營的特許學校（愈來愈多是營利機構）和多國企業設計的測驗題[10]。

所謂「提供家長更多的學校選擇」，背後就是以這種「需求法」作為理論基礎。那通常也會促進教育的私營化，並呼應全球學校改革運動的其他根本概念：以更多的標準化測驗來衡量教師的績效；使教師為那些測驗結果肩負起更多的責任；學校、老師、學生之間有更多的競爭；學習的時間也更長。

北歐有個國家也積極採納上述的一些概念：瑞典。瑞典開放教育體系，讓一些創業家來創立私立學校[11]。英國則是積極採納標準化測驗[12]。印度正在實驗可拿去就讀私立學校的教育補助券（school voucher）[13]。二〇一二年美國總統大選時，總統候選人歐巴馬和羅姆尼（Mitt Romney）都主張提供家長更多學校選擇[14]。尤其，羅姆尼更堅信，當家長有機會從多元選擇中挑選學校（包括公立學校、特許學校、私校），學校才會進步。那個論點的思路是這樣的：政府的職責很簡單，就是發放教育補助券，補助家長把孩子送到他們喜歡的學校，

---

9 — 窮人的經濟學和教育的供需法：Banerjee, chap. 4。

10 — 美國學生上私校、擴大學校營利和私人測驗服務：Chingos, 10; Miron; Kena, 74。

11 — 瑞典的私立學校：OECD, Equity, 71; OECD, *Improving*, 93–96。

12 — 不同國家的標準化測驗：Morris。

13 — 印度的教育補助券：Muralidharan; Shah。

14 — 歐巴馬和羅姆尼的教育觀點：Gabriel; Romney; White House Office, "Remarks by the President on Education Reform."。

由市場的需求來自然篩選學校。

不過，班納吉和杜芙若指出，教育有個奇怪的特質，導致我們把教育視為一般投資時，可能會出現棘手的狀況。問題就在於：一般預期家長會支付這筆教育投資的費用，但投資的受益者是孩子，而且效益通常是在多年後、甚至數十年後才看得到。這導致動機和報酬之間出現嚴重的脫勾，但一般常忽略那個脫勾現象。在傳統或農村社會裡，許多家長選擇不做那筆投資，因為相較於把孩子留在家裡務農，送孩子去上學無法看到立即的報酬。不過，即使是現代社會，家長還是可能因為這種投資與報酬的脫勾現象而放棄投資，尤其是教育費用高昂的時候。而且，「需求法」也需要家長積極管理孩子的教育。探索令人困惑的多元教育選擇，因應競爭激烈的申請程序，確保孩子進入合適的學校，不止需要投入金錢，還需要技能、時間，甚至人脈。「需求法」使孩子的命運幾乎完全取決於父母的願力和能力。這和北歐式愛的理論希望達到的目標，恰恰相反。（稍後我會回頭談瑞典的情況。）

至於班納吉和杜芙若提出的第二種教育思維又是什麼？他們給第二種思維的命名並不令人意外，但內容可能出人意表。第二種思維稱為「供給法」，也就是說，教育不是在家長有需求時才提供，而是一種基本人權。無論每個家長想為孩子挑選什麼，或每個家庭的經濟環境負擔得起什麼樣的教育，這個目標依然成立。班納吉和杜芙若把這種思維歸納如下：「文明社會不能讓孩童享有正常童年及妥善教育的權利，受到父母的意念或貪念所左右……這個論點說明了為什麼多數的富國不讓家長有所選擇：除非家長可以證明他們在家自己教育孩子，否則孩童在達到某個年紀以前都必須就學。」[15]

一九七〇年代末期，當芬蘭的教育當局準備好為新的統一學制設定目標和方法，這種供給式的思維看起來不僅最能反映北歐式愛的理論，也最符合迅速變遷的現實社會。供給法似乎是幫芬蘭達到強大的知識型經濟，同時確保芬蘭在二十一世紀勝出的最佳途徑。所以芬蘭的教育當局完全堅持供給法的原則，勇往直前，從此再也沒有回頭。

總之，芬蘭的教育改革方式，幾乎各方面都和目前美國流行的趨勢恰恰相反，卻創造出大家有目共睹的驚人成果。如此不同的作法也衍生出截然不同的成果，其實並不令人意外。

令人遺憾的是，在教育方面，相較於其他先進的西方國家，美國仍處於出奇落後的狀態。因為在美國，我們無法從孩子的能力或努力來預測他的在校成績，而是要看家長的地位而定——亦即家長的學歷和財力[16]。其他國家也有這種現象，但美國的現象特別矛盾，而且情況日趨惡化：近幾年，上述的財力預測指標在美國愈來愈明顯。一位史丹佛大學教授發現，二〇一〇年美國貧富學生的成績差距比三十年前大了40%。

---

15 — 「文明社會不允許」：Banerjee, 78。

16 — 家長的學歷和財力和美國學生的在校成績：OECD, *Country*; OECD, *Lessons*, 34; OECD, *Economic Policy*, 188; OECD, *PISA 2012 Results: Excellence Through Equity*, 39; Reardon。

其他與這個事實有關的統計數據也一樣令人憂心。以兒童貧困為例，二〇一三年聯合國兒童基金會（UNICEF）的報告研究了二十九個已開發國家的兒童貧困狀況[17]。UNICEF是採用一種普遍的技巧來衡量不同社會的貧富不均狀況：孩子家中的可支配所得，不到該國家庭所得中位數的一半，就算是貧困。UNICEF的研究結果顯示，芬蘭的兒童貧困率不到5%，是所有富國中最低的。相較之下，美國兒童貧困率接近25%，也就是說，近四分之一的兒童人口屬於貧童。在UNICEF調查的所有國家中，美國的兒童貧困率之高，僅次於羅馬尼亞。

有人可能會說，這個比率沒有多大意義，因為這是相對的數字。以絕對的數字來看，美國的貧童確實比許多貧國的貧童過得還好。不過，相對的貧困率顯示，相較於其他先進國家，美國有更高比例的孩子無法獲得多數人覺得稀鬆平常的基本機會、活動和物質享受。在美國社會，你不需要極其貧困或活在類似第三世界的環境中，就可能生活在社會底層。

這兩項美國趨勢——(1)美國貧童的求學境遇遠比富童還糟；(2)美國的貧童比其他富國還多——結合起來清楚顯示，美國遠遠落後其他先進國家，而且在試圖改善全體學童的學習績效上，面臨根本的挑戰。

諷刺的是，在美國教育的辯論中，貧窮率已變成很多人拿來較量的武器[18]。一個陣營以美國的高貧童率為由，為美國的公立學校辯解：問題不是出在學校，而是學生所處的環境。他們的論點是這樣的：假如芬蘭的貧童跟美國一樣多，芬蘭肯定無法達到那麼出色的教育成果。那些評論者因此主張，為了解決學校的問題，美國必須先解決貧窮問題。第二個陣營則認為貧窮率只是藉口，只要孩子和教師都以高標準要求學業，貧童沒有理由學得比富童差。長久以來，美國一直有很多貧苦的移民子弟在學校表現優異，後來的學歷和財力都比他們的父母好。由此可見，即使家境清寒，只要肯努力用功，也可以出人頭地。所以這一派主張，為了解決貧窮問題，必須先解決學校問題。

這兩個陣營的論點都有幾分道理。研究顯示，兒童貧困和許多風險有關，其中有很多是教育相關的風險，例如學習、行為、健康、少女懷孕，以及毒品和酒精濫用等問題[19]。顯然美國的貧富不均確實使美國的教育系統更難和芬蘭這類比較平等的社會競爭。不過，貧富不均不見得就表示學習上會有很大差異。以色列、墨西哥等國的貧富不均現象比美國更嚴重，但是在那些國家中，不同背景的學生在學習上並未出現那麼大的差異[20]。即使是芬蘭，也有貧富不均的現象，雖然不像美國那麼明顯，但過去幾十年芬蘭的貧富差距也擴大很多[21]。不過，貧富差距的擴大，對芬蘭學生的教育成果幾乎沒什麼影響。

17 不同國家的兒童貧困狀況：UNICEF Innocenti; UNICEF Office, 7。
18 關於貧窮的辯論和學校改革：See, for example, Klein; Rhee; Thomas。
19 跟兒童貧困有關的風險：UNICEF Innocenti, 4。
20 貧富不均比美國更嚴重、學習上並未出現那麼大差異的國家：OECD, Lessons, 34。
21 芬蘭的貧富差距：OECD, Society, 66–67。

無論是哪個陣營，美國的教育改革者往往覺得芬蘭的例子無法帶給美國多少啟發，因為相較之下芬蘭是如此平等的社會。這種論調完全搞錯了芬蘭成功的原因。完全擺脫貧困的影響，正是芬蘭教育體系當初設計的目標，而且芬蘭切切實實地做到了。這幾十年來，當芬蘭努力以「供給法」落實教育理念時，它幫芬蘭跨越了如今仍嚴重阻礙美國進步的老舊差異。芬蘭清楚證明了一點：把焦點放在平等上，從而創造卓越，不僅是可行的，也是讓一個國家更適合未來發展的有效策略。

但是話又說回來，芬蘭為了如今的成果所做的一些事情，可能是無心插柳的意外收穫。例如，北歐人通常堅信孩子不太需要教育，至少學齡初期是如此。

自由成長的孩子

我移居美國後，認識了芬蘭夫婦威爾和妮娜。他們都在紐約的大企業上班，住在紐約市北方的威徹斯特郡（Westchester），該郡的居民普遍富裕，當地有不少優良學校。他們住在一棟美好的老宅裡，兩個兒子希蘇和柯斯莫都是在美國出生，交由附近一家小型私營的居家式日托中心照顧，一個孩子每個月的日托費用約一千三百美元。老大希蘇兩歲時，就在日托中心學會英文字母和數字。威爾很高興孩子學會新東西，因此想在家念書給希蘇聽，幫他進步得更快一些，但妮娜不太贊同，「我記得當時我心想：『拜託停下來，別再教他了，我兩歲大的兒子還不需要懂那些東西。』」

如果你覺得妮娜對希蘇提早學習的反應很奇怪，那在北歐國家可一點都不奇怪。威爾和妮娜舉家搬回芬蘭幾年後，我去他們位於赫爾辛基附近的住家拜訪他們。那時他們的小兒子柯斯莫是三歲半，在郊區一所不錯的英語托兒所就讀，但還沒學任何字母和數字。

我的芬蘭朋友蘿拉是另一個例子。她和家人在海外（牛津）住了一年，所以把四歲兒子送到英國托兒所就讀。當她發現托兒所竟然有一份檔案，記錄兒子的學習目標，以便讓家長知道他每個月的學習進度時，她非常訝異。蘿拉告訴托兒所的人員，只要兒子快樂，學會一點英文，交一些朋友，她就很開心了。她這麼一說，這下換托兒所的人大吃一驚。他們問蘿拉怎麼會對教育那麼隨性，尤其她又是來自芬蘭這個學習力超強的國家。

最近丹麥的日托中心出現一種新潮流：測量孩子的進步程度。我的丹麥朋友漢娜是心理學家，她堅決反對這種流行趨勢。她說，即使日托中心只是衡量孩子著色時能不能把顏色塗在線條裡，她還是希望老師放任孩子玩樂，讓孩子自己去發現及表達興趣和創意。

難道這些北歐父母瘋了嗎？

如今全球各地的教育專家大多有個共通的看法，幼年時期對日後的成就非常重要。然而，說到如何為孩子的未來成就奠定基礎最好時，大家的看法有很大的分歧。在美國，公立教育（普及免費的義務教育）通常是從五歲開始，包括一年的幼兒園。不過，自從研究顯示提早教育幼兒有明顯的好處後（尤其是弱勢兒童），美國人就推論孩童應該早點上學[22]。歐巴馬的政策提案中，引發最多討論的提案之一，是延長政府資助的幼兒園教育，讓所有四歲小孩都提早入學[23]。二〇一四年，紐約市的新科市長比爾·白思豪（Bill de Blasio）真的就為紐約市的孩子提供了那樣的方案。

北歐人當然也覺得幼年發展對孩子日後的成就很重要。在丹麥和瑞典，三到五歲的孩子幾乎都是送往托兒所，其他北歐國家的比例則稍低一些。芬蘭三到五歲的幼童中，有四分之三是送往公家補貼的托兒所。但是在北歐國家，托兒所和學校有非常明顯的差異。正規教育是從孩子六、七歲才開始。在芬蘭，多數孩子六歲時先上一年的幼兒園，那一年的幼兒園教育本來是自願性的，二〇一五年開始變成強制性的。不過，以美國的標準來看，芬蘭正規教育的起始時間很晚：七歲才開始。如果你問芬蘭人，他們會說芬蘭的托兒所不是學校，也不該是學校。事實上，幾年前，芬蘭的公立托兒體系還不歸教育部管，而是屬於社會事務暨衛生部的管轄範圍[24]。

為什麼在「讓幼兒贏在起跑點」上，北歐父母如此失職呢？答案出奇的簡單：因為童年就該有童年的樣子。在教導字母、數字或字彙上，芬蘭托兒所沒有具體的目標。反而是根據個別孩子的興趣，協助孩子培養社交技巧和好奇心，幫他們奠定日後獨立學習的基礎。多數情況下，芬蘭的作法就像芬蘭俗諺說的：「孩子的工作就是玩樂。」芬蘭托兒所的日常活動，除了有休閒以外，每天不管天氣如何，都有幾個小時的戶外玩樂，還有安靜時間、遊戲時間、午睡時間和勞作時間。戶外教學是把孩子帶到森林、體育中心、劇院和動物園，活動可能包括游泳或烘焙。北歐人都深信呼吸新鮮空氣和運動的好處，從孩子襁褓時期開始，家長就把嬰兒放在嬰兒床裡，推到戶外睡覺，即使冬天亦然，當然全身會包得很暖和。丹麥和挪威有所謂的「森林托兒所」，孩子幾乎整天都在戶外接觸大自然，連哥本哈根等大城市也有這種托兒所。早上有巴士來接小孩上學，下午再送他們回家。有些托兒所還會帶三歲小孩去遠足[25]。

在芬蘭，托兒所的老師通常會大聲朗讀書籍，孩子則是學習乖乖地坐著，完成小任務，像是一起吃熱食，幫彼此倒牛奶，或是吃光菜餚。如果孩子玩購物遊戲，托兒所的老師可能會教他們在買東西時使用數字，或是補充其他遊戲的知識。有些孩子可能會學到一些閱讀技巧，但不會在上小學以前學習閱讀。

22 — 提早教育幼兒有明顯好處的研究案例：Campbell; Schweinhart。

23 — 美國提倡孩童應該早點上學：National Center for Education Statistics, "Table 5.1"; White House Office, President Obama's Plan; Harris。

24 — 北歐孩子在托兒所：Ministry of Education and Culture, *Every Child*; Nordic Social, 57–62; Säkkinen。

25 — 芬蘭托兒所的活動和目標：Skype interview with Eeva Hujala of Tampere University (Jan. 31, 2013); author interviews with parents; daily schedules posted online by Finnish day-care centers。

芬蘭的托兒所老師一年會和家長會談一兩次，但談話內容通常是如廁訓練、跟其他孩童合作，以及托兒所與家中管教幼兒耍脾氣的規則需要一致等等。芬蘭人最在乎的托兒所品質，往往跟教育成果沒什麼關係。芬蘭家長最在乎的是：孩子能不能送到離家最近的托兒所？班級的人數會不會太多？餐點和衛生狀況究竟是很好，還是尚可？托兒所會不會讓孩子睡太久？（家長不希望孩子在托兒所休息太多，以免晚上睡不著。）托兒所的老師是否抱持老派的性別角色概念，還是觀念更進步？至於托兒所提供的學科學習，北歐家長通常會堅持：愈少愈好。

相較於許多國家的托兒制度，芬蘭的托兒所在品質和精神上有很高的一致性，家長不需要面對令人眼花繚亂又昂貴的選項。此外，芬蘭的托兒所通常都有優良的設施，以及設備齊全的遊樂場。這種可靠與一致性不是出於北歐文化的莫名堅持，而是跟家庭政策一樣，是來自北歐國家的明確政策——堅持所有孩童都應該獲得公平待遇。UNICEF的報告稱讚芬蘭在幼兒照護的支出，遠比OECD的平均值還高；而且在師生比例方面，也為先進國家設下比例最高的榜樣：一位成人照顧四位三歲以下的幼童，一位成人照顧七個三歲以上的幼童。（由於北歐國家的育嬰假很長，日托中心通常只收滿六個月或九個月的孩子。）托兒所人員都必須至少具備幼兒教育的學士學位，或是社工或護理方面的專業學位。芬蘭孩子可能只在托兒所玩耍，但即便如此，芬蘭的全國托兒政策規定：托兒所人員都必須是訓練有素的專業人士，知道自己在做什麼，隨時注意任何可能阻礙孩童學習的跡象。UNICEF的報告也提到，孩子升上幼兒園後，芬蘭也針對幼兒園的老師設定嚴格的資格要求，多數老師都具備教育方面的學士或碩士學位[26]。

相較之下，美國家長對典型托兒所的擔憂可能截然不同。我聽到白宮的營養政策資深顧問山姆・卡斯（Sam Kass）提到，第一夫人蜜雪兒・歐巴馬推動的「終結孩童肥胖計畫」，有時需要說服托兒所員工多帶孩子到戶外活動，而不是讓孩子整天坐在電視機前[27]。另一種極端的情況是，有些家長把孩子送到學業非常競爭的托兒所，卻又擔心孩子小小年紀就被迫坐著不動太久，學太多東西。根據北歐的思維，讓孩子盡情玩樂，發揮創意以解決自己的無聊問題，其實就是提早為未來的學習做準備，那種訓練遠比死記及提早熟練一些技巧更有意義，也更可能產生深刻的影響。

不過，讓芬蘭的小孩盡情享受真正的童年，還有一個重要的關鍵。芬蘭人不像美國家長，不需要在孩子一出生就開始煩惱孩子未來的教育之路。誠如薩爾博格說的，「入學準備度」（school readiness）不是指家庭和孩童必須為入學做好準備，而是指學校必須準備好接受學生，並協助每個孩子發揮潛力。芬蘭的學校確實都準備好了。

---

26 — 芬蘭的托兒所法規和品質：二〇一五年撰寫本書時，芬蘭政府正計畫通過「一個成人照顧八個三歲以上幼童」的比例。Ministry of Education and Culture, *Early Childhood*; Taguma; UNICEF Office, 21。

27 — 卡斯談托兒所：Kass spoke at *Parenting* magazine's 2012 Mom Congress in Washington, DC。

培育良師

前陣子我看了《藍色是最溫暖的顏色》（Blue Is the Warmest Color），那是一部有關少女和性啟蒙的法國電影。那部片一如既往，在美國引起許多觀眾議論紛紛。北歐文化向來平常心看待裸體和性欲，所以身為土生土長的北歐人，我對性愛場面所掀起的討論不太關注。反倒是片中餐桌邊的一幕，一直迴盪在我的腦海中。在那一幕裡，主角阿黛爾和新女友艾瑪約會，首次見到艾瑪的母親和繼父。阿黛爾出生於保守的工人家庭，艾瑪的家庭則是充滿藝術氣息的上流階層。他們一起享用生蠔和白酒時，艾瑪的父母問阿黛爾她想做什麼。阿黛爾回答：「我想當老師。」艾瑪的母親則說：「喔，是嗎？」顯然不覺得那是什麼了不起的工作。「妳為什麼想當老師？」阿黛爾解釋，學校傳授她很多無法從父母及朋友身上學到的東西，她也想把那些傳承給其他孩子。這時艾瑪也加入對話，說阿黛勒開始念書以後，說不定會改變心意。艾瑪的繼父也出來打圓場說：「至少妳知道自己想做什麼。」

那一幕令我念念不忘，因為它充分說明了我在芬蘭和許多國家之間發現的一大差異：對老師的尊重。我很難想像芬蘭的電影出現類似劇情，受過良好教育的芬蘭家庭不太可能如此輕視教育工作者。

許多美國的教育改革者認為，美國公立教育體系的最大問題在於老師太糟，而原因出在教師工會。一項常見的抱怨是，工會阻止學校開除糟糕的教師。紀錄片《等待超人》

（Waiting for "Superman"）是部感人肺腑的電影，描述美國貧童在劣質公立學校求學的困境。那部影片引起廣泛迴響，叫好又叫座，並把矛頭指向教師工會。

然而，從芬蘭的角度看，如果你擔心無法開除不適任的老師，那麼解決的辦法應該是一開始就不要雇用這種老師。關於老師的素質以及尊師重道的爭論其實是更大的問題，與教育本身的沉痾是截然不同的議題。我們該如何看待教師這門職業？身為教師是否像專業護理師一樣，具備副學士或學士學位以及一些專業就夠了？還是說教師比較像記者，需要大學學歷、某種態度，以及靈機應變的能力，只要能從工作實務中迅速學習就夠了？又或者，教師其實比較像律師，甚或醫生，需要更多正規研究所的專業培訓？

在芬蘭，大家覺得教學就像行醫一樣，不是與生俱來的天賦，也不是可以輕易學習的技能。芬蘭教育改革的一大政策，是要求小學到高中的所有教師都必須具備碩士學位。如今，教師培訓課程是芬蘭國內篩選最嚴格的大學主修之一。

在芬蘭要有什麼條件才能當老師？第一點需要注意的是，芬蘭和多數歐洲國家一樣，大學體制是讓學生更早選擇專業科系。以美國的體制來做類比的話，就像是想讀醫學院的學生會先主修醫學院預科。在芬蘭，將來打算當老師的學生，必須從大一開始主修教育。就算是當小學老師，也必須取得大學教育系的學位，同時副修國小課程的科目。大學畢業以後，這些潛在教師必須繼續深造，完成類似美國研究所的課程以獲得碩士學位。至於想當中學教師的人，還必須主修他們想教導的課程，例如數學、歷史，但他們也得攻讀教育，可選擇綜合的五年制課程，或是第五年專攻教育課程。每個攻讀教育碩士學位的學生，都必須花七百多個小時實習，在實際的課堂上面對真正的學生，並由經驗更豐富的教師監督他的實習過程。那很像大學教學醫院的實習方式，總計共實習六個月，每天六個小時，幾乎占整個學位10%的時間。芬蘭只有八所大學提供這樣的學位，每所學校的課程內容都差不多[28]。

在美國，教師認證制度因州而異。我住的紐約州是少數幾個要求公立學校的教師最終必須取得碩士學位的州。相反的，在德州，有學士學位的人接受三個月的訓練，就可以成為認證教師。許多州也推出類似的替代管道，好讓新老師更快進入教育體系，但這也導致認證與培訓課程長短不一、定位混亂。幾項研究發現，美國大學的教育學院大多對畢業的要求很低，無法幫潛在的教師做好面對課堂現實狀況的準備[29]。

美國人認為，任何人只要聰明又有動機就可以當老師，不需要專業及嚴格的培訓。最明顯反映這種概念的知名例子，或許是「為美國而教」計畫（Teach for America）。剛畢業的大學生在毫無教學經驗，或沒受過很多教育課程的訓練下，就開始投入教學工作。這個計畫充滿誘人的理想主義，但評論者對於結果的質疑愈來愈多[30]。以前，我們也許可以說教學不是多麼精密的科學，但如今在高科技的知識經濟中，教學可能真的很接近精密科學。

另一方面，為教師資格設定太高標準，難道不會有風險？芬蘭的要求可能聽起來很麻煩，而且那些通過層層培訓考驗的芬蘭教師肯定會要求較高的薪酬吧？

事實上，相較於芬蘭其他需要學士學位或碩士學位的專業人士，教師的薪資只算中等，遠低於律師和醫師的收入。但是話又說回來，美國教師的薪資明顯比一般大學畢業生的薪水還低[31]。芬蘭嚴格的培訓要求並未因此導致合格的師資減少，有抱負的年輕人一旦發現教學這個職業生涯可以讓他們獲得景仰和尊重，教育課程一點都不難招到最頂尖、最聰明的人才。

但即使美國改變現有的態度，像芬蘭那樣為教師培訓訂定嚴格的新標準，並為他們的培訓付出所有成本，難道不會加重納稅人的負擔嗎？答案是不見得。根據芬蘭的經驗，芬蘭就是用那種方式來解決許多目前令教育改革者頭痛的棘手問題，尤其是美國當今的問題。資料清楚地顯示，全球PISA調查中表現最好的國家，通常也是在教師身上投資最多的國家[32]。

這個簡單的解方，對於實現「北歐式愛的理論」有很大幫助：每個人無論出生貴賤或家庭背景，都可以獲得開創個人命運所需的優質指導。此外，一旦你投入資金把教師訓練好，就可以讓學校獲得很大的自由。校方不需要對教師進行微觀管理，不必以干預的手法監督他

---

28 — 芬蘭的教師教育：OECD, *Lessons* 125; Sahlberg, *Finnish*, chap. 3; interview with Leena Krokfors of Helsinki University (Oct. 12, 2012)。

29 — 美國的教師教育：Foderaro; Greenberg; Levine; National Council on Teacher Quality; NYC Department; Putnam; Smith。

30 — 「為美國而教」的批評：Naison; Ehrenfreund; Rich, "Fewer"; Winerip。

31 — 老師的薪資：OECD, *Education*, 454。

32 — PISA調查中表現最好的國家，也是在教師身上投資最多的國家：OECD, *Does Money*。

們（美國有很多改革方式試圖以干預手段介入），可以放手讓老師做好教學工作。

芬蘭的學校沒有標準化的考試。對推動學校改革的美國人來說，這個簡單的事實令人震驚。從歐巴馬到羅姆尼，每個人都以為一定要有標準化考試，才能確保學校和教學的品質。美國每個州為了獲得聯邦政府補助公立學校的資金，必須從國小三年級開始進行數學和英文的標準化考試。科學考試偶爾也會舉行，每個州也可以自行增加其他科目的考試[33]。

從芬蘭的角度來看，美國這種標準化考試特別奇怪。這些考試主要不是用來評量學生，而是藉由學生的考試成績來衡量學校、學區和教師。在紐約市，公立學校的主管機關會發布績效排名——不是學生的考試成績排名，而是一萬八千名教師的績效排名。那些報告清楚列出每個老師的名字以及任教的學校，根據五年來學生在該州標準化的數學及英文考試成績加以排名[34]。每個學生、家長、同事、朋友、鄰居或任何陌生人都可以上網看到教師的得分。當學生的考試成績毫無進步，有些學校會因此遭到關閉，老師也被解聘。

一九七〇年代初期，芬蘭展開學校改革，政府決定了嚴格的全國課程，監督所有教科書，甚至派員到各校檢查，以確保學校和教師遵守改革規定——類似美國現在採用的方式。不過，漸漸的，隨著愈來愈多芬蘭教師接受更嚴格的新培訓，政府的管制也逐漸鬆綁，公立學校體系逐漸轉向自由放任的模式。

美國人評論北歐國家時，喜歡大肆批評由上而下的監管，以及大政府「社會主義」的邪惡。但實際上，芬蘭政府已經把教育的監督權下放給地方，只採寬鬆管理。過去幾十年來，教育部授權地方政府和社群自己經營學校。雖然還是有全國性的核心課程，但已經不像我求學時規範得那麼多了。政府會制定總體目標以及主要課程的最低教學時數，但地方政府和學校自己決定如何達成那些目標，以及是否提供其他科目的額外教學。

因此，相較於美國公立學校的教師，芬蘭從小學到高中的所有教師都享有較多的專業自主權和獨立性。芬蘭教師可以決定如何授課，如何指導特定的主題，以及使用哪些教科書。因為有這種自主性，所以有時很難明確指出典型的芬蘭教室是什麼樣子，那完全是看學校和老師而定。這種自由不是隨便給的，而是要求所有教師都必須接受嚴格的培訓後，自然而然衍生的結果，因為家長和政府都相信那些訓練有素的教師可以勝任教學工作[35]。

沒有標準化考試，並不表示芬蘭人討厭評量學生。「北歐式愛的理論」的目標，是讓個

33— 美國的標準化考試：二〇〇一年小布希總統簽署〈有教無類法〉（No Child Left Behind），使考試變成獲得聯邦補助金的必要條件。近幾年，反對過度考試的運動逐漸轉強。二〇一五年，歐巴馬政府坦承政府政策導致考試和教師評鑑走火入魔。撰寫本書之際，正在推動〈有教無類法〉的改革。關於教改方面的努力，參見 Rich, "'No Child'"; Steinhauer; Strauss; Zernike, "Obama."。

34— 根據學生考試成績幫學校和老師排名：Aviv; Banchero; Harris; OECD, *Country*, 5; Otterman; Rizga; Santos, "City Teacher Data" and "Teacher Quality."。

35— 芬蘭學校的自主權：Interviews with Pasi Sahlberg (Dec. 8, 2011, May 11, 2012, and Oct. 25, 2014); Sahlberg, "Quality,"28; OECD, *Lessons*, 123–27; interview with principal Mika Oksa (Mar. 7, 2012)。

人有能力以高標準要求自己。芬蘭教師接受的訓練，是衡量孩子日常活動的課堂表現，他們會運用自己設計的考試來評量。實務上，老師選用的教科書都附有教師手冊，許多老師是直接改編教師手冊上的習題來當考題（教科書通常也是教師編製的）。芬蘭的考試與美國標準化考試習慣採用的選擇題不同，通常是要求學生申論。教育部會定期從不同學校抽樣一群學生來考試，以追蹤全國的學習進度。

芬蘭普遍沒有標準化的考試，唯一的例外是所謂的全國高中畢業會考（National Matriculation Exam）。芬蘭的義務教育是到九年級，也就是十五、十六歲。之後，學生通常會升到普通高中或技術學校，再自願就讀三至四年。讀普通高中的學生在畢業以前，必須通過全國高中畢業會考，才能獲得高中文憑，也才有資格上大學。高中畢業會考在芬蘭是以嚴謹及範圍廣出名，我還記得以前為了這個艱鉅的考試花了很多心力。學生考試時是寫申論題或解方程式，一考就是好幾個小時，而且不是只考一天或幾天而已，而是一年兩度持續考好幾週，全國各地同步舉行。

如果沒有標準化的考試，芬蘭如何確保教師及校方克盡職責呢？芬蘭的教育大師薩爾博格在美國的師範學院演講時這麼說：「在芬蘭語中，我們沒有『問責制』（accountability）這個字眼，那是不存在的。在芬蘭，我們認為問責是剔除責任後留下的東西。」

對薩爾博格來說，重要的是，芬蘭的所有教職人員都獲得聲譽、合理的薪酬，以及很多責任。如果某個老師很糟，偵察問題並加以解決是校長的責任。在芬蘭，要解聘有終身職的老師也很難，而且芬蘭的教師幾乎都加入工會[36]，但大家不覺得那是可怕的問題，因為大家認為比較好的因應方式是找出那個老師的弱點，提供他額外的培訓。在極端的情況下，萬一屢次協助那個老師改善都徒勞無功，也發過多次警訊了，有關當局確實可以開除老師，但芬蘭很少做到那樣。

芬蘭的教育當局偶爾也會思考推行標準化考試的可能性，目的不是為了追蹤教師的績效，而是為了確保所有學生在完成義務教育時，最後的成績單都獲得公平的評價。目前為止，芬蘭人還是認為標準化考試的缺點多於優點。考試剝奪了教師的獨立性（大家之所以想當老師，獨立自主是一大誘因）；標準化考試的成本高昂（美國每年在考試上的支出，估計高達十七億美元）[37]；如果學校的補助或教師的職業生涯變成和考試結果有關，有些學校可能會開始偽造分數[38]。

最糟的是，標準化考試可能會誤導學校偏離真正重要的事：學習。但是，二十一世紀的

36 — 芬蘭教師工會：芬蘭教育聯盟的資料顯示，芬蘭有高達 95% 的教師加入工會，雖然芬蘭參與工會完全是自願的，參見 http://www.oaj.fi/cs/oaj/public_en。

37 — 標準化考試的成本：Chingos。

38 — 學校偽造考試分數：目前為止，美國最嚴重的作弊醜聞是發生在亞特蘭大。三十所學校共八十二名教育工作者坦承浮報一個學年的學生考試成績。十一名公立學校的教師被判有罪，有些人因一再塗改學生的考試答案而遭判處幾年的徒刑。美國也有幾個城市爆發出普遍作弊的事件。參見 Aviv; Fausset; Rich, "Scandal"; U.S. Government Accountability Office。

學習究竟應該包含什麼呢？

這個問題也許聽起來很簡單：教育的目的是什麼？實務上，所有社會都在辯論這個問題，並不斷修改答案。我們給予孩子的教育，應該讓他們在任何時點都能勝任社會最需要的角色嗎，例如製造、工程、軟體開發或護理等等？還是應該教導他們充分發揮與生俱來的潛力？我們應該教導孩子藝術和創意思考嗎？還是應該教導他們具體的技能和勤奮？我們應該教導孩子自尊或自制嗎？應該教他們數學，還是音樂？如今在美國，很多話題都集中在學校教育未讓學生為攸關二十一世紀經濟的工作做好準備，就像高科技的工作通常需要理解數學和科學。

芬蘭的教育體制確實很重視數學和科學，那也是芬蘭學生表現特別出色的學科，幫芬蘭締造了經濟成就。一九九〇年代初期，把芬蘭推向新榮景的諾基亞，是高科技的工程巨擘，營運主軸是設計與製造手機。芬蘭的經濟長久以來也依賴其他工程導向的產業，像是造船、電梯製造、造紙、林業等等，你甚至會聽到藝術氣息較重的芬蘭人抱怨，芬蘭根本「滿地都是工程師」。近來，芬蘭為新一代的新創企業感到驕傲，他們開發出一些全球最熱門的手機遊戲和app。所以你可能以為芬蘭的學校就像美國一樣，對數理科目的重視遠多於藝術，然而現實狀況比你想的有趣多了。

芬蘭人仍舊覺得公共教育的基本目標，不是為了讓孩子通過標準化考試，也不是為了申請大學，更不是為了從事特定的工作或產業，而是為了生活，而且是二十一世紀的生活。學校的目的，是為了培養兼具創意和技能的全方位人才。所以，長久以來，必修課程除了有學術性的學科以外，體育、藝術和工藝仍是關鍵要素。所有學生，不分性別，都要學習木工、縫紉和烹飪[39]。

相較於美國教育的趨勢，兩國的對比真的很大。在我居住的紐約市布魯克林區，近幾年開始出現提供兒童課後藝術課程的才藝班，在芬蘭很少看到這種才藝班。最初我很羨慕美國興起的這股藝術熱潮，但後來我才瞭解箇中原因：地方公立學校已經完全刪除藝術課程了，全美各地都是如此[40]。

二〇一二年，紐約市忙著根據標準化考試的成績發布教師評分那天，芬蘭的國家教育委員會也很忙碌，他們忙著宣布增加**更多的**藝術、工藝、公民、芬蘭語課程[41]。有人可能會問，在這個高科技、資源有限的年代，在公立學校體系中維持那些科目有多大的必要性。那恰好也是美國名主播丹・拉瑟（Dan Rather）在一部有關芬蘭學校的紀錄片中，詢問史丹佛教育學教授琳達・達令漢蒙（Linda Darling-Hammond）的問題[42]。達令漢蒙經常造訪芬

39－芬蘭學校教的科目：芬蘭的國家核心課程以及所有科目的最低上課時數，都可以上芬蘭國家教育委員會的網站找到。

40－美國學校的藝術教育：Dillon; McMurrer; U.S. Department of Education, "Prepared Remarks of U.S. Secretary of Education"; Parsad。

41－芬蘭增加更多藝術和工藝課程：Ministry of Education and Culture, *Työryhmä*。

42－丹・拉瑟訪問琳達・達令漢蒙：Stanford-Scope。

蘭，她指出提供藝術和工藝課程的優點：「這些我們覺得只是聊備一格的東西，其實是培育積極心態的核心，不僅可以使人更樂於和他人相處及溝通，也讓人更懂得以靈活的方式學習核心科目。」達令漢蒙稱之為「鍛鍊認知肌肉」。

當然，芬蘭的學校還有一些地方可以再加強。世界瞬息萬變，學校也必須迅速改變。芬蘭的教育工作者總是輕描淡寫芬蘭學生在國際比賽中的成績，畢竟芬蘭人本來就不相信標準化考試的效果。但芬蘭在PISA教育調查中的排名已經開始下滑，這也激發了大家對未來的迫切討論。

在諸多討論中，有一大爭論是：在幫助孩子學習與成功方面，競爭究竟是好事，還是壞事？在這方面，芬蘭也可以為美國提供一些重要的啟發。

透過合作來競爭

我從七年級到九年級，在艾斯博市（Espoo）的堤斯蒂拉學校（Tiistilä School）就讀了三年[43]。當年的校名和現在不一樣，而且小學和中學是獨立分開的，但學校那兩棟低矮的紅磚建築依舊沒變，從天花板到地板的落地窗包圍著裡面的餐廳和大廳。如今這所學校從幼兒園到九年級共有約七百位學生。最近的某個秋日，我從爸媽家的車庫拉出我的舊單車，騎著單車回學校。校園裡，小朋友盪著單槓橋，青少年在走廊上咯咯笑，整個感覺還是那麼熟悉。即使很多東西都變了，但莘莘學子的活力、快樂與憂愁還是跟以前一樣。

美國的父母、教職員和教育當局為了學校該介入學生生活的程度爭論不休。在芬蘭，北歐式愛的理論提供了一些關鍵的指導原則。除了提供優質教育外，芬蘭人認為公立學校絕對需要積極地介入，以確保兒童的健康和安全——這是把每個孩童培養成自給自足的個體，不受家長能力和財力影響的另一個關鍵。這一切是從基本做起。芬蘭的公立學校為所有學生提供免費的熱食、醫療保健、心理諮詢，以及個人化輔導。

此外，芬蘭也努力把學校打造成讓學子感到舒適的地方。外來的訪客往往會覺得芬蘭的學校看起來很優閒自在，很像芬蘭的日托中心。學校沒有制服，也沒有嚴格的行為規範，小學生進教室以前還會脫下鞋子。相較於許多國家的班級規模，芬蘭大多採小班制。不過，芬蘭有半數以上的學生是就讀三百人以上的學校。小學一年級到六年級，班級人數平均是二十人，但有些班級可能超過二十五名學生，那往往會引來芬蘭家長的抱怨[44]。每天上課的時

43— 提斯蒂拉學校：一九八七年秋季到一九九〇年春季，我就讀提斯蒂拉學校的高中部。二〇一三年九月十日到十一日，我為了這本書返校採訪。有關學校的描述是根據我的觀察以及訪問教職員與學生的內容，尤其是校長 Mirja Pirinen 和副校長 Marikka Korhonen。

44— 芬蘭學校和班級大小：Ministry of Education and Culture, *Opetusryhmien tila*, 22, 25–26; OECD, *Lessons*, 124。

間很短，休息頻繁。多數老師每上課四十五分鐘，就會讓學生去戶外休息十五分鐘，不分晴雨；午休時間更長。而且，美國人常驚訝地發現，芬蘭老師不太出作業。芬蘭的基本教育法明確規定，學生放學及做完功課後，應該還要有時間培養嗜好及消遣[45]。

有些政策在我求學時期就已經施行了，但後來還有一些新發展。二十幾年前我就讀堤斯蒂拉學校的時候，學生的家境狀況很多元，但文化或種族上沒那麼多樣化，如今則有三分之一的學生有移民背景。

此外，現在的學校大多設有「學生福利小組」，通常是由一位老師、校長、一名醫生或護士、一位社工人員、一位心理學家和一位輔導員組成。這個小組會定期開會討論問題，並與學生及家長面談。如果某個學生一直有問題解決不了，家長可以決定是否把子女轉學到專為學習差異的學生設立的特殊學校。

堤斯蒂拉學校就像其他學校一樣，可自行設計靈活的校內輔導系統，為某些科目提供額外幾小時的加強輔導。約一半的芬蘭學生在求學期間曾利用這種輔導系統，所以大家不會覺得接受額外的課業輔導是一種恥辱，也因此補習幾乎是聞所未聞的事——這和美國形成鮮明的對比。在美國，補習已經變成獲利豐厚的產業，也大幅加劇貧富之間的教育機會落差[46]。芬蘭的方式，也跟南韓之類的教育強國截然不同。南韓學生放學後還要拖著疲憊步伐，去補習班繼續上課。芬蘭的地方政府大多會為國小一年級的幼童，提供政府補助的安親班，讓他們下課後不必獨自等候父母下班。在安親班裡，小朋友可以吃東西，做功課，運動，或單純玩樂。這些是我以前求學時期尚未出現的福利[47]。

如果你問芬蘭老師，芬蘭學生的上課時數幾乎比所有OECD的國家還少[48]，為什麼會在國際競賽表現得那麼出色。他們會很簡單地告訴你，因為上課時間的運用很有效率。老師可以自由地調整課程時間表，以配合其授課計畫。芬蘭學校雖然沒有標準化考試，學校會清楚讓學生知道課堂學習很重要。芬蘭學校在學期期間幾乎從不停課，芬蘭雖然很接近北極圈，但沒有類似美國的「大雪假」。老師會細心留意學生的進度，發現學生跟不上進度時，便提供協助。

然而，在那麼多的支持下，外人可能會覺得芬蘭學生不必太努力就能夠出頭天。這樣不是因此錯失了適度競爭和奮鬥所帶來的正面效果嗎？

薩爾博格在著作中引用芬蘭作家薩姆力．帕洛寧（Samuli Paronen）的一句話：「真正

45—芬蘭法律規定孩子要有時間培養嗜好及消遣：Basic Education Act 628/1998, chap. 6, section 24。

46—補習加劇貧富之間的教育機會落差：Associated Press, "School Spending"; Duncan, 3-4; Greenstone, *Dozen*, 12, and *Thirteen*, chap. 2; Phillips。

47—芬蘭學童的課後安親班：二〇一一年，98%的芬蘭地方政府，為小學一年級或二年級的學生提供安親班。Ministry of Education and Culture, *Perusopetuksen*。

48—不同國家學校的上課時數：OECD, *Education*, 428。

的贏家，是不去和人競爭的。」很難找到比這句話更「不美式」的想法了。如今在美國，改革學校的動力充滿競爭的語言。那個思維是這樣的：讓學校和老師相互競爭，自然會出現績效最佳者。此外，學生之間彼此競爭（無論是透過學業排名、運動比賽，或是比較誰申請到較多所名校），也可以讓最優秀的人才脫穎而出，刺激學生追求更大的成就。對在PISA調查中表現優異的國家來說，期望愈高也意謂競爭愈激烈。

然而，在教育方面，芬蘭的卓越成果顯示，芬蘭對競爭的態度——亦即盡可能避免競爭——可能有一些值得參考的優點。芬蘭沒有名校清單或教師排名，唯一的例外是媒體彙整的普通高中排名，那是根據學校的入學要求成績以及該校學生在全國高中畢業會考中的成績排名的[49]。在芬蘭，促進系統運作的關鍵是合作[50]。老師設計課程，規畫教案，甚至一起授課，校長則為教師提供建議。最近芬蘭的老師正在討論上網分享教案、讓同仁自由運用的可能性。

另一個可能令美國人驚訝的特色是，芬蘭學校沒有球隊。芬蘭的課程裡當然有體育課，但學生想參與球隊比賽的話，必須利用自己的閒暇時間。校外有很多私人贊助及公共贊助的運動組織，可讓青少年參與球隊運動。但是在學校，體育課的設計不是為了教導競爭，而是為了向孩子介紹各種運動，讓他們養成健康的生活型態。我搬到美國後，逐漸欣賞美國學校的球隊培養社群精神、教導團隊合作、讓家境不好的孩子參與昂貴運動、讓學生在學業外也有機會在運動場上大放異彩的方式。但是，我也不禁想到球隊運動是否也占用了太多的教育預算，在學生之間創造出沒必要的階級意識（運動名將和書呆子），導致校方在學業上對那些球隊菁英放水，也使教職員和學生都忽略了學校的主要任務[51]。

芬蘭學生跟大家一樣，也會比較成績，相互競爭。芬蘭人也喜歡適度的競爭——關於這點，你只要在世界冰上曲棍球錦標賽開打時，去一趟芬蘭就明白了！但學校身為教學機構，是鼓勵學生把焦點放在學習上，而不是相互較勁。

然而，那不表示學生學習的東西就很容易。

記者亞曼達·瑞普立（Amanda Ripley）為了著作《教出最聰明的孩子》（*The Smartest Kids in the World*），研究了國際交換學生的經驗，包括出國學習的美國學生，以及到美國學習的外國學生[52]。她發現，這些國際交換學生大多覺得外國的高中比美國困難：數學題較難，考試範圍較廣，給分較嚴。瑞普立訪問的學生裡，有個芬蘭女孩愛琳娜來到美國密西根

---

49 芬蘭的學校排名：二〇一五年，芬蘭的全國高中畢業會考委員會首度在網站上，公布每所普通高中的考試結果。但由於成績是按校名的字母順序排列，若不做進一步分析，很難瞭解結果，所以變成媒體進行分析。整體來說，芬蘭教育當局和研究人員都普遍討厭那種排名。參見 Kortelainen; Laitinen; Mäkinen; Takala; Ylioppilastutkintolautakunta。

50 芬蘭學校的合作：Author interviews with Finnish teachers; Toivanen; Peltomäki; Schleicher, 19。

51 美國學校球類運動的問題：Lavigne; Ripley, "The Case"; Wolverton。

52 不同國家的交換學生觀察：Ripley, "The Smartest," 71–72, 99–101, 196。

州就讀一年的高中。愛琳娜說，美國的歷史老師在考前提供全班一份讀書指南，裡面連考題和答案都給了。這令她非常訝異，因為芬蘭不可能發生這種事。不僅如此，很多學生依然考不好。愛琳娜考了A，她自己覺得那沒什麼好自豪的，畢竟你事先都知道答案了，怎麼可能考不好呢？進階代數課是她在美國高中能修的最高級數學課，第一次考試時，滿分一百，她拿了一百零五分。瑞普立在書中諷刺地提到，在那之前，愛琳娜以為考試要考到破表是不可能的。愛琳娜在芬蘭的成績就不錯，但不算非常優秀。她覺得美國的高中好像芬蘭的小學，芬蘭的歷史課是學習寫歷史申論題，美國的歷史作業大多是在製作海報。

平心而論，芬蘭的交換學生通常來自普通高中，這時學業較差的同儕已經去念職業學校了，所以比較芬蘭的普通高中和全方位的美國高中確實不太公平。但是說到如何輔導學生以及幫他們充分發揮潛力最好，瑞普立對於學業期望的觀察，讓我想到北歐和美國教養風格的一項差異。北歐孩子六、七歲開始上學後，家長和老師就鼓勵他們獨立，很少看到直升機式的教養。相反的，美國家長覺得他們有必要積極參與孩子的學業和課外生活，幫他們做功課，安排補習，以便讓孩子進入好學校。那正是「北歐式愛的理論」想要迴避的不健康依賴關係。

瑞普立也訪問去芬蘭當交換學生一年的美國少女小金，小金說她最愛的芬蘭經驗是在當地獲得的獨立自主。她解釋，大家預期芬蘭的青少年管好自己的時間表及修課負擔，無需家長或老師的監督。她覺得那和她在家鄉奧克拉荷馬州的高中所得到的預期是截然不同的。她在芬蘭看到八歲小孩放學後獨自走路回家（芬蘭的常態），十歲小孩玩在一起，沒有大人在一旁看著，連大城市赫爾辛基也是如此，她覺得非常驚訝。小金因此認為，芬蘭人把青少年當成成年人看待。

一位瑞典友人曾提到他和英籍妻子養育兩名學齡子女的風格差異，「她會規定孩子應該做什麼，不該做什麼；該穿什麼，不該穿什麼；該讀什麼等等。」他解釋：「從她的英式角度來看，那叫做關心。她認為北歐人不夠關心，放牛吃草。但我的觀點是：『孩子，你們必須自己想辦法完成事情，我不可能天天在你們身邊，也不可能陪你上學，你要自己打理好一切。』」

北歐家長覺得他在教孩子自立自強，但外人可能覺得那是怠忽親職。其他人覺得「跟緊跟緊」是愛的表現，但北歐人覺得那叫緊迫盯人。北歐家長花很多時間告訴孩子學校很重要，很多家長也會在考試前測驗孩子，或問孩子功課做完了沒。但整體來說，北歐家長通常比美國父母更放手讓孩子自己安排時間和功課。

在芬蘭，由於學校的宗旨是為了確保學生的獨立和自給自足，家長也相信萬一孩子遇到麻煩，學校會協助孩子處理。雖然有些人可能批評芬蘭學校以熱食、護士、許多休息時間、較短上課時間、沒有標準化的考試來「嬌寵」孩子。但實際上，校方也預期芬蘭學生學習複雜的教材，沒有人會以讚美來掩飾表現不佳的狀況，老師不是學生的保姆。北歐思維主張，你必須提供孩子成功所需的環境，但孩子必須自己努力追求成功。事實證明，這可能是正確的作法。

最近兩位美國教授的研究顯示，自願到學校當志工或是協助孩子做作業的家長，對孩子的學業成績沒有幫助，這點和美國普遍相信的說法恰恰相反。德州大學奧斯汀分校的社會學助理教授基斯・羅賓森（Keith Robinson）和杜克大學非洲與非裔美國人研究的社會學教授安傑爾・哈里斯（Angel L. Harris）寫道：「家長該做的，是傳達求學的價值，那是家長應該趁孩子還小時，就該盡早傳遞的訊息，而且需要一直持續強調。但這個訊息不需要透過母姊會或找老師溝通等傳統作法來傳達……家長該怎麼做呢？他們應該提供孩子學習的環境，然後就放手讓孩子自己來。[53]」

不過，看了那麼多支持芬蘭教育方法的證據後，還有一個大問題懸而未決。芬蘭的模式真的可以套用在美國這樣多元的國家嗎？芬蘭的政策選擇——供給法、普遍日托服務、嚴謹的教師培訓、沒有標準化考試、校內輔導、上學時間較短、互助合作等等——真的可以解釋芬蘭教育的成功嗎？

還是那一切的背後，其實是出於一個更簡單的原因：芬蘭人都是一個樣？

富有、同質且獨特？

芬蘭是個靜謐小國，族裔的同質性高。美國幅員廣大，是個熱鬧大國。兩國的差異懸殊，所以許多美國人懷疑芬蘭的教育經驗是否值得參考，那樣的懷疑是完全可以理解的。懷疑者表示，芬蘭就像其他北歐國家，不適合美國借鏡，不僅是因為芬蘭的窮人較少，也因為芬蘭國民或多或少都是一個樣。例如，保守派美國企業研究所（American Enterprise Institute）的教育政策研究主任弗雷德里克・赫斯（Frederick M. Hess）指出，這股吹捧芬蘭的風潮根本誇大不實[54]。

沒錯，芬蘭和美國確實不同。但有鑑於美國教育大多是由各州自行管理，芬蘭的五百五十萬人口可以輕易跟美國的任一州相比。事實上，美國有一半以上的州（共三十州）人口**少於**芬蘭的全國人口。光就規模來說，美國任一州並沒有無法推動芬蘭那種教育體系的理由。至於多元性方面，芬蘭確實是同質性較高的國家，僅5%左右的芬蘭國民是外國出生的，相較之下，美國則有13%。在種族方面，芬蘭人口的一致性高出很多。但截至二〇一〇年，以外國出生的居民比例來看，美國有十九州的比例**低於**芬蘭。在此同時，芬蘭人口的多元性正迅速增加，二〇〇二到二〇一二年的十年間，外國出生的居民人數多了一倍。但芬蘭的教育成果因此失去優勢了嗎？沒有，而且移民通常集中在某些地區，所以芬蘭有些學校反而多元性特別高，那些學校是否失去了優勢？也沒有[55]。

53 — 家長參與學生成績：Robinson。
54 — 赫斯談吹捧芬蘭的風潮：Jenny Anderson。

有一種論調主張，芬蘭的教育成果主要是源自於同質文化，而不是因為教育政策良好，但北歐地區一些有趣的證據也推翻了那種說法。遺憾的是，並不是所有北歐國家都是教育成功的實例。事實上，教育政策與學校體制最像美國的北歐國家，教育成效都不太好。儘管他們對教育抱持著自有的文化價值，也和芬蘭有一樣的同質性，但教育成效差強人意。

山繆・亞伯拉罕（Samuel Abrams）曾是美國教師，在紐約市的私立和公立學校教書多年，現在是教育分析師，在哥倫比亞大學的師範學院以訪問學者的身分進行研究，探索芬蘭和鄰國挪威的教育政策差異。挪威採取的教育方式比較偏美式，使用標準化考試，教師的培訓也不像芬蘭那麼嚴格[56]。結果呢？挪威在PISA調查中表現平庸。亞伯拉罕認為，芬蘭那種教育政策對國家教育成果的影響，可能比人口規模或種族組成還要重要。

不過，近年來，連北歐國家也開始實驗，普遍提供公民更多的教育選擇，尤其是開放民營業者提供政府資助的服務。瑞典更是開放教育體系，讓私人創業家來興辦營利的學校。如今有14%的瑞典學生上私立學校。美國及世界各地支持自由選校的人，都讚賞瑞典推行的教育補助券制度。不過，他們常誤解或忽略那個制度的一些關鍵特質。瑞典允許父母選擇任何政府資助及核准的學校，但瑞典人和其他北歐人一樣，仍然非常注重服務的平等性。所以，瑞典獨立學校的收費只准在教育補助券資助的範圍內，而且必須遵守全國的課程規範[57]。

瑞典這些所謂的「自由學校」，其實就像美國的特許學校。而且坦白說，這類政策的實施成果也令人懷疑。開放學校選擇，使瑞典學校裡的社會與種族隔閡加劇了。從二〇〇〇年到二〇一二年，瑞典的PISA成績下跌得比其他國家還多。瑞典確實有大量移民人口，二〇一三年，瑞典有15%的人口是外國出生的，比例比美國還高，但移民無法解釋瑞典成績下滑的原因。目前為止，芬蘭把教育視為公共服務，直接提供給全民，反而創造出比較好的成果。這一切讓人不禁納悶：金錢真的可以買到更好的教育嗎？

幾年前，我在芬蘭發行量最大的報紙上，看到一個驚人的標題。那篇報導說，未來芬蘭的學校可能根據學童家長的教育程度發放補助。難道芬蘭真的決定浥注更多錢給家境較好的孩子嗎？但我細讀報導的內容後，發現這幾年「活在過去」（亦即美國）導致我草率做出錯誤的結論。在美國，富家子弟就讀的學校**確實**獲得較多的資金補助，這是個令人遺憾且不合時宜的現實狀況。芬蘭政府宣布的政策則是正好相反，將促使芬蘭更邁向未來。芬蘭想要推動的政策是，在家長擁有高中文憑**愈少**的城鎮，該學校獲得的補助愈多。

美國學校獲得補助的方式，是美國和其他先進國家之間最令人訝異的差別之一。以芬蘭為例，雖然學校享有很大的自主權，但是在設計教學大綱及管理方面，主管當局制定了嚴格

55 — 芬蘭和美國的多元性：Grieco; Statistics Finland, *Foreigners*。
56 — 挪威教育方式：Abrams; OECD, *Education Policy Outlook Norway*。
57 — 瑞典教育方式：Hartman; OECD, *Improving Schools in Sweden*。

的規範，要求各地方及中央政府都必須合作資助每所學校的必要營運。這表示芬蘭的學校或多或少是由統一稅率及廣大的社會大眾資助的，而不是只靠學校所在的學區、城鎮或都市的經費資助的。地方政府對於如何配置不同學校的資助，有一些決策的空間，但不能違背教育部規定的各科目最低授課時數。例如，為了省錢而刪除藝術課是嚴格禁止的。

事實上，芬蘭不僅沒有實施對弱勢學生不利的政策，還推動更具前瞻性的「正面差別待遇」政策，配置**額外的**資金給面臨特殊挑戰的學校[58]。那些挑戰包括有學習障礙或特殊需求的學生比例較高，移民較多，地方失業率較高，或家長學歷較低（亦即前述報紙頭條所指的）。當然，富有的地方政府可能有經費提供學生更多的選修課程，例如外語課，但整體來說，這些差異很小。

相反的，在美國，不同學校收到的補助可能有很大差異，導致不同學區的孩子獲得的教育經費有如天壤之別，甚至連同一學區的不同學校也有差異。很多美國人都知道，美國補助學校的方式有個最大問題：沿用古老傳統，以當地財產稅來補助教育。這種方式最明顯的問題在於，財產所有權本身就有很大價值差異。一項報告指出，「任一州最富有學區內的人均地產財富，可能是該州最貧困學區的**五十倍**，甚至更多。[59]」因此，富有學區得到的補助通常遠比貧窮學區還多，可以蓋更好的建築，給教師更好的薪資，提供更多課程和更新科技。

美國國會通過成立的一個聯邦委員會，是由二十七名教育專家組成。該委員會研究了美國教育的公平性，並針對美國以財產稅資助學校體制的作法，提出強烈的譴責[60]。他們指出，這種資助方式已完全不適合二十一世紀的先進國家。二〇一三年該委員會在報告中指出，學校補助差異是導致現今美國教育出現嚴重落差的最大原因。委員會也提到，財產稅制中潛藏了一個常受到忽視的不公平現象：有錢人可以獲得更多的補助，卻繳較低的稅率。委員會提到：「想像有兩個城鎮，A鎮平均每名學生的應稅財產是十萬美元，B鎮是三十萬美元。如果A鎮投票決定財產稅率是4%，平均每名學生可得到的課稅補助是四千美元；B鎮決定課稅2%，每位學生得到的課稅補助是六千美元。[61]」

驚人的是，美國補助教育的方式，正好和北歐的方式達到相反的結果。美國的系統不僅沒有讓每個孩子擺脫出生背景的限制，還強化了每個孩子對父母財力的依賴。這種模式同時剝奪了富家子弟和窮困子弟成長期間培養自主和獨立的機會，也浪費了美國在國際上勝出所需要的人才。不僅如此，美國的教育制度也缺乏效率。二〇一一年，全球只有四個國家為每個學生（六到十五歲）的平均支出高於美國。教育成果出色的國家，在每個學生身上的支出通常不多。芬蘭憑藉著明智的政策，在每個學生身上的各種開支都比挪威、丹麥、瑞典、美

58 — 芬蘭的學校資金：Eurydice; STT。

59 — 任一州最富有學區內的人均地產財富：Carey, "School Funding's," 6。

60 — 美國的學校資金：Carey, "School Funding's"; Baker; Ushomirsky; U.S. Department of Education, "For Each and Every Child," 17–20。

61 — 「想像有兩個城鎮」：U.S. Department of Education, "For Each and Every Child," 17。

國少，但教育成效好很多[62]。

不過，對美國來說，好消息是，正因如此，對預算日益吃緊的任何國家來說，芬蘭都是令人鼓舞的範例。一九六〇年代和七〇年代芬蘭學校開始推動改革時，那個時代經濟艱困。一九九〇年代，芬蘭又面臨慘烈的銀行危機及經濟衰退。醫療保健和家庭福利的公共預算遭到大幅刪減，但學校整體來說依然撐過了那些難關，維持在改革的正軌上。所以，芬蘭究竟是如何做到開支比美國少的？

芬蘭人特別擅長刪減行政費用。學校的校長原本也是教師，他們持續兼任教職。每所學校都是由地方政府管理，不細分學區。再上去一層，是地方教育局直接受到教育部的管轄。丹・拉瑟在探索芬蘭教育方式的紀錄片《芬蘭第一》（Finnish First）中，比較芬蘭和洛杉磯的學校行政人員。他指出，芬蘭政府監督國小到大學的所有學生，總計一百多萬人，只靠六百位學校行政人員。洛杉磯市總共監督六十六萬四千名學生，卻有多達三千七百名行政人員[63]。

芬蘭還有許多教育政策也有助於節約資金，例如把有學習差異或特殊需求的學生融入正常班級中，避免留級，避免班級人數太少，沒有標準化的考試。

所以，從這一切可以看到改革美國教育的希望嗎？顯然，對想為美國的所有孩童提供公平的教育機會以及提高教育績效的人來說，焦點必須放在公共教育上。而芬蘭的例子顯示，即使沒有大量預算，這也是可以達到的。但是該怎麼做呢？芬蘭所做的，似乎遠非美國所能仿效的。

事實上，希望並不渺茫。芬蘭目前採用的教育政策，大多不是自己發明的，而是美國人發明的。兒童本位教育、解題式學習法、教大家瞭解民主生活等等，都是美國思想家提出來的概念。雖然任何國家都無法把他國的教育體制整套搬來套用，但芬蘭的例子顯示，一國確實可以引進另一國的教育理念，再做適當的調整[64]。事實上，芬蘭的教育工作者一直很欣賞美國教育體制的許多面向，例如，美國學校與社群互動的方式；美國教師與個別學生的互動，以及培養學生自信的方式；許多美國學校的學生所投入的艱鉅計畫等等。

所以建議美國借用芬蘭一些聰明的教育點子並不為過。另一方面，美國也可以直接善用美國在教育改革方面所提出的最佳見解，也就是那些芬蘭實際運用後也證實非常有效的方法。

還有一個教育概念是我尚未討論的，那個概念總是讓芬蘭人對美國充滿憧憬。

---

62 — 不同國家的教育開支：二〇一一年，以每名學生的平均教育開支來看（包括公私立學校的開支），盧森堡、瑞士、挪威、奧地利、美國在國小和中學教育（通常是指六到十五歲）的支出，是OECD中最高的。若是以占GDP的比例來看，美國在各級教育的總支出（包含大學）排名第八，芬蘭排名第十一。OECD, *Country*, 4; OECD, *Education at a Glance 2014*, 222; OECD, *Education Spending*; OECD, *Lessons*, 28, 130。

63 — 丹・拉瑟比較芬蘭和洛杉磯的學校行政人員：Dan。

64 — 芬蘭從他國借用概念：Interview with Leena Krokfors of Helsinki University (Oct. 12, 2012); interviews with Pasi Sahlberg (Dec. 8, 2011, May 11, 2012, and Oct. 25, 2014); Sahlberg, *Finnish*, 34–35。

向美國學習？

每次聽到美國朋友隨口聊起大學時代，或是提及世界知名的經濟學家、科學家和藝術家曾經教過他們時，我總是欣羨不已。我只能癡心妄想以前在芬蘭就讀的無名大學裡也有那樣的名師。

英國《泰晤士高等教育》（*Times Higher Education*）雜誌根據十三個指標，排名全球頂尖大學，那些指標包括：教學、研究、引用和創新，以及教職員、學生、研究的國際視野[65]，美國的大學在這項排名中總是名列前茅。在二〇一五到二〇一六年度的排名中，美國包辦了前十名中的六所大學，英國有三所，瑞士有一所。芬蘭排名最高的大學是赫爾辛基大學，名次只達七十六名。瑞典的表現比較好，斯德哥爾摩享負盛名的卡羅林斯卡醫學院（Karolinska Institute）排名第二十八。芬蘭有那麼好的基礎教育制度，為什麼大學卻如此平庸呢？相反的，美國的基礎教育陷入重重困境，為什麼稱霸高等教育呢？

首先，PISA調查和大學排名是衡量截然不同的東西。PISA是考驗一個國家十五歲學生的技能，大學排名則是看各國最好的大學，而不是從那些大學畢業的學生。新美國基金會（New America Foundation）的教育政策計畫主任凱文・凱瑞（Kevin Carey）寫文提到了這個區別：「歐巴馬總統說『我們有最好的大學』，他不是指『我們的大學平均來說是最好的』，雖然很多人以為是那個意思。他真正的意思是『全球最頂尖的大學，大多是我們的』。[66]」凱瑞接著解釋，這個區別模糊了一些重要的資訊：「全球大學排名……幾乎和教育沒什麼關係，而是側重於大學身為研究機構的身分，使用的衡量指標包括教職員裡有幾位諾貝爾獎得主，在期刊上發表了幾篇文章等等。一所大學即使停止招收大學生，也對其得分沒有影響。」

比較恰當的比較是PISA對大學畢業生進行的調查。二〇一三年，OECD首度發布那樣的調查，請各國有大學文憑及無大學文憑的成年人來解決現實生活的問題，藉此衡量他們的讀寫力、運算力和技術能力。結果，芬蘭再次名列前茅，美國的得分低於OECD的平均成績，連有大學學歷的成年人也是如此[67]。

既然我們必須質問教育的目的是什麼，我們也必須質問大學的目的是什麼。儘管芬蘭最好的赫爾辛基大學可能排名很落後，芬蘭有大學學歷的人顯然獲得了良好的教育。或許更重要的問題是，美國和芬蘭的大學究竟有什麼成效？美國花在每個學生身上的高等教育成本，平均高於任何OECD國家。在此同時，美國頂尖大學雖然表現出色，但也代表菁英資源的極度集中，一般公民大多不得其門而入。此外，對少數設法擠進名校窄門的學生和家庭來

65—大學排名：Times。

66—「歐巴馬總統說」：Carey, "Americans Think."。

67—不同國家的成人讀寫力、運算力和技術能力：OECD, *OECD Skills Outlook*。

說，美國大學教育的學費實在貴得驚人。

有人可能預期大學教育隨著時間日益普及後，將會愈來愈便宜，然而美國的情況正好相反。學費上漲的速度比家庭收入的中位數成長高出許多，州政府和地方政府都削減了資助學校的預算。雖然學生總是有機會申請到助學金、貸款，或甚至獎學金，但我的美國朋友都盡可能在孩子出生以後，就開始儲蓄孩子上大學的基金。如今愈來愈多的雇主要求大學學歷，但是對一般美國人來說，大學學歷讓人愈來愈負擔不起[68]。

相反的，芬蘭的大學則是持續落實機會平等的社會保證。芬蘭的所有大學都是公立的，不收學費。在赫爾辛基大學，學生每年只要付約一百一十美元的費用，那筆錢是為了取得學生會的會員資格。在此同時，大學生每個月還可領到約六百美元的津貼，幫他們補貼租金與生活用品的開支，過程中也培養他們成為自主的成人。津貼有一部分是應稅的，如果學生在學期中打工，收入超過某個金額，津貼就會逐漸減少[69]。不過，由於北歐體系致力於鼓吹個人獨立，不鼓勵孩子在財務上依賴家庭，有關當局並沒有什麼方法可以檢查津貼。

試想，身為北歐的父母是什麼樣子？你可以專心教養孩子，在每個階段以適合那個年齡的方式對待孩子，永遠不必為了你沒存夠錢或沒賺夠錢以幫孩子獲得大學教育而感到內疚。你也不必過度介入青春期孩子的生活，你可以放手讓孩子自己去處理申請大學的流程，讓他體驗剛步入成年的成就感。就各方面來說——心理上、財務上、學業上——都是和美國大學迥異的體驗。

在美國，家庭的財力幫學生在多方面獲得優勢。當美國愈來愈依賴這類不合時宜的方式時，學生對家庭財力的依賴愈來愈大。金融危機爆發後，大學發現捐贈基金縮水，公家補助也縮減，於是招生開始偏向有能力支付全額學費的學生。大家也知道，校友捐助有助於提升孩子入學的機率[70]。以上種種作法，再加上節節高漲的學費，以及愈來愈競爭與複雜的申請流程，導致美國高等教育的不公平現象日益根深柢固。

我承認，芬蘭確實可以從美國的頂尖大學學到很多東西。那些在加州大學柏克萊分校或耶魯等地求學的芬蘭朋友，都很讚賞美國的小班制、全球知名的教授、以及美國教授和學生投入研究的抱負和活力。相較之下，芬蘭的大學似乎步調緩慢，了無生氣。雖然芬蘭確實應該改善其大學，但美國在改善高等教育的普及方面，還有很長的路要走。最終而言，如果

---

68 美國家庭的高等教育花費：二〇一五年，美國大學理事會（College Board）估計，美國公立大學的學雜費和食宿費平均一學年是 19548 美元，私立非營利大學是平均一學年 43921 美元，所以念私立大學四年的費用平均是 17.5 萬美元。參見 College Board; *Economic Report of the President*, 132–34, 137–38; Kirshstein; OECD, Education spending (indicator)。

69 芬蘭的大學費用和津貼：高等教育學生所獲得的政府補助，包括學習補助金、住房補貼、政府擔保的學生貸款。二〇一六年春季，未與父母同住、滿十八歲的學生，每月可領 336.75 歐元的學習補助金。每個不與父母同住、也不是向父母租房子的學生，每月可領的最高租金補貼額是 201.60 歐元。以二〇一六年三月的匯率來換算的話，每月可領的最高生活補助費將近 600 美元。此外，學生的房租和學貸的條款都很合理，可能還有其他的餐飲與交通補貼。參見 Student Union; Kela, *Government Guarantee*; Kela, *Housing Supplement*, Kela, *Study Grant*。

70 美國大學招收支付全額學費的學生和校友的孩子：Mandery; Zernike, “Paying.”。

一國的目標是教育人民，沒有什麼比機會平等更重要了。如果教育是為了培養出有創意、自信、靈活、獨立的思想家，那麼培養個人的自主性比什麼都重要。

從容的家長

比較教育制度可能感覺像白費力氣。國際研究只是用來證實他們當初想要衡量的東西，無法顯現任何教育制度的完整真相。芬蘭教育之所以出名，是因為一項國際性的標準化測試，而標準化考試又與芬蘭的整體理念和方法大相矛盾。身為芬蘭人，我當然很清楚這其中的諷刺之處。芬蘭人也對自己的學校體系有諸多抱怨，例如：缺乏創新和創造力；霸凌現象；班級太大；班級裡的衝突與浮躁感；資優生和邊緣青少年得不到充裕的支持；醫療保健、諮詢和課業輔導資源不足等等。令許多芬蘭父母驚恐的是，近年來，教育行政人員還試圖把小班併成大班，以降低教育成本。

芬蘭的學校需要不斷地進步。芬蘭教育專家薩爾博格擔心，芬蘭青少年的學業成績有落後的現象，他也覺得芬蘭對教育體系缺乏遠見。他希望把高年級排定的上課時間減半，騰出時間讓學生做獨立學習及小組專案，突破傳統按年齡分級的方式。他也希望芬蘭學校更重視目前最常忽略的技巧：社交互動、溝通、辯論等等。最後一點，也是最重要的，他希望把學校最重要的任務變成幫學生找到熱情，並把那股熱情更有效地投注在學習所有科目上。那需要重新思考當前芬蘭模式的每個面向，包括教師的培訓。

芬蘭也有一些家長開始把孩子送到提供更多選修科目的學校，或是他們覺得優於住家附近學校的其他選擇。這可能是出於幾個原因：家長擔心校內的其他學生有飲酒習慣，怕孩子受到不良影響；或是校內移民的比例太高，減緩了每個人的學習進度。在此同時，學校也開始另闢嚴格篩選的特別班，學生必須通過入學考試才能就讀。這種班級不是其他國家常見的資優班，那些班級的學生並未加速學習所有科目，只是多加了音樂、舞蹈或科學之類的課程。

不過，整體來說，芬蘭的父母還是相信住家附近的學校。芬蘭的家長和家庭之所以比較從容地面對孩子的教育，不止是基本的教育架構促成的，也因為義務教育結束後的高等教育是大家可以普遍獲得的。芬蘭為自己設定的目標是，每個初中畢業生都可以在高中找到等候他升學的位置，無論是普通高中或技職學校。未滿二十五歲的年輕人都可以充分投入學業或就業[71]。

由於多數芬蘭人都沒有學貸沉重的問題，他們即使選擇薪水沒那麼高的事業，也不必擔心破產。芬蘭創造的體制讓每個家長可以像我的朋友諾拉那樣，相信孩子在校表現不會有問題。這提供每個相關者極大的自主權和自由——亦即「北歐式愛的理論」的關鍵價值觀。

71 — 未滿二十五歲年輕人充分投入學業或就業的芬蘭目標：Ministry of Education and Culture, *Koulutustakuu*。

芬蘭的公平目標，讓每個學生可以完全不管家庭背景或財力，人人皆可獲得他在全球經濟中成功所需的教育基礎。相較之下，美國的教育狀況則是令人遺憾，充滿了教育選擇和競爭，但實際上人民的選擇極其有限，使美國這個「機會之地」的美譽日益形同虛幻。青少年逐漸邁向成年之際，不是變得日益獨立，而是愈來愈依賴運氣。公立學校的素質參差不齊，特許學校的數量有限，家長的財力不見得能負擔私立學校，補習費用高昂，大學高不可攀。無論怎麼選擇，美國家庭都卡在不平等的制度中，個人命運已大致抵定，剝奪了年輕人的獨立和自信，以及開創個人命運的力量。這對富人和窮人來說都是不利的，即使沒有資料證明社會缺乏流動確實是美國的不幸真相，但美國如今對教育的焦慮程度就足以證明，透過教育實現社會流動是罕見的例外。

我移居美國時，已完成教育，也沒有孩子。即便如此，美國教育的現實還是影響了我的生活，令我幻滅，也導致我焦慮不安。崔沃和我考慮生孩子時，我們把焦點放在最直接的擔憂上：育嬰假、日托服務、各種帳單。如果再想得遠一點，或是跟有孩子的親友談談，我們只會感到更加不安。我們承租的公寓位於學區不錯的地方，但是想在這種地方買房子根本無能為力，而我們的收入也付不起私校的學費。通常聊到這裡，我們總是說，若是有孩子，乾脆搬回芬蘭算了。事實上，我認識幾對住在美國的芬蘭夫婦就是做了這樣的決定。但是只因為這裡很難提供孩子不錯的教育，就離開這個全球最富有、最令人興奮的國家，那不是很令人難過的事嗎？

我相信，很多情況與我們類似的美國人會停止抱怨，自己想辦法努力賺錢以養育孩子。但是讓孩子因為父母的選擇而吃苦，讓孩子因為無法上好學校而無從貢獻社會是對的嗎？從國家的層級來看，美國教育政策的目標（正如總統以降的每個人都清楚表達的），是投資知識導向的經濟以維護美國未來的競爭力。芬蘭的經驗顯示，為了在國際競爭中勝出，一個國家不僅要幫一些人做好準備，而是幫全體國民都做好準備。

如果可以的話，我希望我的孩子可以同時享有美國和芬蘭的優點：從芬蘭獲得平價又自在的日托服務、訓練有素的教師、優質的鄰里學校，而且學費全免；從美國獲得多元的學生組成，以及美國的好學校鼓勵學生自在地發揮個人特質、為自己著想、勇於表達見解和能力的方法。我一直想像，如果我有機會受到美國最好的戲劇課、科學專案或辯論社的洗禮，我的人生會有什麼不同。

同時享有美國和芬蘭的優點難道是不可能的目標嗎？芬蘭的經驗顯示，把焦點放在合作而非競爭上，重視公平而非選擇，是有可能達到卓越的。芬蘭採取的基本原則和政策並不複雜，幾乎任何地方都能實施。打造公平競爭環境的原則——這可稱為校長版的「北歐式愛的理論」——促使芬蘭堅持為每個人提供一樣好的教育，不必考慮財力背景。最終，卓越是來自於對教育平等的堅持，而不是相反過來。這項堅持讓芬蘭在面對未來時，達到令人讚許的地位，而未來也是美國必須面臨的挑戰。

美國早就具備改善學校的所有資源和知識。美國最好的學校持續在學生身上培養一些令其他國家羨慕的特質：活力、創造力、自信、冒險犯難的精神。結合芬蘭和美國最擅長的教育方式，可以幫美國進入二十一世紀，設計出真正適合未來的教育體制，也可以讓美國因所有人才而受惠，讓孩子和家長都不再擔心，並擺脫不健康的依賴。學校不是教導人生須知的唯一地方，但那是起點，需要開放給所有人享用。

FIVE

身心健康

Healthy Body, Healthy Mind

全民健保解百憂

How Universal Health care Could Set You Free

05

歡迎來到布吉納法索

四月底，某個陽光普照的週六，紐約市的天氣異常溫暖，崔沃和我正打算去公園享受久違的初夏。但我先坐下來翻閱當天的郵件，一封狀似官方郵件的信從芬蘭寄來給我。當下我應該要有一些警覺才對，但我沒想那麼多。

那時我住在美國還不滿四個月，崔沃和我也還沒訂婚，所以我還不知道我會成為美國的永久居民。那時我仍繼續向芬蘭納稅，也加入芬蘭的全民健保。此外，我也買了一張價格合理的芬蘭旅遊保單，以支應我在美國遇到的任何緊急狀況，所以當下一切看起來都很好。

但是我一打開那封來自芬蘭的信以後，一切都變了。芬蘭政府寄那封信來通知我，因為我現在住在海外，我身為芬蘭人所享有的福利已經暫停了。我盯著那封信，感到胃部一陣糾結。那時美國的新生活已經令我焦躁不安，只是令我不安的原因連我自己都不是很清楚。現在我有一個值得擔憂的明顯理由了，我的芬蘭健保資格已經遭到取消，同時，我加買的旅遊險也跟著失效。基本上我剛剛失去了健康保險。

美國人這時可能會要我：「放輕鬆！」我跟幾位美國朋友提到我剛失去健康保險時，一些朋友說他們以前也曾經沒有健保好幾年，有些人是因為付不起保險，有人則是覺得沒必要投保。他們告訴我：「你只要去在地的免費診所就好了，不會有事的。」

不用說，那當然不是美國運作的方式。沒有投保健康險的美國人，必須自己支付所有醫療費，包括醫生、救護車、住院、藥物、檢查的費用。慈善診所也許可以幫忙，但無法取代健康保險。因此，實務上可能出現的情況是：沒有健保的美國人只能放棄一些重要的醫療照護，例如乳癌或攝護腺癌的篩檢。生病時，他們也會一直拖到忍無可忍才就醫，但那時病情可能已經惡化到需要做更昂貴的侵入性治療了[1]。我當然不希望自己落入那種狀況。

我開始擔心，萬一我沒有保險，卻需要看醫生，最後可能會負債累累。早上我坐在布魯克林的餐桌邊看報時，偶爾會看到一些新聞寫道，未投保的年輕女性突然感到身體不適而住院幾天，診療費就超過一萬七千美元。我也聽說有些人牙痛就去把牙齒拔掉，而不是想辦法治療，因為拔掉比較便宜。數百萬名未投保的美國人為了省錢，不照醫師開的處方箋服藥，或是擅自服用朋友吃剩的藥。

但很多美國人，包括心裡有數的政治人物，仍持續宣稱沒有美國人因缺乏健保而身亡。事實證明，這根本不是真的。例如，我看過一篇研究指出，沒有健保的車禍受傷者，即使送到急診室，獲得的治療也比有健保的人少，他們更可能因重傷而死亡。其他研究估計，美國未投保成人的死亡風險，比投保者高了25%，甚至40%，即使調整了年齡、抽菸、肥胖等因

1 — 未投保美國人的生活：Buckley; Kristof, "A Possibly Fatal."。

素後依然如此[2]。

此外，我們也不得不問，有多少美國人因為擔心看醫生可能負債累累，而乾脆冒著生命危險不看醫生。沒錯，美國的急診室確實必須照顧每個承受劇痛或病情嚴重到必須馬上醫療的人，但他們沒有義務免費醫治病人，也沒有義務照顧罹患糖尿病之類的慢性病患。未投保的病患去一趟急診室，就可能收到驚人的帳單（縫幾針就要數千美元），那已經有足夠的動機讓他們冒著生命危險不看醫生。醫院可能要求未投保的病患事先為治療付款，病人還在候診室等候看診時，院方就要求催繳人去收款。病患若不付款，院方還可以控告他們，並透過法律途徑從患者的稅後薪資裡，強行取得四分之一來支付費用[3]。

事實上，我得知醫療費是導致美國多數人申請破產的主因，那表示每年有成千上萬名美國人因為未投保或健保不足，而失去資產或導致信用評分受損。未投保的美國人在面臨驚人的醫療帳單時，只能乞求醫院的寬限，懇求親友的經濟援助。很多人也因此拖累家人，使家人跟著負債累累[4]。

我坐在布魯克林的公寓裡，想像萬一我在未投保下，突然需要動緊急手術，馬上需要掏出五萬美元的醫療費，那會讓美國男友的父母留下什麼印象。想到這裡，我不禁打了冷顫。

這時的我已經對美國生活的諸多面向產生很大好感。美國醫生和醫院似乎能夠經常運用高科技的醫療技術，來改善民眾的健康及拯救生命，令我相當佩服。美國患者可獲得的一流臨床試驗和實驗治療，顯然也帶來獨特的效益。我也知道美國的醫學院和研究機構是全球最先進的。儘管如此，身為北歐人，我還是很難向美國人（甚至崔沃）解釋，從芬蘭這種有全民健保的國家移居到美國是什麼感覺。

當然，二十一世紀的醫療照護對每個國家來說都是巨大的挑戰，沒有一個國家有完美的制度。現今就算在全球醫療照護調查中獲得最高分的國家，也持續面對成本高漲、醫院負擔太重、候診時間太久、行政管理夢魘等問題。但是這些問題有多種不同的因應方式，當你已經習慣北歐的健保體系以後，美國的制度會令你大為震驚。

幾年前，美國記者瑞德（T.R. Reid）開始彙整全球各地的醫療照護基本方式，並把各國採用的方式歸納成四種基本模式[5]。一種是芬蘭與其他北歐國家（包括瑞典、挪威、丹麥、冰島）現在採用的方法，各國在施行上或有些許差異，但通稱為「貝佛里奇模式」（Beveridge model）。那是以經濟學家和社會改革家威廉・貝佛里奇（William Beveridge）命名，一九四二年他的報告啟發了英國的國家健保局。英國持續採用這套模式，西班牙和義

---

2 — 美國人因無健保而死亡：Doyle; FactCheck. Org; IOM, *Care and America's*; Krugman, "Death"; Sommers; Weiner。

3 — 醫院向無投保者收取費用：Arnold, "When Nonprofit"; Brill; Silver-Greenberg; Rosenthal, "As Hospital."。

4 — 美國的醫療破產：Brill; Himmelstein; La Montagne; Sack; Underwood。

5 — 不同國家的醫療照護制度：Reid。

大利也是如此。

貝佛里奇模式的基本概念很簡單：政府利用稅收來提供醫療保健，就像提供公共教育等公共服務一樣。公共醫療保健的用戶，就像上公立學校一樣，去看醫生時不必付費，或只需付一點掛號費。醫生就像教師一樣，是國家或地方政府的全職公務員。醫生也可以自己開業，由政府直接給付。此外，健保用戶只要願意自付醫療費，也可以選擇其他私營的醫生、醫院和保單。由於多數醫生的收入、醫院的費用、多數的醫藥成本都是由政府支付，政府可以協商比較划算的交易條件以壓低成本。美國人往往覺得這種模式很可怕，常給它貼上一個聽起來令人畏懼的標籤「公費醫療」（socialized medicine）。

瑞德歸納的第二個基本模式是「俾斯麥模式」（Bismarck model），那是以德國十九世紀末的首相命名，日本、比利時、瑞士等國是採用這種模式。他們的醫生和醫院等醫療照護者都是採私營模式，健康保險公司也是私營的。雇主和員工一起分擔保費，失業人口的醫療費用則由政府負擔。不過，這個系統是非營利的，這點非常重要。私營保險業者基本上是受到管制的慈善機構，法律規定他們必須為每個人提供保障，政府會規範醫療服務和費用以控制成本。

第三個基本模式是加拿大使用的「國民健康保險模式」，澳洲的模式也偏向這種。醫療照護者是私營的，但國家或地方政府推行統一的健保計畫，讓所有用戶投保，由政府負擔醫療保健費用。所以這種模式常稱為「單一支付者」（single-payer）制度。這種方式可讓政府和醫生及醫院協商較低的醫療價格。

不過，瑞德在著作《美國醫療》（*The Healing of America: A Global Quest for Better, Cheaper, and Fairer Health Care*）裡指出，世界上多數國家都太窮、太沒有架構了，難以提供前述三種模式，所以他們只能依賴第四種模式（如果那還稱得上模式的話）：病患自己承擔醫療費用，沒有保險或政府計畫幫忙支付。這就是柬埔寨、印度、布吉納法索等許多國家的現實狀況。瑞德寫道，可想而知，這種模式促成了直接又殘酷的結果：「富人可獲得醫療，窮人則只有病死一途。」

美國的醫療保健系統則是獨樹一幟，因為它是前述四種模式的大雜燴。二〇一四年，根據美國人口普查局的資料顯示，55%的美國人有雇主資助的健保，37%的人有某種形式的政府健保，15%是自己買保單，10.4%（約三千三百萬人）根本沒保險[6]。

六十五歲以下的美國人大多過著類似德國傭兵的生活。由雇主找保險公司，為員工協商健康保險，然後由雇主和員工一起分擔費用，保險公司則是負責為這些投保員工支付就醫費用。不過，和德國不同的是，美國的保險公司和醫療機構大多是營利事業，他們有各種動機盡量提高收費及減少支出。此外，美國政府也沒有為失業者支付保費，也不會為了管控成本

6 二〇一四年美國享有的健康保險：百分比加總起來超過百分之百，因為一年內可能不止使用一種健康保險。Smith。

而規範醫療服務的價格。

至於年滿六十五歲者，美國提供類似加拿大的制度，但內容令人困惑，而且福利不足。政府自己推行健保計畫，亦即所謂的聯邦醫療保險（Medicare），並支付多數或部分的醫療保健費用。另外，還有為窮人推出的醫療補助計畫（Medicaid），那是聯邦政府和州政府為特別窮困的民眾提供的醫療照護，尤其是孩童、孕婦、殘障及年老者，但資格要求及具體規定因州而異。你可能推斷，美國的醫療補助計畫很像國家醫療保健體系。如果你是來自有前述三種健保模式的國家，更有可能產生這樣的誤解。然而，美國所謂的「貧窮」，其實是指「赤貧」。美國很多經濟拮据的成人，距離醫療補助計畫的資格還很遠，許多州也不提供醫療補助計畫給沒有孩子的成人[7]。

美國退伍軍人的健保是由退伍軍人健康管理局負責提供，但如今看起來愈來愈像資金不足的英國版或北歐版健保，是由政府支付醫生的薪資和醫療設施的成本。但是自二〇〇一年開始，美國在中東展開長期的軍事行動以來，退伍軍人的人數激增，導致退伍軍人健康管理局的資金吃緊。聯邦政府只能藉由調整資金及改革管理來改善服務。

至於毫無保險的美國人，他們通常是年輕人、自雇者、失業者、兼職人員，或是在沒提供健保或只提供極貴保險的小企業上班。對那些人來說，美國其實跟柬埔寨或布吉納法索無異。他們必須自掏腰包就醫，如果沒錢就醫，只能等出問題時才送急診，但之後還是會收到帳單，導致很多人債臺高築，信用評分受損或破產。若是罹患沒有生命危險的小病或慢性病，他們只能去慈善診所，或付錢去醫院就診，不然就是繼續受苦。

在那個晴朗的紐約四月天，我打開那封來自芬蘭的信件後，也加入了那群未投保的美國人之中。現在我從公寓窗口俯瞰繁華的街道時，再也看不到布魯克林，只看到布吉納法索。

失去健保完全瓦解了我內心的安穩，那衝擊之大，難以言喻。在包括芬蘭在內的多數現代化社會中，大家認為健保是基本人權。我實在無法想像，在這個新家園，大家真的覺得有人得不到照護，或是因為獲得醫療照護而必須傾家蕩產也沒有關係。我從難以置信轉為沮喪，接著開始感到害怕、悲傷、生氣，然後整個情緒轉折又重頭來一次。即使我當下非常健康，依然止不住內心的恐懼。每當喉嚨一不舒服就讓我想到肺炎，膝蓋或手肘疼痛就讓我想到手術，脖子腫了一團就讓我想到癌症，那都意謂著天價的醫療帳單。

想到全世界有數百萬人一輩子都沒有健保，我確實是幸運的。萬一我真的罹患重症，我可以回芬蘭就醫。此外，我自己也有一些存款，而且崔沃和我都有家人可以至少稍微幫助我們。以美國的標準來看，我還是屬於享有優勢的一群。但是以北歐及多數先進國家的標準來看，我其實有陷入貧困的危險。

7 — 醫療補助資格：Artiga。

所以，我不得不跟一輩子花很多時間研究各種選項的過勞美國人一樣，開始從許多令人混淆、昂貴又可怕的方案中，找一個像樣的保險方案。但我很快就發現，我根本無法獨自搞定這件事。

不良的依賴

我剛搬到美國時，一直難以理解美國人說工作有沒有提供「福利」是什麼意思。我以為他們是指公司補貼健身房的會費或餐券之類的，當時我還納悶大家為什麼那麼在乎那些東西。後來我才知道，獨自買健康保險的費用很貴，大多數人都是透過某種團保的方式（例如透過雇主、工會、職業協會等等）取得健康保險，而且雇主資助的健保通常也涵蓋員工的眷屬，這下子我才明白：找到有提供福利的工作，或至少包含這項福利的工作，意謂著過正常生活和承受破產之虞的差異，甚至可能代表生死之別。

民營企業竟然要擔負這麼大的社會責任，也讓我覺得非常「不美國」。企業的目的不就是為了獲利嗎？怎麼會是負責安排員工的醫療照護呢？而同時，美國公民也乖乖繳稅了，難道政府課稅不是為了提供人民必要的社會服務嗎？而且人民失業時，可能是最需要健保的時候，但失業也一併失去健保不是很荒謬的設計嗎？

從任何重視及支持個人自主的社會來看，美國有至少一半的人依賴雇主提供生活中最重要的社會服務，實在是令人匪夷所思。那也嚴重限縮了個人自由，大家在選擇職業和生活型態時，好比決定自己創業，而不是當上班族，或是追求夢想，而不是做乏味的工作，還必須先權衡職業選擇對自己和家人的財務及醫療風險。更遑論你若是創業有成，幸運地把小事業逐漸擴大，你還要擔負起員工的健保。北歐國家的創業者完全不必擔心自己的健保，他們早就有了，而且永遠都在，他們可以選擇追尋夢想，至少不必擔心沒有健保。北歐國家的業主也可以提供員工去私人診所就醫的額外福利，許多業主都這麼做，但是那遠遠無法和美國企業為員工健保所承受的行政及財務負擔相比。

依賴雇主提供健保，從其他方面來看也不合理。每當美國人想換工作時，健保內容就可能經歷大變動，而且還必須面對工作空檔可能毫無保險的可怕狀況。以下就是典型的例子：我有個美國朋友換工作後，發現他有三個月的空檔毫無健保。新雇主的保險尚未啟用，所謂的COBRA保險[8]雖然可以銜接那個空檔，但是對他和妻子來說，少了雇主分擔保費實在太貴了。所以那九十天，他們過著沒有保險的日子，只能祈禱一切平安。美國人隨著工作、

8— 譯註：COBRA是Consolidated Omnibus Budget Reconciliation Act的縮寫，亦即一九八五年美國聯邦統一綜合預算協調法。根據這項法規，前雇員、退休人員、配偶及家屬都有權利以自己支付全額保費的方式來延長其健康保險。但COBRA的保費可能很高，因為雇主不再提撥以前應付的保費份額。

財務狀況、所在地點、資格改變，需要更換不同的健保計畫，那實在是令人傷神、費解的過程，而且又浪費時間、精力和金錢。更糟糕的是，保險公司也知道，許多顧客在某個時候一定會離開他們，改換不同的保險計畫。所以保險業者也沒有動機提供預防保健服務，以長期節省成本。對那些透過雇主提供保險計畫的私營保險公司來說，最好的策略就是盡量減少支出，至於保戶未來的健康，管他們去死[9]。

等年紀大了，美國人的個人自由和獨立自主又再次因為健保系統而受到戕害。一份調查訪問就業的美國人，一半以上受訪者表示他們打算延後退休時間，只為了可以繼續透過雇主獲得健保[10]。

在任何北歐國家，大眾絕對不可能接受這種阻礙個人自由的設計。北歐人跟美國人一樣，也覺得人人都應該工作。北歐國家的就業率，很容易就和美國相當，或甚至超過美國[11]。但是在北歐國家，讓健保來決定你的職業選擇是令人難以置信的事。尤其在二十一世紀的經濟中更是如此，如今愈來愈多人以兼職員工或自由工作者的身分參與短期專案。現今這個超現代的世界需要搭配非常靈活的社會，以及彈性應變的健康人力。把醫療照護和個人職業分開來，才是聰明的作法。

至於掀起諸多爭論、辯護和毀謗的「歐巴馬健保」（ObamaCare）又是如何呢，難道那沒有解決許多上述的問題嗎？俗稱歐巴馬健保的「患者保護與平價醫療法案」（Patient Protection and Affordable Care Act）於二〇一四年初生效，目的是處理上述的一些問題，至少理論上是如此。新法律規定每個公民和合法居民都必須購買私人保險，否則必須繳納罰款。這個新法以稅金抵免來補貼無法獲得雇主提撥保險的低收入者，也讓個人比較容易上網直接買保險（剛推出時，健保交易所出了很多問題），因此讓自由工作者、失業者、小企業的業主和員工都能獲得保險。這種健保制度其實是為崔沃和我這種人設計的，但我很快就發現，實務上那個制度仍然充滿問題。

崔沃和我結婚後，我拿到了美國綠卡。這個很多人渴求的居留許可證，讓我終於可以在美國自由地求職。理論上，綠卡讓我可以去找有雇主提撥健保的工作。此外，我也可以選擇以配偶的身分，加入崔沃的自由工作者健保計畫。我開始找工作，但我的履歷大多是以芬蘭文做編輯與寫作的工作，再加上那時正逢一九三〇年代以來美國最嚴重的經濟衰退，紐約的雇主並不急著雇用我這種人。崔沃和我坐下來仔細研究我們的財務狀況，以及自由工作者工會所提供的最新健保計畫。我們確實有收入，但我們後來得出一個悲哀的結論：自由工作者與配偶的合併健保計畫實在太貴了，我們負擔不起。這下子我們麻煩大了。

9 — 美國人失去和擁有健保：Hayes; Rosenbaum: Sanger-Katz。
10 — 美國人因健保而延後退休：Fronstin。
11 — 不用國家的就業率：OECD, *OECD Factbook 2014*, 133。

所以，我親身體會到美國健保制度逼迫人民接受的另一種不良依賴：不僅要依賴雇主，還要依賴家人。由於當時我找到像樣工作的機率非常渺茫，所以我只能像很多美國人那樣，告訴配偶，他最好找一個可以同時提供我們兩人健保的工作。

當時我已經認識不少美國夫妻被迫接受那種模式。夫妻中的一人可能想換工作或創業，卻不得不繼續做原來的工作，主要原因當然是因為全家人都依賴那份工作提供的健保。「北歐式愛的理論」的基本原則是，人際關係的健全發展需要個體在財務及其他方面都達到真正的獨立，我從小在這種理念下成長，美國的作法讓我覺得很容易導致夫妻之間的怨恨。當夫妻之中有一人必須為了全家大小的利益而犧牲自己，暫時擱置部分的潛力或夢想，或是完全棄之不顧時，每個人隱約之中都成了感情的俘虜。北歐式愛的理論想要迴避的，正是這種不近人情的安排，以及對家庭親近關係的危害。

對很多美國人來說，這種安排表面上看起來沒有問題。畢竟，家庭是一個團隊，為每個成員的福利而努力是應該的。如果一家之主樂在工作，而那份工作又為全家提供健保，那似乎一點問題也沒有。如果一家之主想要自己創業，或是他做的其他決定可能影響到全家人的健保，要他以家人的利益為優先有什麼不對？犧牲小我本來就是組成家庭的一部分，就基本層面來說，這點在北歐國家及其他國家應該也都適用吧。

但是那樣的依賴關係會產生一種滑坡效應。犧牲和怨恨可能會暗暗地累積，甚至在不知不覺中破壞了相愛者之間的互動。北歐式愛的理論就是為了避免那樣的關係腐蝕，讓每個人自由地付出關愛，毫無附加條件，藉此達到那個目標。計較誰虧欠誰什麼，或是誰做了什麼犧牲，不應該是情感方程式的一部分。那樣才能讓全家變成獨立個體所組成的團隊，每個成員都獨立貢獻己長。如今我們（北歐國家及大部分的美國）對現代的期望是，每個人都應該有這種基本的獨立性，同時又是家庭和社群的一份子。但美國這種落伍的健保制度破壞了這個理想，在我看來，這實在很遺憾，因為根本沒必要這樣做。

儘管我對這一切憂心忡忡，如果我真的想待在美國並享有健保，我也別無選擇，只能依賴崔沃。過程中，崔沃必須做出原本可能沒必要做的職業選擇和犧牲，那可能為我們的關係帶來沒必要的怨恨，也加深我對他的心理依賴。幸好，崔沃設法找到一份可以同時提供我們健保的教職，我終於鬆了一口氣。不過，他和新雇主見面後，回家告訴我健保費用。我一聽，心情又跌到谷底。

聽多了「雇主提撥型健保計畫」，我以為這種健保對員工來說很便宜，甚至近乎免費，不然何必稱為「福利」呢？我當時還不知道健保方案和費用有百百種，得花好一番心力才能搞懂。那時我也還沒意識到，崔沃的教職在美國並不像在芬蘭那樣備受尊敬。

後來我研究了一下雇主提撥型健保計畫的平均費用。凱瑟家庭基金會（Kaiser Family Foundation）的報告指出，二〇一五年雇主提撥型健保計畫的年平均總保費（亦即員工和雇主繳交的保費總額）是單人6251美元，全家17545美元。如果你單看員工自己從薪水中提撥的費用，年平均保費是單人1071美元，全家是4955美元。但我也發現，即使是雇主提撥型健保計畫，一家人自付費用高達15000美元的情況並不罕見[12]。

當然，除了保費以外，多數雇主提供的健保還有每年自付額，亦即要求投保者必須先支付某個金額的醫療費以後，才能看診（平均單人的自付額是1318美元）。此外，絕大多數的美國員工也必須自付掛號費，還有部分的處方藥費用。於是，我逐漸明白，美國人跟你說每個月繳多少健保費時，那還不算看病的全部成本，你還要考慮自付額、掛號費、共同承擔額（Coinsurance）、保險範圍，以及我這輩子從未聽過的其他名詞。大抵上，雇主的規模愈大，員工獲得的福利愈好。

遺憾的是，崔沃的新雇主並不大，而且在美國教書，尤其是在小機構裡，福利還挺寒酸的。我們只能選擇全家型的健康保險，沒有配偶專用的選項，那表示我們兩人一個月要繳790美元的保費，而且那還是雇主幫我們支付另一半保費後的員工提撥額。當然，我們的保費還是比之前看到的自由工作者健保稍低一些，但我還是沒料到需要繳那麼多錢。事實上，那筆錢比當時家庭健保計畫的全國平均額的兩倍還多，而且我們還沒有孩子。

我強忍著情緒，平靜地接受這個結果。但是一年九千五百美元的保費實在是一筆很大的數字，更何況實際就醫時還要再付掛號費，這是我又一次真心覺得我不適合住在美國。眼淚不禁滑落我的臉龐，崔沃靜靜地看著我一會兒，接著輕聲問道：「我最近有沒有告訴妳，我愛妳愛到無法自拔？」

我們緊緊相擁。兩個深受美國健保制度折磨的愛人。我幾乎破涕為笑，心想這就是高潮迭起的美式愛情吧。我以前的人生還真是如此不同。

誰最好？

住在芬蘭時，我可以從多種來源獲得基礎醫療。年紀還小時，我是去看學校的護士、公立診所、兒童公立醫院，或是由我父母出錢，讓我去看自己開業的醫生。大學時，我是去公家資助的學生保健中心。後來我開始上班以後，我通常是去在地的公立診所看診。偶爾，我會因為一些小病去看自己開業的醫生，費用是由雇主給付。有時候，我會去看公立體制或雇主健保計畫沒涵蓋的私人皮膚科醫生或婦科醫生。

所以這些醫療照護要花多少錢呢？我去公立診所時，可能當年前幾次看診要付二十美元左右的掛號費。當我支付的金額達到某個上限時，我幾乎不需要再自掏腰包了。二〇一六年，芬蘭多數醫療照護服務（包括公立診所、急診室、檢查、手術等等）的年度自付額上限是一人約七百五十美元，無論你獲得什麼治療或醫療費用有多麼昂貴都是如此。如果我必須

12　美國的雇主提撥型健保的保費：Claxton; Rosenthal, "The $2.7 Trillion."。

服用處方藥，我的自付掛號費也有上限，二〇一六年的年度上限約六百六十美元[13]。如果我很窮，芬蘭的社會服務計畫也會幫我支付掛號費。糖尿病、多發性硬化症、癌症等嚴重的長期疾病有特殊的費率，病患每次拿藥的支付額不到五美元。

如果我想去看雇主健保涵蓋的醫生，那是完全免費的。如果我是去看雇主健保沒有涵蓋的醫生，我必須支付大部分的費用，但政府通常也會補助一些[14]。

需要基礎醫療時，我挑選診所的標準，通常是看哪個地點比較方便，以及哪裡可以最快預約到看診時段。我不太擔心醫療品質的差異，因為無論是公營或私營，提供基礎醫療的醫生沒有多大差異，差別只在於誰付費而已。許多醫生同時在公立和私營的診所看診，地方政府有時會向私營診所採購服務，雇主有時也會向公立診所採購服務。私營診所通常可以約到較快的看診時間，公立診所的收費比較便宜或是完全免費。

萬一看診後發現你的身體有問題，這些基礎醫療的提供者會把你轉往一個地方：公立醫院。芬蘭的私營診所和醫院主要是醫治沒有生命威脅的病症，包括眼科（例如治療白內障）、婦科、皮膚科、牙科，或運動損傷之類的手術。至於可能危及生命的昂貴醫療，例如癌症治療或心臟手術，幾乎完全歸屬於公共部門的領域。遇到大問題，國家會出面照顧你，你付的費用微不足道，就那麼簡單。

芬蘭和其他北歐公民對於目前獲得的醫療照護，確實有一些合理的不滿。在公立醫院體系，如果你需要動非緊急或選擇性的手術，可能需要等很久。例如，二〇一四年，在荷蘭動白內障手術平均只要排三十天左右，但是在芬蘭幾乎要等三倍長的時間（葡萄牙也是如此）。髖關節置換的手術，在荷蘭需要等約四十天，在芬蘭則要等一百一十六天[15]。

美國人可能以為，那種手術需要等那麼久，是政府經營醫療健保系統的必然結果。但事實不然。二〇一四年專門做醫療保健研究的私立聯邦基金會做了一份研究，該研究在比較各國民眾獲得專科醫療的速度上，把同樣採用貝佛里奇模式的英國排在第四名，緊接在美國之後。英國也大幅縮減了等候就醫的時間，而這一切只需要政府投入額外的資源就能達到了。所以對芬蘭來說，這是可以解決的問題，芬蘭政府也已經採取措施去因應了。荷蘭、德國、法國的病患都是享有某種形式的國家醫療照護體系，他們都可以比美國患者更快獲得非緊急和選擇性的手術。

即便如此，我可以想像美國人可能又會說：美國有世上最好的醫生和最先進的醫療。美國人願意忍受現有的制度，因為任何公共醫療體制都無法跟美國相比，是嗎？

---

13 — 芬蘭的自付最高上限和其他健保費用：更多的資訊，可上芬蘭社會事務暨衛生部（Finnish Ministry of Social Affairs and Health）以及芬蘭社會保險機構 Kela 的網站取得。十八歲以下青年及兒童的醫療照護服務，計入其監護人的年度自付額上限。達到處方藥的年度自付額上限時，病人每次拿藥的費用不到三美元。關於藥物的涵蓋規定，參見 Finnish Medicines Agency。

14 — 芬蘭政府對私人健保的補貼：Blomgren; Kela, *Statistical Yearbook*, 166–67, 169。

15 — 不同國家看診和動選擇性手術：Davis 20; Gubb 8, 16–18; OECD, *Health at a Glance 2015*, 128–29。

比較富國健保制度之間的醫療照護品質時，很難提出明確的言論，但有兩點是確定的：第一，幾乎在任何地方，有錢人通常都可以獲得比窮人更好的醫療照護。第二，在所有已開發國家中，這種不平等最為極端的國家是美國。

大家都認同美國有全球最好的醫學院、醫術最高超的醫生、成效最優異的研究機構、設備最精良的醫院，還有最創新的療法。在美國只要有錢，你絕對可以獲得世界一流的醫療照護。但不知怎的，在這些醫療體系的討論中，美國人似乎都忽略了一點：在全球其他**所有**工業化富國中，不止富人，而是**每個**加入全民健保的人都可以獲得世界一流的醫療照護。而且他們不管有沒有投保昂貴的保險，不管財力是否雄厚，都可以獲得良好的醫療。

OECD除了對教育進行調查以外，也研究不同國家的醫療照護。這些研究顯示，整體而言，美國在醫療品質上並沒有超越其他國家。相較於多數已開發國家（包括北歐國家），美國人民的平均壽命較短，嬰兒死亡率較高，醫生相對於人口的比例較低。當我們看一些嚴重疾病（如癌症）的治療結果時，美國在一些疾病上確實有全球最佳的存活率，排名緊接在北歐國家之後或之前。各種疾病的排名有一些微小的差異，但整體來說，美國和北歐國家在延長癌症病患的壽命方面有差不多的成效。

不過，在一個特別重要的層面上，美國的表現遠遜於北歐國家。二〇一一年，聯邦基金會的研究比較美國和其他十五個工業化國家，發現未滿七十五歲的美國人最有可能死於至少可部分預防或治療的病症。這些病症包括細菌感染、糖尿病、心臟病、中風或常見外科手術的併發症。如果美國能達到領先國家的境界，像是排名第一的法國，他們有強大的國家醫療照護體系，採行俾斯麥模式的變型，有公立和私營的醫療照護機構，還有受到監管的非營利健保，每年美國提早死亡的人數可以減少九萬一千人。瑞典、挪威、芬蘭和丹麥在這方面的表現也都優於美國。當聯邦基金會以品質、醫療取得、效率、公平、健康人民等標準來比較美國醫療照護和其他十個國家時，美國排名墊底[16]。

美國病患因無力負擔費用而避免就醫的頻率，比他國的病患還高。美國醫生也比較常捲入聯邦基金會所稱的「行政麻煩」。所以，儘管美國有你在電視上看到的那些高科技和緊急醫療的優勢（我迷上影集《實習醫生》好幾年了），美國的醫療照護還是有嚴重的缺點。美國心臟科醫生兼作家桑狄普・裘哈爾（Sandeep Jauhar）為了著作《篡改：美國醫生的幻滅》（*Doctored: The Disillusionment of an American Physician*）接受國家公共廣播電台（NPR）訪問時，針對美國醫療照護的現況，做出以下總結：「在提供高科技的醫療照護上，美國是全世界最好的。你若有什麼疑難雜症，你會希望自己是在美國。萬一你感染伊波拉病毒，美國的學術醫療中心是全球首屈一指的。但如果你罹患鬱血性心衰竭或糖尿病之類的慢性病，我們的醫療體系反而無法幫你獲得最好的照護。那是我們應該改變的現狀。」[17]

16 不同國家健保制度的健康結果、生存率、獲得照護和比較：Commonwealth Fund, "Why Not the Best," 24–25; Davis; OECD, *Health at a Glance* 2015, 46–45, 58–59, 81, 151, 153, 155。

相較於北歐人，美國人也在另一方面失去自由和獨立：財務上。說到醫療照護的花費，美國的醫療體系根本是在搶錢。

我們付出的代價

某日春光明媚，我和一位美國友人相約在紐約市喝咖啡，他的妻子去年才生了孩子。他提到他們最近突然收到醫生和醫院寄來的帳單，那張帳單和六個月前生小孩有關，金額高達數千美元。他和妻子都有投保，並不知道還有額外的帳單。但他也說，那不是什麼大問題。他馬上打電話給醫院，收款處同意根據他們夫妻倆的收入減少收費。現在他們每個月付五十美元，直到把那幾千美元還完為止。他也提到，整體來說，他覺得他的保險還不錯。幾年前他動手術時也是用同樣的健保方案，手術費用超過一萬，但他只需要負擔約一千五百美元。

我那時才剛從芬蘭回到美國，聽完他的描述，我簡直說不出話來。其實我之前也聽過類似的故事很多次。有位紐約朋友因為保險沒有涵蓋牙科，拔一顆智齒便花了九百五十美元。另一個朋友的妻子去急診室移除刺進腳裡的玻璃碎片，醫院幫她照了X光，沒看到任何東西，醫生叫她去看專科，然後她就收到一二四四美元的帳單。另位朋友透過公司加入平價健保，涵蓋牙科，但後來發現能幫她解決下顎問題的醫生都不接受她的保險，所以她自掏腰包付了一千六百美元。雖然我覺得那些費用很離譜，但是真正令我啞口無言的不是帳單和費用本身，而是那些朋友似乎一點都不覺得那些收費奇怪。

當然，有好工作及充足保險的美國人，是不需要為醫療照護支付太多額外的金錢。但即使是美國的中產階級，很多人也常因為保險不足而必須額外支付大筆醫療費，這是很可怕的問題。哈佛大學有項研究訪問了因生病而宣布破產的人，這些人絕大多數是中年人、中產階級、有大學學歷，而且生病時至少某個時點都有健康保險[18]。他們之所以會破產，是因為掛號費、處方藥的費用、醫生和醫院寄來的帳單加起來高達數萬美元，而且生病期間也沒有收入。美國人就算有健康保險，還是必須靠抵押房子及借錢來支付醫療費用。

歐巴馬健保的部分目的，就是為了解決上述的一些問題。例如，平價醫療法案對預防保健服務的掛號費設了上限，也為多數政策設了年度自付額的上限。二〇一六年，這個上限是單人方案6850美元，全家方案13700美元，但那些金額依然為數不小[19]。歐巴馬健保並未解決保險公司拒絕給付、強迫病患自行吸收龐大帳單的問題，更遑論很多保險外的醫療費用通

---

17 「美國醫學是全世界最好的」：NPR。

18 哈佛針對因就醫而破產的研究：Himmelstein。

19 歐巴馬健保的病患負擔費用：Goodnough, “Unable”; Health Care.gov; Rosenthal, “After Surgery,” “As Insurers,” and “Costs.”。

常是無法避免的。這一切在芬蘭完全是聞所未聞的事。

美國人常以為北歐人其實也沒占到什麼便宜，畢竟他們每年得為公共醫療體系繳那麼多稅。

在我討論非常有趣的稅務問題以前（下一章細談），以下是有關醫療保健支出的具體比較數據。無論醫療保健是由什麼支付的（稅收、私人保險或患者自掏腰包），每個國家都有一個國民醫療保健支出的平均數字。芬蘭的每人醫療支出約是OECD國家的平均值，冰島也是如此。至於美國呢？我們前面看到，美國的醫療保健品質和北歐相當，有些領域還比北歐稍差一些，但美國人的平均支出是芬蘭和冰島人民的二・五倍。事實上，美國現在的醫療支出比世上任何國家都高出許多[20]。

到底怎麼回事？

二〇一三年，美國正常分娩的平均費用是10000美元，是西班牙的四倍。做個磁振造影（MRI）要1000美元，瑞士只要140美元。在美國做個動脈繞道手術要價75350美元，幾乎是荷蘭收費的五倍。在美國住院一天的平均費用超過4000美元，西班牙是480美元[21]。為什麼美國人獲得同樣的服務卻要多付好幾倍的價格？

幾位美國記者深入調查以找出這個問題的答案，他們的發現令人震驚。首先，美國的醫院經常針對很多小物件收取高昂費用，那些收費簡直跟詐欺無異。史蒂芬・布里爾（Steven

Brill）在《時代》雜誌的深入報導〈苦藥丸：為什麼醫療費用要我們的命？〉提到，在亞馬遜上，1.49美元可買到一百顆一般的止痛藥，但醫院收你一顆1.5美元。亞馬遜上，個人用的糖尿病試紙，一盒五十張賣27.85美元，相當於一張0.55美元，但醫院收你一張18美元。癌症藥物的注射，醫院的進貨成本價不到4000美元，但醫院對病患的收費是13702美元。

伊麗莎白・羅森碩（Elisabeth Rosenthal）在《紐約時報》發表的一系列文章〈付到痛苦不堪〉也顯示，美國人為藥物、掃描、醫療的付出，總是比其他先進國家高出許多。她寫道：「美國人為髖關節置換所支付的費用，平均是瑞士或法國病患的四倍[22]；美國剖腹產的費用是紐西蘭或英國的三倍。常見的過敏用鼻腔噴霧劑Nasonex，美國的平均價格是108美元，西班牙是21美元。」羅森碩接著引用聯邦基金會的報告，比較美國和其他已開發國家的住院情況。她發現，美國的住院天數沒有比其他國家長，但住院費用卻是其他國家的三倍。

美國的醫療費用如此高昂有許多原因，主要因素在於美國醫療是自由放任私營的傳統系統，而不是受到明確規範的現代合理化國家體系[23]。美國的保險公司和醫院協商時，會盡可

---

20 — 不同國家的醫療支出：OECD *Health at a Glance* 2015, 164–65。

21 — 不同國家的手術價格：International Federation。

22 — 「美國人為髖關節置換支付的費用平均是四倍」：Rosenthal, "The 2.7 Trillion."。

23 — 為何美國醫療費用如此高昂：Bach; Brill; Fujisawa; Gawande; International Federation; OECD, *Health at a Glance 2015*, 114–15, and *Why*; Rampell; Rosenthal, "In Need," "The Soaring Cost," and "Medicine's"; Squires。

能壓低費用，但他們的議價能力往往很有限。多數地區就只有那幾家醫院可選，而且近年來那些醫院紛紛整合成更強大的私營機構。醫院包下所有醫生的服務，建置院內研究室，藉此達到接近壟斷的地位，因此增加了他們和保險公司協商價格的籌碼，可以獅子大開口。

此外，美國醫院習慣以比較強硬、昂貴的方式來處理許多醫療議題，歐洲醫院往往會選擇效果相當、但侵入性較小的方法。例如，接生嬰兒時，美國採剖腹產的比例，比其他已開發國家高出許多。不用說，美國的剖腹產費用當然比其他地方還貴。藥廠面對美國消費者時，也是漫天索價，藥物的售價遠比世界其他地方還高。美國的保險公司、醫院和醫生都花了很多錢在行政管理上，因為美國私營系統錯綜複雜，創造出多層次、多領域的管理，而且中間還卡了許多中介者。更遑論，美國醫療保健供應商還投入鉅資大打廣告，以便招攬更多生意上門。

這些導致超高收費的因素，在很多國家根本就不存在。公立醫院提供醫療照護，或是由單一公立保險機構支付醫療費用時，帳單、表單、爭議性的保險給付都少了很多，也沒有必要打廣告。誠如《紐約時報》所言，在美國的醫療照護產業中，很多向消費者收費的典型職業，例如醫療分類員（medical coder）、保險給付調整員（claims adjuster）、護理導航員（care navigator）等等，在其他國家根本沒有存在的必要，也沒聽過。

另外，還有美國醫生的問題。他們要求患者做的檢查，比其他國家的醫生還多。那些檢查在美國的收費又比較貴，他們使用的醫療設備及開的藥物也比較貴。美國醫生從病患支付的費用中，拿到的收入比例也比歐洲醫生多。而且他們和研究室、儀器製造商、藥廠通常有很多財務上的合作，可能會影響他們的動機，吸引他們挑選比較貴、但沒必要的醫療形式。

我有一些芬蘭的家人就是醫生和牙醫，他們的收入可以過不錯的生活，但住家只是一般郊區的普通屋子或公寓，沒有人開保時捷跑車。OECD的報告顯示，芬蘭普通科醫生的收入是芬蘭平均收入的兩倍，那已經算很好了。芬蘭專科醫生的收入更好，是芬蘭平均收入的二．五倍。不過，美國醫生賺得更多，美國普通科醫生的收入是美國平均收入的三．五倍，專科醫生的收入則是平均收入的五．五倍。

美國醫生的工時確實比芬蘭醫生長，但這點無法完全解釋較高的收入，因為加拿大和法國醫生的工時跟美國差不多，但收入較少。美國醫生為高收入辯解時，最常提出的理由之一，是他們必須自己償還醫學院教育的昂貴學費。芬蘭醫學院的學生的確不必擔心這筆教育費用，因為在芬蘭你只要有本事申請進入醫學院就讀，學費全免。美國醫生為高收入辯解的另一個理由是，他們非買不可的醫療過失責任險很貴。芬蘭的醫療過失責任險幾乎微不足道。不過，持平而論，在美國的醫學界，醫生還不是賺最多的，醫院的行政高層和保險公司的管理高層才是美國醫療保健體系的大贏家。

至於這一切代價由誰來扛呢？當然是美國人民。

不久前，一個大家僅知叫史蒂夫．H（Steve H.）的美國人，需要在背上植入神經刺激器。他有健保，去一家美國醫院做了一天的手術。布里爾在那篇《時代》雜誌的報導中，提到了幾個個案，史蒂夫的案例就是其一，這個例子引人注目，但也極為普遍。史蒂夫的手術進行得很順利，即使有健保，手術後他還是收到一張帳單。誠如布里爾的描述，帳單上的名目「都是常見的超額收費」。好比，帳單的細目中，有一項「束帶或手術台8X27 IN」是31美元。布里爾解釋：「那是用來把史蒂夫固定在手術台上的束帶。那一項下面是『上半身毯子42268』32美元，那是用來幫手術病患保暖的毯子，當然是可以重複使用的，在eBay上的新品售價是13美元。再往下第四項是『超大手術衣95121』39美元，那是指醫生穿的手術衣，網路上買三十件才180美元。聯邦醫療保險或任何大型保險公司都不會為了那些束帶或手術衣分別付款給醫院，而是會全部算在一筆醫療設施費中。史蒂夫的醫療設施費是6289美元。」史蒂夫去動手術一天，費用總計是86951美元。他的保險公司只願意支付45000美元，所以史蒂夫必須自掏腰包支付剩下的40000多美元，而那還不包括醫生的醫療費。

相較之下，我們來看一位芬蘭友人的實例。他背部有時發麻，有時疼痛，手部有灼熱感。他先自行觀察幾週，確定疼痛是否自己消失。狀況依然持續時，他去看醫生，得知他需要動手術。他可以選擇去私營醫院動手術，但他後來選擇去附屬於赫爾辛基大學的公立醫院。他在加護病房度過幾小時，然後在醫院的普通病房過夜，隔天就出院回家了，接著放了六週的帶薪病假。他也收到手術帳單，看到帳單後非常驚訝，決定上Facebook告知所有親友：「剛剛收到醫院的帳單，脖子磁振造影，還有之後看神經外科醫生的費用是29歐元。讓芬蘭最專精於脖子問題的神經外科醫生動手術，移除兩個脫垂的椎間盤，再加上住院一晚是69.6歐元。所有花費總計是98.6歐元。」

40000美元vs. 99歐元（約105美元）。這位芬蘭朋友非常滿意他獲得的醫療照護，尤其是費用。

北歐國家是如何把費用壓到那麼低的？許多美國人覺得他們知道原因：判死小組（death panel）。

判死小組

許多美國人對於公共醫療的最大擔憂是：在那些有公共醫療體系的國家，政府會不公平地、甚至偷偷地限制人民可獲得的醫療。前阿拉斯加州長及副總統候選人莎拉·裴琳（Sarah Palin）曾經提出這項疑慮，引起軒然大波。裴琳聲稱，美國的醫療改革將會促成官僚組成的「判死小組」將決定誰「值得醫療」[24]。裴琳的說法很快就遭到推翻。美國剛通過

24 — 裴琳談判死小組：Drobnic Holan。

的歐巴馬健保裡，並沒有條款可以判斷誰是否值得醫療。後來事實查證機構PolitiFact把裴琳的不實宣稱列為「年度謊言」的榜首。

不過，許多美國人依然認為裴琳的說法是真的，他們覺得芬蘭和其他北歐國家能夠降低人民的醫療費用，部分原因在於他們有類似裴琳描述的「判死小組」，或至少有一群精打細算的公務員所組成的委員會，負責否決太昂貴的救命醫療。這種說法根本不是真的，北歐國家就像美國一樣，沒有委員會負責判斷病患是否該獲得醫療。那些決定是由醫生和患者自行協商。但是話又說回來，北歐國家的醫生和患者當然也面臨限制，但那些限制和美國的醫生和病人因應私營保險公司時所面臨的限制是一樣的——亦即保險是否涵蓋某種醫療或藥物。唯一的差異是，在芬蘭和其他北歐國家，決定保險是否涵蓋某種治療和藥物的流程很合理透明，而且有義務向民眾說明，價格也合理透明，跟美式作法截然不同。

在美國，幾乎沒有誰（無論是專家還是消費者）能事先判斷醫療檢查或療程需要花多少錢。這聽起來好像很荒謬，但事實就是如此。我透過崔沃的新工作獲得第一份美國健保時，閱讀保險公司寄來的福利說明書，那厚厚一本，我看了老半天，卻看不太懂。那些術語令人困惑，規定更是令人費解。

於是，我問了一些身邊認識的人，結果發現原來我的疑惑一點也不罕見。在美國，各種醫療大小事通常要等到醫療結束後，才會知道費用是多少，即使是全部自費也一樣。一群愛荷華大學的研究員，打電話到美國的上百家醫院（每州挑兩家，華盛頓特區也挑兩家），為假設需要做髖關節置換手術的六十二歲祖母，詢問最低的完整價格（包括醫院收費及醫師收費）。結果，只有十分之一的醫院能夠提供完整的價格，而且那幾家醫院的報價介於11000到125000美元之間[25]。

美國醫療機構和保險業者所設計的混亂過時系統，不止把病患耍得團團轉，害他們為了管理費用和保險方案而浪費寶貴的時間和資源，現在連醫生也日益深受其害。

我有位美國朋友是遺傳諮詢師，她從個人觀點描述美國醫療定價的問題。由於每個病人有不同的保險方案，醫生往往不知道病人需要為某種檢查或療法支付多少錢，醫生也不可能整天花時間打電話去詢問每位患者的保險公司。即使醫生真的那樣做了，也問不出個所以然。她在臉書貼文寫道：「週五我和心臟科醫生及心臟病研究員站著討論了十分鐘，究竟要不要為住院病人做基因檢測，還是等他們出院回來看門診時再做檢測。我們只是想避免病人支付龐大醫藥費，但是要回答那個問題，需要先知道病人那年的繳費是否已經達到自付額、是否已達年度自付額的上限，如果尚未達到，保險公司會幫他們分攤多少比例的檢查費。我們**絕對不可能**在週五晚上回答那些問題，而且回答那些問題實在太浪費時間了。[26]」

然而，許多美國醫生確實花了無數小時，打電話給保險公司，以便事先取得保險公司授

---

25 — 美國醫院做關節置換手術的費用：Rosenthal, "Availability."。

26 — 美國醫生花時間問保險涵蓋的藥物和治療費：Davis, 23; Ofri。

權使用保單上未涵蓋的昂貴藥品。聯邦基金會的報告指出，一半以上的美國醫生表示，為了幫病患確認保單是否涵蓋某些藥物或醫療給付，他們必須投入很多時間，那是一大問題。美國醫生為那些事情投入的時間比例，比其他十個受訪國家還高。

身為患者，如果你無法事先知道醫療費用是多少，有時確實不太重要，尤其雇主已經幫你挑好完善的健保方案時，更是如此。但有時候，事先不知道醫療費用確實事關重大。一位朋友的醫生建議他讓新生兒做例常的心臟檢查，以確保沒事。他們夫妻倆一口就答應了，心想所謂的「例常」檢查，應該是在保險的涵蓋範圍內。但後來他們才知道保險沒有涵蓋那項檢查，因此接到一筆一千美元的帳單。

很多美國人逐漸認為，他們之所以無法事先知道任何醫療的費用，原因很簡單。營利性的醫院在帳單中灌入「各種常見的超額收費」（如布里爾所言），所以營利性的保險公司第一時間也會盡可能拒絕給付。等你提出抗議後，再來討論要不要給付，以及給付多少。

坦白講，現代的文明國家根本不可能容許這種情況發生，尤其是醫療照護那麼重要的服務。美國的醫療體系已經退化到一種蠻荒狀態，導致為病痛所苦的病人還必須花大量時間和心力，去爭取醫療給付的基本權利，並為此額外承受挫折、焦慮和憤怒。

北歐人根本不需要忍受這一切折磨。

當今的北歐社會都認為，在現代國家，醫療照護是一種基本人權，所以把醫療照護當成基本的社會服務，提供給全民是合情合理的。這表示，北歐國家和其他富國一樣（美國除外），是由中央規範醫療服務和藥物價格，從而抑制美國隨處可見的瘋狂定價。

以芬蘭的處方藥為例，這種情況下確實有一個「小組」。由於那個小組很重要，其決策必須公開讓大眾檢視。那個小組不是由決定生死的官僚組成，而是由醫學專家組成，包括醫生、教授、藥劑師，他們的任務是為公共系統審查是否涵蓋藥廠申請加入的新藥。該小組是根據藥效的研究來做決策，並決定藥物的批發價上限以及藥物的給付費率。藥物一旦獲得批准，公共醫療體系會支付大部分的費用。二〇一三年，委員會與藥廠協商結束時，接受了藥廠95%的申請。

順帶一提，上述的一切程序並未阻止芬蘭的病患自掏腰包，購買全國醫療體系未涵蓋的藥物。任何藥物一旦獲得歐盟或芬蘭醫藥監管當局（相當於美國的ＦＤＡ）的核准，藥廠就可以用任何價格販售。任何人只要有錢並拿到處方箋都可以購買，這點和美國是一樣的。只有公共醫療體系涵蓋的藥物才受到價格的規範[27]。

相較於美國那種完全自由放任的方式，芬蘭這種衡量及規範藥物與治療效用的系統有幾

27 芬蘭涵蓋的藥物和治療：Finnish Medicines Agency; e-mail interview with Lauri Pelkonen of the Ministry of Social Affairs and Health (Aug. 21, 2015); interview with Jaana Leipälä of the National Institute of Health and Welfare (Oct. 17, 2013)。

個優點。最明顯的優點是它幫忙淘汰昂貴卻無效的治療，或是淘汰可找到更便宜替代方案的藥物，藉此幫國家掌控醫療保健成本。缺點是有些情況下，某些藥物可能對某些人有用，但因為有關當局認定它太貴，而不列入公共醫療體系的涵蓋範圍。

不過，由於專業小組的決策是公開讓大眾審查的，納稅人可以質疑他們的決策。在美國，健保涵蓋什麼藥物或醫療以及涵蓋多少，大多是由私營的保險公司私自決定，而且不公開。因此健保給付的差異很大，患者或醫生都無所適從，民眾也求助無門，只能納悶為什麼他們的健保方案涵蓋某種醫療，卻不涵蓋另一種，為什麼隔壁患者投保另一種方案可以獲得兩種醫療。美國人通常不喜歡公共醫療的概念，因為他們覺得政府會強行要求他們接受公共決策。但諷刺的是，在民主社會中，公共政策必須透明化，公開接受審查，提出解釋，受到質疑，私營部門反而不需要。美國退伍軍人事務部就是一個完美的例子，它的醫療照護體系最近遭到審查，因此現在正在改革。政府雖然會犯錯，也可能試圖掩蓋失敗，但我們從「常見的超額收費」一再看到，美國真正令人難以相信的，其實是那些私營的醫療照護業者[28]。

美國目前採用的醫療照護方式，通常是避免事先計算成本。乍聽之下，這種作法可能很合理。一般人通常希望醫生幫他們挑選最有效的治療，即使很貴也沒關係。不過，事先不考慮成本，反而導致美國人付了錢、卻得不到應有的價值，因為最後獲選的是較貴的方案，但較便宜的方案明明一樣有效。有些美國人甚至開始懇求醫生做治療決定時也考慮成本，因為愈來愈多的病人覺得，他們可能無力負擔那麼離譜的帳單。

不過，病患還需要懇求醫生考慮治療成本，這件事也令許多美國人感到沮喪及懷疑。美國醫療體系中常見的失控成本，以及許多不公不義的現象，已經開始破壞美國醫療體系的根基：民眾對醫生的信任。

最近反疫苗運動的蔓延就是這股趨勢最明顯的現象之一。不過，我在日常生活中與許多美國友人互動時，也發現他們對醫療體系抱持著這種不信任。我愈來愈常聽到他們懷疑醫生為了賺錢、而不是基於醫療的必要性，而鼓吹他們做多餘的診斷、昂貴的檢查或侵入性的手術。

許多人開始上網搜尋替代方案，例如飲食養生法或其他非侵入性的療法。二〇一四年哈佛大學的一項研究顯示，美國人大多很滿意最近的就醫經驗，但整體對美國醫學專業的信任，從一九六〇年代開始急遽下滑。在受訪的二十九個國家中，美國成年人相信醫生的比例排第二十四位[29]。

這種遭到懷疑的狀況可能令醫生受挫。畢竟，他們研讀醫學多年，甚至數十年，才熟練這項專業。他們投入極大的心力，一心想醫治病患，而不是傷害他們。但無論醫生覺得那些

28— 美國涵蓋的藥物和治療如何運作：Bach; Brill; Jacobs; Lim; Rosenthal, "Insured," Siddiqui。

29— 不同國家的信任醫生：Blendon。

指控有多麼不公平，愈來愈多美國人對醫生抱持疑慮並非毫無緣由的。例如，美國對懷孕和分娩的作法確實比較偏向醫療，而非助產，剖腹生產的比率異常的高。有些病人可能覺得這是好事，但OECD指出，依靠助產士而非產科醫生的分娩方法也一樣有效[30]。事實上，一份綜合研究顯示，助產士協助分娩所衍生的併發症比產科醫生少。

同樣的，美國醫生要求病患做的檢查也比其他國家多，美國平均每人做的磁振造影（MRI）次數是OECD國家中最高的。表面上看這好像也是好事——更多的檢查，更好的照護。但OECD的報告指出，證據顯示美國過度濫用電腦斷層掃描（CT）和磁振造影。該報告指出：「許多研究試圖評估美國CT和MRI檢查大增的具體醫療效益，但並未找到那些效益的確鑿證據。」此外，儘管許多研究顯示醫生開愈多抗生素給病患，會導致抗藥性更強的菌株在社群裡紮根，但美國醫生開的抗生素也遠比北歐醫生多[31]。

當然，不是每個北歐國家都完全沒有上述的問題。網路上大量湧現的健康新資訊，也在北歐國家掀起病患質疑醫生的新趨勢，就像美國一樣。然而，在北歐國家，患者通常不會懷疑醫生把獲利擺在醫德前面。在芬蘭，病患確實會擔心，醫療照護的預算遭到刪減，會不會導致就醫的等候時間更久，或導致醫生看診更匆忙草率。但芬蘭人並沒有動機去懷疑，隸屬公共體制的醫生可能從特定的醫療決定中獲得利益。多數醫生是領薪水的員工，他們的薪酬不是按檢查或手術次數計算的。相較於美國體制的設計方式，這個特色所衍生的差異很大，而且芬蘭和其他北歐民眾從醫療體系獲得的照護也好很多。

由於美國大眾對醫生的信賴日益低落，這也難怪美國人非常在乎他們能不能找到自己喜歡的醫生。事實上，可自己挑選醫生，或許是美國醫療體系中少數令人慶幸的特質。美國人要是改換芬蘭那種公共醫療體系，肯定會失去那種自由。

真的嗎？而且，這裡所謂「可自由挑選醫生及挑選醫療方式」究竟是什麼意思？那樣的自由真的讓你自由了嗎？

選擇的權利

我移居紐約前一年，我哥米柯在芬蘭一個可愛小鎮舉行婚禮，迎娶女友維拉。我母親五十年前曾在俄亥俄州當交換學生，結識了一位好友，那位好友攜家帶眷從美國來參加婚禮。我和這家的兩姊妹一起坐在芬芳果園的長桌邊。那時我已經知道自己可能移居美國，但我覺得還有很多美國事物需要瞭解。我們聊著聊著，話題突然轉到醫生上，我問那兩姊妹，她們

30 — 依靠助產士 vs. 產科醫生的分娩：OECD, *Health at a Glance* 2013, 68。

31 — 美國醫生過度使用 MRI 檢查和抗生素：OECD, *Health at a Glance* 2013, 86–87, 110–11; *Health at a Glance* 2015, 102–3, 136–37。

覺得可自己挑選醫生有多重要。

其中一位馬上回應：「我當然要自己挑選醫生。」接著，她描述她罹患一項嚴重疾病時，自己上網做了大量研究，搜尋一切資訊，記錄可能的療法，打電話給親友詢問最好的醫生，然後堅持採用她覺得最適合自己的療法。她堅定地告訴我，她想掌控自己的命運。

我從來沒想過會這樣看醫生。萬一我突然罹患重病，我最不想做的，就是在罹病而害怕不安之際，還得大費周章地研究醫生、療法、醫院和價格。我會希望由醫生來決定，我不是專家，他們才是。

相較於那位美國賓客，我當下馬上覺得我自己的態度很沒用，也很可悲。顯然，我願意不加思索地把生命交給陌生人，不為自己盡點力。我很欣賞美國人隨時隨地都為自己著想的心態，從不期待別人為他們做什麼。美國之所以如此強大，主要就是因為這種堅定自主的態度。

失去自主力是很多美國人最擔心的問題之一。那次對話之後，又過了幾年，我偶然間在美國報紙的網站上看到網友蓋．湯普托（Guy Thompto）直言不諱的意見，他的留言令我深思，尤其他跟我一樣都是在蘇聯邊界成長。他寫道：「有時自由是遭到大舉剝奪的，例如坦克開進東歐的時候。」但他後面又提到醫療照護：「有時自由是一次又一次遭到層層剝奪的，例如挑選醫生，挑選你想支付的醫療，挑選你覺得對自己和家人有必要的保險涵蓋範圍，那些自由是逐漸遭到剝奪的。有時我們聽到的說法是，失去那些自由對我們有利，有時則是對弱勢者有利……而我們被告知，只要我們不同意，我們就是貪婪，或者更常被說是無知。[32]」

難道我在芬蘭被嬌養慣了，導致我對政府提供的選擇（無論是學校或醫療診所）產生了幼稚的信賴？難道我已經被洗腦洗得徹底，以致於我從未想過我有權利要求我想看哪位醫生？這一切怎麼和個人自主、個人主義、獨立等北歐理念以及北歐式愛的理論兜在一起看呢？也許我應該慶幸，我在美國可以自由挑選醫生，看看這種新得到的自由到底是怎麼回事。

沒想到事實比我想像的還要複雜。我投入這個由紐約市醫生、診所和醫院所組成的迷陣以後，不久就陷入茫然失措。我急切地詢問親友的建議，打電話到好幾個診所，卻被告知他們不接受我的保險或不收新患者。後續幾年間，隨著崔沃的雇主更換保險公司或崔沃換工作，我們經常被迫更換已經習慣的醫生。每次我們都必須仔細研讀保險方案、費用和醫生評鑑，填寫一堆表單。挑選醫生變成傷神的負擔，毫無效益可言。許多美國人可能很幸運找到他們喜歡的好醫生，幸運地享有穩定的生活，可以長期和醫生培養信賴的關係，但這並非現

32 — 湯普托談自由：The online commentator going by the name Thompto left his comment (July 11, 2012) on a New York Times opinion piece written by the Czech film director Milos Forman titled "Obama the Socialist? Not Even Close" (July 10, 2012)。

實常態。

我住在芬蘭時，醫生是誰對我來說並不重要，因為我在公共醫療體系遇到的每個醫生，我都覺得很稱職。不過，假設我想讓公立診所的某個醫生看診，而且每次都是由他看診，其實過去十年來，連在公立醫療體系中挑選醫生都比以前容易多了。挪威和丹麥已改用英國的模式，提供基層醫療的醫生是私營診所，但醫療費用則由納稅人承擔，病患可以挑選任何醫生。醫生的收入中，一部分是由看診人數決定，一部分是由實際看診次數決定。醫院的醫療照護大多仍屬於公立醫療服務；民眾想看專科醫生的話，通常需要透過基層醫療的醫生轉診。但是話又說回來，許多丹麥人也透過雇主獲得額外的私營保險，可享有其他選擇。在瑞典，病患也可以選擇基層醫療的醫生，無論是私營或公營的，看診的醫療費都是由納稅人的稅金支付[33]。

在芬蘭，人民自由挑選私人診所，並由政府或雇主的保險補貼部分醫療費用，那是存在已久的制度。如今芬蘭人也可以自由挑選公立醫療體系的醫生、保健診所和醫院，唯一的限制是：每年更換公立診所的次數不得超過一次，這樣可以避免系統產生昂貴的行政費用。此外，芬蘭也有一些改革討論，希望能更接近瑞典的模式，那樣可以提供芬蘭患者更多由稅金補貼的選項。

比較我在芬蘭和美國的就醫經驗後，我得出以下結論：就某些方面來說，我在美國獲得的照護比芬蘭多。我的美國健保通常涵蓋年度健檢以及各種例行檢查，那些都是我在芬蘭從來沒做過的，因為芬蘭的醫生從來不覺得有那個必要。同時，我必須自己打理健康照護的諸多面向，還要應付不斷改變的雇主、健保方案、價格、好醫生的看診時間很難約等麻煩，導致我一直陷在壓力中，而且我根本還沒生病或受傷。我渴望獲得一種不同的自由——知道我無論就業狀態如何，永遠都有芬蘭版的健保可以依靠；知道所有醫生都很好，都會為我的最佳利益著想，而不是只想獲利；知道醫療體系會自動把我納入，給我良好的照護，不需要我在病弱及危難時，還要耗費心神為自己爭取權益；知道上述一切都不會讓我陷入破產。

住在芬蘭的美國人

世界各地都有抱怨健保體系的人，就算健保運作最好的國家也仍有改進的空間。記者瑞德走訪世界各地，研究不同醫療保健體制。他描述這段經歷時，引用了普林斯頓政策分析師鄭宗美（Tsung-Mei Cheng）的話。鄭宗美研究世界各國建置醫療照護體系時，所遇到的種種困難，並提出所謂的「醫療照護的三通則」，那三通則分別是：「1. 一國的醫療照護無論

33 北歐國家的病患選擇權：Anell, 44, 61–62; Ministry of Social Affairs and Health, *Hoitopaikan valinta*; *Olejaz*, 46–47, 73, 113–14; Ringard, 22, 42。

再怎麼好，依然會有人抱怨。2. 無論在醫療照護中投入多少資金，醫生和醫院永遠覺得不夠。3. 最新的改革總是失敗。[34]」

許多芬蘭人認為芬蘭的醫療體系根本是災難。芬蘭的上班族從雇主獲得的健保福利，讓他們可以去基礎醫療診所求診，不必等太久。但失業、自雇者或退休的芬蘭人則必須忍受公立診所的漫長等候。此外，公立系統補助的私營醫療機構，讓有錢的芬蘭人可以花錢立刻動選擇性的手術，比不有錢的人更快。以美國的標準來看，芬蘭的私營醫療價格並不貴，但負擔得起私營醫療的芬蘭人確實可以獲得較好的照護。

美國人可能覺得，讓努力工作的人獲得更好的醫療是天經地義的事，也讓人更有動機去找福利好的工作，更遑論自己賺取收入，好支付自己挑選的更好照護。不過，現今在芬蘭，一般認為那種趨勢可能出現是種丟臉的事。儘管有些芬蘭人認為更自由、私營的模式對芬蘭的醫療體系（及其他生活領域）比較好。但多數芬蘭人深信，芬蘭這個國家若要在二十一世紀勝出，需要讓社會的每個人都獲得真正的機會均等，包括強大的國家公共醫療體系[35]。

為了確保芬蘭人都能公平獲得醫療照護，芬蘭政府制定規範以縮短患者等候就醫的時間。現在，所有非緊急病例都必須在患者到公共診所掛號的三天內進行評估，而且在首度評估後的九十天內，必須讓患者獲得全科醫生或專科醫生診治。選擇性的手術必須安排在六個月內進行，當然，需要緊急護理或有急性病痛的患者，可以隨時到芬蘭各地的急診室就醫，掛號費不到四十五美元[36]。此外，芬蘭政府正在推動醫療管理和補助方式的改革，以打造更中央化的制度，從而增進效率和平等。

不過，如果你從小習慣美國的醫療體系，可能會納悶美國人怎麼可能為了想要擁有北歐式的醫療體系而大費周章呢。畢竟，應付熟悉的麻煩總是比應付陌生的麻煩來得容易。

潘蜜拉以前也是這麼想的，直到她診斷出罹患多發性硬化症（MS）後，她就完全改觀了。

拉米（Lammi）是距離赫爾辛基一個半小時車程的芬蘭小鎮，鎮上約有五千人。從赫爾辛基開車前往拉米，沿途會蜿蜒經過農田和鮮紅色的穀倉。某個晴朗的十月天，農田覆蓋著一層薄霜，低垂的太陽照耀著黃綠相間的秋日美景。我開車抵達拉米，來到一小排屋子的末端，按了一間公寓的電鈴，四十九歲來自美國阿拉巴馬州的潘蜜拉出來應門。

潘蜜拉頂著一頭褐髮，雙眼明亮有神，笑聲爽朗，相當健談。她有一隻黑白相間的愛貓尤達，還有一隻藍黃相間的大鸚鵡西貝流士（以知名的芬蘭作曲家命名）。我們聊天時，兩

---

34 「醫療照護體系的通則」：Reid, 27。

35 芬蘭人相信國家公共醫療體系：Taloudellinen tiedotustoimisto。

36 芬蘭就醫最長等待時間和掛號費：Ministry of Social Affairs and Health, *Hoitoon pääsy* and *Terveydenhuollon maksut*。

隻寵物一直陪伴著我們。

潘蜜拉會來到這個芬蘭鄉間小鎮，是源自於數十年前從佛羅里達州阿爾塔蒙泉市（Altamonte Springs）開始的姻緣。她在那裡當服務生，某晚一位芬蘭學生和友人前來那家餐廳，不久潘蜜拉就和那位芬蘭學生開始約會，後來兩人成婚，住在美國二十年。那段期間，潘蜜拉在阿拉巴馬州伯明翰市的醫院上班。後來她的先生在芬蘭找到工作，他們舉家遷居芬蘭。我第一次拜訪她時，她已經住在芬蘭五年了，但現在她和先生一直找不到全職工作。雇用他先生的那家芬蘭公司倒閉了，他們有想過搬回美國，但遇到一個阻礙：潘蜜拉最近診斷出多發性硬化症。

和美國不同的是，她和先生目前都沒有穩定的工作，但是他們依然可以獲得醫療照護。潘蜜拉一診斷出罹患多發性硬化症後，馬上被納入芬蘭的公共醫療照護系統中。我認識她時，美國即將施行歐巴馬健保。潘蜜拉因此大受鼓舞，開始研究新健保交易所提供的個人健保方案，但她還不知道他們可能移居哪一州，所以無法確定她能否加入保險，也不知道她那個情況怎麼算稅收補貼。在罹患多發性硬化症下，她又不能冒長期沒有健保的風險。

在芬蘭，這些都不是問題。她獲得的健保給付近乎是100%，而且無論是否就業或住在哪裡都一樣。她只需要付掛號費，這裡付四十元，那裡繳二十元，但她也適用每個芬蘭人都享有的年度繳費上限。她看了神經科醫生、眼科醫生、泌尿科醫師、護士和物理治療師，也去上了公家補貼的運動課。看診時間有時確實需要等比較久，但大致上她很滿意獲得的醫療照護。潘蜜拉告訴我：「我看過很多醫生了，覺得我受到很好的照護。」她翻找廚房的抽屜，拿出一個有特殊握把的乳酪切片器，那是專為手指無力的人設計的。她開心地揮著那個切片器說：「職能治療師送我這個，還有一把很酷的刀子和剪刀，以及淋浴時坐的椅子。」她解釋：「我都不需要付錢。」

潘蜜拉在美國的醫院工作過，在診斷出罹患多發性硬化症以前，她就已經有不少健康問題了，所以她很清楚美國醫療體系的運作方式。以前她在美國為了應付健保和醫院所經歷的種種曲折和麻煩，就像許多美國人經歷的痛苦一樣，需要面對許多人，通過層層關卡和阻礙，連當事人都很容易在過程中掛一漏萬。根據她的親身經驗，她覺得芬蘭醫院的醫療照護是一流的。她曾在芬蘭住院幾天，獨自住一間雙人病房，費用非常低廉。「我住了五晚，獲得很好的照護，搭了兩次救護車，照了X光，做了電腦斷層掃瞄，出院後繼續回去複診，最後總共只付了三百美元左右。」她的語氣中依然充滿驚訝。她在美國醫院接受類似醫療時，感覺醫療品質也一樣好，但費用高出許多，而且多了很多麻煩和壓力。

美國人想到公立醫療體系的醫院時，往往會想像醫院看起來像前蘇聯時代的樣子，簡陋陰暗，建築老舊，人員懶散，水槽髒污，設備付之闕如。潘蜜拉確實覺得芬蘭醫院的內部裝潢稍嫌陽春，實用至上，座椅直接排在看診室外的走廊兩旁，沒有集體候診區，也不像美國醫院那樣有熱心的志工、禮拜堂和禮品店。潘蜜拉看到一家芬蘭醫院附設很陽春的禮品部，馬上想像她可以把那家店改造得更有生氣，她的美式幹勁表露無遺：「我心想，我想幫你們做得更有聲有色！」

撇開改造禮品部的機會不談，潘蜜拉想糾正一些美國同胞對公共醫療的誤解。芬蘭醫院跟美國醫院一樣乾淨現代，有時甚至比美國醫院更好。但是最新的醫學創新呢？難道她不覺得搬回美國可以得到更好、更先進的醫療嗎？潘蜜拉回應，她不覺得自己在芬蘭錯過了什麼。事實上，她還有實例可以比較，她的姊姊住在美國，也罹患多發性硬化症。潘蜜拉想像自己搬回美國的樣子，不禁自言自語：「我確實可以獲得比孟加拉更先進的醫療，但是不會比芬蘭更好。」

後來，我在芬蘭又認識另一位嫁給芬蘭人的美國人蜜雪兒，她也罹患多發性硬化症，經驗和潘蜜拉很類似，但她的狀況已經惡化很多，需要一些潘蜜拉還用不到的昂貴藥物。在美國，多發性硬化症的藥物遠比其他國家昂貴，蜜雪兒還住在美國時，儘管有健保，每年還是必須為一種藥物支付六百美元的掛號費[37]。我和她聊天時，我坐在布魯克林，她在芬蘭，她才剛拿處方箋去藥房拿了同一種藥。她說，在芬蘭，她每年只要花約十四美元買那種藥（這是在芬蘭政府為所有處方藥設定新的年度扣除額以前，二〇一六年新設的扣除額是五十五美元）。

潘蜜拉很想念美國的親友，也懷念美國生活中許多對她來說比較方便的面向，例如有很多停車位、大型超市、住家空間較寬廣、有些城市設計考慮到行動不便的人等等。她覺得美國和芬蘭的醫療品質都很好，但關鍵在於她是否**負擔得起**。

潘蜜拉的案例也許不太尋常，因為她罹患的是一種嚴重的長期病症。但即使毫無病痛，有一種身體上的不適是每個人都無可避免的。

頤養天年

二十一世紀，每個人都希望能平平安安地活到老年，過著獨立的生活，在毫無附加條件下頤養天年，關愛我們摯愛的家人。北歐的醫療照護體系幫人民實現了這個希望，美國的體系則往往迫使人民不得不接受依賴關係。

在美國，聯邦醫療保險幫年滿六十五歲的老人支付醫療保健費用。但長期的老年醫療照護中，有一些很大的漏洞是聯邦醫療保險不涵蓋的。事實上，不涵蓋的項目裡，有些正是費用最高的，例如，安養院或護理之家的食宿費用、二十四小時的護理服務、到府送餐的居家健康幫手、老人沐浴輔助、買日常用品、居家清潔等等[38]。在美國，老人必須為上述服務自行負擔所有的費用，直到花光老本，陷入貧困。

37 — 美國多發性硬化症藥物的價格：Hartung。

38 — 涵蓋醫療照護和安養院或護理之家：Bernstein; Medicare.gov, *Your Medicare* and *How Can I*; Taha; Thomas。

一般認為，在美國要自己支付這一切，至少需要在退休前存一百萬美元。不幸的是，多數美國人的積蓄遠遠不到那個低標。二〇一三年的估計顯示，在美國，戶長即將退休（五十五到六十四歲）的家庭財產淨值中位數，扣除房屋和汽車，其實只比六萬美元高一些[39]。在此同時，二〇一三年美國安養院的年費中位數超過八千美元[40]。萬一美國老人完全耗光了積蓄，州政府專門提供給窮人的醫療補助計畫可能會發揮救濟效用，但那個老人通常需要搬到品質堪慮的安養設施。有些州刪減了醫療補助計畫的經費，並改變資格規定，使一些原本依賴該補助計畫的人失去資格，只能自生自滅。有鑑於此，也難怪一些研究把「退休後耗光積蓄」列為美國大眾最普遍的恐懼之一，甚至連有錢人也這麼想[41]。

由於很多美國老人不可能自己支付需要的一切服務，他們的成年子女只好承擔起照顧他們的責任，不僅幫他們付帳單，更身兼居家護理幫手，還要幫他們協調及爭取醫療照護。這對自己也有家庭責任需要承擔的成年子女來說（包括養兒育女、管理家人的醫療照護、支付自家帳單等等），當然是額外的重擔。成年人和年邁父母往往需要為此協商出一種非常個人化又尷尬的角色對待關係，使習慣自主的年邁父母開始依賴子女，有時甚至為此痛苦不堪。這種子女和年邁父母之間的新關係，有時是拉近彼此感情的好機會。不過，美國生活的現實狀況通常是，成年子女也有幼兒需要照顧，生活已經分身乏術，金錢和時間上皆已超支。他們可能很樂於在週末及休假期間探望年邁父母，但是照顧父母的起居及幫他們支付帳單又是全然不同的事了。

我觀察美國親友的生活時，發現有工作和孩子的人和兄弟姊妹輪流照顧年邁父母的情況很普遍，這個現象令我大吃一驚。還有一些人每個月付出幾千美元幫父母支應生活；有些正值青壯年的女性為了照顧年邁家人，不得不離開職場，放棄事業[42]。

在傳統的社會，這種安排也許不令人意外，例如媳婦可能必須每天為一家三代烹煮三餐，把公婆伺候得無微不至。但是對現代西方社會的多數人來說，大家並不渴望二十一世紀還活在那種社會裡。

北歐家庭跟世界各地的人一樣深愛年邁的父母，那正是他們不希望父母被迫依賴他們，導致他們心生怨恨而減損親情關愛的原因。那樣的依賴破壞了每個相關者的自主、獨立和自由。

北歐國家是全球人口老化最快的族群。世界各地許多高齡化社會，仍然期望子女幫助支付年邁父母的醫療照護。但北歐國家受到北歐式愛的理論及當代生活觀點的啟發，並不是那樣想。他們認為這個年代把老年照護視為基本社會服務，由社會來負責提供完整的老年照護

---

39 — 55-64歲美國人的平均財產淨值中位數：Sommer。

40 — 美國私立安養院的平均年費：Genworth。

41 — 美國人擔心退休後耗光積蓄：Bank of America; Morin。

42 — 女性辭職照顧年邁親人：Searcey。

比較合理。這麼做也讓家庭能夠盡情享受彼此的陪伴，沒有包袱。也確保每個人的尊嚴和福祉，不因個人財富多寡或是跟家人是否都處得來而受到影響。就像北歐社會認為孩童的未來不該受限於父母資源的多寡一樣，他們也認為老人的生活不該受限於成年子女的資源多寡。

基於這番理念，北歐國家提供老年照護的方式，大致上和提供公共醫療的方式一樣，都是由稅收支持基本的政府服務，而且全民皆有權利享有。北歐國家的一大目標，是幫年老公民盡可能待在自宅中，由地方政府以免費或合理的價格，提供那些老人居家健康協助、餐點配送、居家清掃、購物服務。老人必須住進安養院或護理之家時，部分費用是由老人的退休金或退休收入提撥（若有退休收入的話）。但提撥金額有個合理的上限，好讓住進安養院或護理之家的老人仍保有一些財務獨立，其他費用則由公共系統補貼。因此安養院的住戶不需要動用到資產，他們的子女也不需要付費。有趣的是，我有許多北歐朋友（包括那些經常探望年邁親人的人）依然不熟悉老人照護的細節和費用，因為那些事情大多是由地方政府直接安排，不需要家人介入處理。

不過，這裡必須說明的是，北歐（尤其是芬蘭）的老年照護仍有很多問題。那些照護的品質和成本經常引發爭論，北歐媒體揭露了私營和公營安養院的不良作法。芬蘭的政治人物也開始提議，隨著國人持續老化，有錢的嬰兒朝世代不能持續預期他們的照護獲得全額補助。此外，芬蘭亟欲幫老人盡可能住在自宅的作法，最近也遭到指控：有些老人明明已經無法在家自理生活了，卻難以進入安養院。即使有這些問題，國際研究仍持續顯示，北歐國家是全球最適合安養晚年的地方，尤其是挪威和瑞典[43]。

而且就像北歐的醫療照護一樣，老年照護也有不少選擇。他們可以選擇自己花錢取得私人服務，或自費住進私營的護理中心。很多成年子女確實花很多時間協助年邁父母，但他們的責任不是花錢安排照護，而是和父母及在地的照護者討論最佳方案。如果家人比較喜歡自己照顧親人，政府會適時提供必要補貼。例如，地方政府可以提供居家健康幫手，在週末或假期期間替代家人照顧老人，讓家人可以休息。家人為了照顧生病親人而必須待在家裡時，地方政府也會提供一筆補貼金。

比較美國和北歐的老年照護方式，北歐的作法可能聽起來還是削弱了家人之間的關係，導致家庭四分五裂。然而，研究顯示，事實正好相反。丹麥奧爾堡大學的婷恩・羅斯嘉教授（Tine Rostgaard）專門研究北歐的家庭政策，她向我解釋：「由於我們的社會建置了那麼大的體系，你可以說子女因此更有可能提供非正式的照護，因為那樣比較實際，不會太耗費時間，而且他們不必擔負最大的照護任務。」

羅斯嘉繼續補充，換句話說，建置一套公立體系，以擔負起老年照護的基本面以及最困難層面，反而讓家人更能夠提供年邁親人真正關愛的照護，不會覺得太繁重或勞心費神。這

43 北歐國家的老人照護：Help Age International; Nordic Social, 155–162; Osborn *International*; interview with Tine Rostgaard from Aalborg University (Sept. 10, 2013)。

讓每個人都更加滿意，也避免關係生變而心生怨恨。總之，北歐的方式再次改善了大家的生活品質。

想像一個健康的國家

二〇一四年初歐巴馬健保生效時，一些歐洲人以為美國的醫療系統真的徹底改革了。我在紐約和一個從芬蘭來訪的朋友聊天，我提到我遇到的醫療煩惱時，他樂觀地叫我別擔心，並天真地告訴我：「但你們現在有歐巴馬健保啦！」歐洲人認為美國的醫療照護停留在不合時宜的狀態太久了，所以歐巴馬健保應該會修正一切。答案當然是沒有。

平價醫療法案（歐巴馬健保）確實解決了一些問題，預期將會涵蓋數百萬名美國人，也要求保單必須涵蓋更多人，並針對納保人支付的費用設下一些限制。但是那個法案並未把投保變得更簡單，也沒有解決費用飆漲的問題。我正好就是那群感到失望的受害者，在歐巴馬健保實施後，即使我的年度自付額上限降低了，但是就醫的自付額和掛號費都飆高了。而且，歐巴馬健保也沒有減輕我哪天突然增加一大筆醫療帳單的恐懼，不管我加入哪家私營保險公司的健保，他們還是會駁回我一半的保險給付申請。誠如一位美國評論家說的，歐巴馬健保出奇的複雜、沒效率又煩人，把「為全民提供醫療照護」這個簡單的事情搞得極其繁瑣[44]。

撇開私營醫療產業的政治影響不談，有什麼合情合理的因素可以解釋，美國為何無法像多數的工業化富國那樣，建置一個真正的公共醫療照護體系嗎？

在我看來，美國之所以會透過雇主和私營保險公司提供多數的健保，有三個主要原因。第一，那樣做不需要課徵新稅。第二，那可以讓人民自己挑選保險方案和想要的醫生。第三，很多美國人認為，讓一些追求營利的私營保險公司和私營醫療機構相互競爭，對消費者是有利的。

問題是，美國人早就透過納稅的方式，支應了許多醫療照護的成本。稅金資助了聯邦醫療保險、醫療補助計畫，也透過退伍軍人健康管理局，資助了退伍軍人的所有醫療照護。歐巴馬健保所提供的新補助，是以「稅金抵免」的方式運作的。就連雇主提撥的健保也有稅賦上的優惠，雇主和員工提撥到健保方案的資金大多是免稅的，那表示員工其實少付了一大筆稅金。這種免稅優惠使雇主資助的健保成為聯邦稅法中最大的賦稅優惠之一。也就是說，那是一種以「免稅形式」存在的公共支出，所以是非常沒有效率的稅金運用，因為最大受惠者是收入高及健保福利好的人。收入低及健保福利少的人，還有沒投保的人，得到的優惠較少或根本分不到。整體而言，這些政策只是把不同時代的措施拼湊在一起，有如大雜燴，使每

44　二〇一五年平價醫療法案的影響：Blumenthal David; Krugman, "Rube"; Pear, "Number."。

個人獲得的保障完全不同，全看保險方案涵蓋的範圍而定[45]。

在健保的買賣方面，當買方亟欲投保時（多數人需要醫療時都是如此），賣方就享有很大的不公平優勢，那可能會扭曲原本合理的自由市場。美國堅持採用營利導向的私營模式，其實是遠遠落後時代潮流的。美國大眾只能被迫接受這種過時又不公平的系統所強迫推銷的昂貴價格。

一個社會的資金若是無限的，只要治療有其道理，而且窮人不會被排除在外，即使持續對每個人做昂貴的檢查，並支付醫生和醫療業高層豐厚的薪資，也不會出什麼問題。畢竟，多數人所想的完善醫療照護就是這個樣子，而且多多益善。然而，問題遠遠複雜得多。隨著人口老化，期望升高，以及新科技和藥物為以前未發現或無法醫治的病症創造出更多檢查和療法以後，世界各地的醫療支出持續增加。無論一國投入多少資金，醫療照護永遠都是無底洞，你想做的事情總是愈來愈多。事實上，我們現在做的事情，遠比幾十年前或幾年前都來得多。但那正是二十一世紀的現代國家需要確保資金應用妥當的原因——亦即確保社會為有效的醫療照護支付合理的金額，而且相關的標準都很清楚透明。

如果美國隨便揮霍開支的方式，確實創造出大幅提升醫療品質的動機，或許那樣做是合情合理的。但北歐國家的經驗，以及其他有國營健保制度的先進社會顯示，事實並非如此。北歐國家的醫療照護跟美國一樣好，或甚至更好。

由於美國醫療開支的成長速度，超過了整體美國經濟的成長速度，也比多數美國家庭的收入成長快了很多，美國人基本上已經負擔不起那樣的制度了。這實在很諷刺，未來新科技和藥物不斷出現，但多數美國人反而好像回歸到遙遠的過往，只有有錢人負擔得起醫療照護。二〇一五年，聯邦基金會的報告指出：「雇主為了降低提供健保的成本，利用提高自付額和掛號費的方式，來增加員工的保費提撥額。這導致員工必須為健保支付更多保費，卻獲得較少的財務保障。」

在二〇一三年為止的十年間，雇主贊助的健保保費成長率是薪資成長率的三倍[46]；員工的保費提撥額和自付額都加倍了。因此，相較於十年前，美國人被迫花更高比例的薪資在醫療照護上。原本為了幫助消費者的體系，卻反過來壓迫消費者，讓他們的生活都拮据起來。

遺憾的是，很多美國人直到生病以後，才發現這些真相。

二〇一四年，德州奧斯汀市的四十八歲護士珍妮，診斷出罹患第三期大腸癌。醫生馬上幫她安排一套複雜的療程，她因此住院了近兩個月。接著，她又做了放射治療並動了幾次手術，之後又做了十二次化療。治療很痛苦，她必須長期忍受極度難受的感覺。然而，死亡的威脅一直都在，也對她的先生和小女兒帶來很大衝擊。除此之外，還要應付健康保險帶來的

45 — 美國醫療保險的稅收和資金：Gruber; Horpedahl; Rae。

46 — 美國員工健保費增加：Commonwealth, *Why Are*; IOM, *America's*; Osborn, *The Commonwealth*; Schoen; Swift。

夢魘。

珍妮診斷出罹癌時，她是透過先生的雇主加保。那是一家全國性的大型保險公司，健保涵蓋的範圍還不錯，多年來全家人都很認真地注意健康，每半年洗牙一次，帶女兒做年度健檢，從未遇到什麼嚴重問題。珍妮開始接受治療後，起初看起來也沒問題。他們只需要付掛號費和一些小費用，保險涵蓋了多數醫療費。

珍妮出院及動了幾次手術以後，需要持續進行追蹤照護，身上還有幾個開放性的傷口需要癒合，並接上了導管和靜脈注射線，仍承受著劇痛。她住院期間，先生已經請假照顧她了，如今需要返回位於外縣市的工作崗位。她沒有直系親人可以幫她處理一切，所以她聯繫一間居家醫療照護公司，提供他們保險資訊，開始接受他們的照護。但三個月後，保險公司通知她，雖然保險通常涵蓋居家照護，但她找的那家業者並未事先向保險公司取得授權，所以保險公司拒絕支付照護費用。

約莫同一時間，珍妮也做了化療。長達數個月的療程進行一半時，她注意到一個奇怪的現象：保險公司寄來的單據裡，現在寫她每做一輪化療都要自付一萬五千美元。於是，在無預警下，前幾次去腫瘤中心接受治療的帳單總計高達六萬美元。

珍妮大吃一驚，推想應該是保險出了問題。她開始進行化療一個月後，先生的雇主決定更換員工的健保方案，雖然還是跟同一家保險公司投保，但內容變了。珍妮和先生有收到雇主的通知，但由於保險公司沒變，之前獲得的保險給付一直不錯，再加上他們忙於處於其他事務，就沒有細看新的保險方案在涵蓋的醫生方面是否有改變。偏偏新的方案不涵蓋珍妮一直以來求診的腫瘤科醫生和輸液中心。腫瘤中心也沒有人告知她這點，直到帳單累積了數萬美元，她才曉得這件事。

後來，珍妮的先生遭到解雇，家裡頓失經濟來源，也面臨醫療保險即將跟著消失的困境。先生的雇主同意繼續支付保費六個月，但之後他們必須靠自己投保。

我訪問珍妮時，是她最初診斷出罹癌後約一年，那時她的化療快結束，至於她的健康狀況，所幸看起來正慢慢恢復中。她的先生也找到了新工作，有新的健保，只是換了一家保險公司，但珍妮仍然為了釐清她和原來那家保險公司的舊帳而吃足苦頭，她告訴我：「每當在信箱看到他們又寄來信件，我就心一沉。」

這時她從保險公司收到的帳單已經有數十張，裡面充滿令人費解的代碼和混淆的收費。珍妮告訴我：「我可以舉個例子，幫妳瞭解大致的情況。每次化療都有十四或十五項不同的費用。那些項目都是針對同一天的醫療，但收費不同，保險給付的方式也不同，每個項目通常有重複指定的保險代碼，或是同一天的醫療有多個不同的代碼。」珍妮有力氣時，她會花無數小時細看那些單據，接著再花更多時間，打電話去處理那些天價的費用。她讓我看一些單據，光是看那些單據就足以讓我頭昏腦脹。

為了避免醫療照護中斷，珍妮現在是以每月分期刷卡付款的方式，支付腫瘤中心的帳單，每個月的分期付款金額是數千美元。一個病患權益團體幫她和保險公司達成某種協議，她仍不知道最後她還欠多少錢，她也避免去算總額，因為那打擊太大了。「實在很令人沮喪，很可怕。」她說，「保險給付毫無準則，沒有人知道各項治療的費用是多少錢。每筆費用都毫無道理，彷彿罹患癌症及失業還不夠悽慘似的。」

我訪問珍妮一段時間後，她收到一些好消息和壞消息。她持續向保險公司申訴後，保險公司終於同意把她的醫療照護者視為好像在保險範圍內，但只適用於某些日期。那表示，至少部分的化療費用會由保險公司給付，但她請的居家照護依然不涵蓋在內。雖然這項決定讓珍妮得以免付部分天價帳單，但這一切帶給她的折磨依然令她憤怒。這種事情本來就不該發生在有幸生活在富有國家、過著現代化生活的人身上。

我有一位芬蘭好友，她的先生也罹患大腸癌。他去芬蘭的公立醫療體系就醫時，芬蘭醫生竭盡所能地拯救他的生命，他在幾年內動了連串複雜的手術、住院並進行化療。醫生很坦白地告訴他，存活的機率並不高，但他們從未因此停止努力。一度，芬蘭享譽國際的傳奇神經外科醫生還為他動了腦部手術。必要時，地方政府也派照護幫手到他家照顧他。他生命結束前的那段日子，政府也為他支付了住在私人非營利安寧中心的費用。即使受到這麼多的照護，手術與化療所帶來的疲憊和虛脫依然令他和妻子及兩名幼子難以承受。

以他的例子來說，家庭的經濟狀況也是一大考量。雖然我的好友（患者的妻子）有工作，但患者診斷出罹癌後，只能間歇地工作。不過，他們仔細計算後，發現他們把妻子的收入、先生間歇性工作的收入，以及芬蘭公共體系的現金津貼加總起來，依然有足夠的錢可以維持以前雙薪時期的中產生活形態。他們從來不必擔心醫療帳單使他們債臺高築。

他們可以把心力集中在珍惜醫療所延長的有限壽命上，在他仍活著時盡心關愛彼此。

北歐醫療照護的經驗顯示，美國毫無理由不改換類似的作法，並以更低的成本提供更優質的照護。全民普遍享有的公共健保可以多種形式開始。聯邦政府或州政府可以透過新成立的健保交易所，推動公共健保方案。那種全民健保可以提供透明、公平的福利給任何想要投保的人。隨著投保者的增加，政府可以和醫療照護者協商更好的價格。這種概念並不新。事實上，美國提出這種公共選項很多次了，尤其是平價醫療法案剛推出的階段。有幾個民調顯示，一半或甚至絕大多數的美國人都贊成設立那種選項。

一些州政府和郡政府已經著手規畫[47]。例如，佛蒙特州準備採用類似加拿大的「單一支付者」制度。最近提出的方式是建立公共資助的保險，並於二〇一七年起，把所有居民都納入保險。但計畫啟動的幾年前，佛蒙特州的州長突然宣布，因成本考量而暫時放棄該計畫。有幾個州也提出改採類似方案的法案，包括麻州和俄亥俄州。加州有幾個郡持續努力打造公共健保方案，或擴大現有方案的效用。讓每個州自己建置健保系統，比聯邦政府直接提供全

47 — 美國人支持政府在健保扮演的角色：Balz; Gallup; Connelly; Pew Research Center, "Millennials," 35–36; Pew Research Center, "Political," 68–69。

民健保來得凌亂與複雜，但加拿大的公共健保體系也是由各省自己建置的。所以，美國各州的不同作法也許可以加速改革，並成為全國改革的實驗先鋒[48]。

短期內美國還能做什麼？美國到現在還沒有管制多數醫療和藥物的價格；在決定保險是否涵蓋時，也沒有考慮療效。這種情況如今看來愈來愈顯得狼狽。很多國家現在仍靠私營醫療機構和私營保險商來建置醫療照護體系，但是國家會負責規範他們的費率，就像規範其他公共事業的價格一樣（例如為電力公司設定電費），或者國家會和醫療機構及保險業者協商價格和基本的福利內容。在歐洲，醫藥價格是受到規範的，美國藥廠依然開心地販售商品，顯然藥廠認為繼續做那些生意很值得。藥廠警告，萬一他們在美國的獲利遭到縮減，那會降低他們的研發能力，但美國大藥廠的研發成本其實只占極大獲利的一小部分。藥廠花在廣告上的錢，遠比產品開發還多。事實上，美國也是少數准許處方藥直接對消費者打廣告的國家之一。誠如布里爾在《時代》報導中披露的，美國人根本沒有理由比其他國家的消費者支付更高的藥價，去補貼那些藥廠[49]。

想要改變美國目前的體系有很多作法，歐巴馬要求國會讓聯邦醫療保險的官員和藥廠協商價格，這其實是很合情合理的作法，沒想到卻是目前法律禁止的[50]。有幾個州考慮推過法案，要求藥廠提報成本並向公共機構證明定價的合理性[51]。隨著藥價的持續飆升，美國其實別無選擇，遲早必須跟上其他先進國家掌控成本的作法，那些措施可以作為改革的開始。

在美國推行公共醫療體系並實施更多規範，可為美國帶來極大效益。對雇主來說，全民健保可以讓市場競爭變得更公平，讓每個人在國內外都變得更有競爭力。相較於沒提供任何福利的公司，美國那些為員工提供健保的雇主，就像提供育嬰假一樣，相對不利。如果國外的競爭對手是來自有公共醫療照護體系的國家，他們較諸那些外國業者也處於劣勢。許多美國雇主已經暗示，他們寧可不提供健保，而是幫員工加薪或是資助他們自己去買健保[52]。歐巴馬健保強迫大型雇主提供健保，但明明提供全民健保可以讓雇主和員工更自由，不必為了獲得健保而受到就業的牽制。

對醫生來說，有定價及明確福利內容的統一公共體系，可以讓他們的工作更輕鬆。他們就不必花時間去瞭解病患的不同保險是否涵蓋某些醫療，也不必浪費時間處理許多保險公司和保險方案的單據。雖然北歐醫生抱怨他們必須因應官僚而且收入不夠，但我沒看過他們像美國的基礎醫療醫生和牙醫那樣，還要處理類似工廠生產線的流程。護士及口腔衛生師負責

48 — 美國建立公共醫療照護選項的努力：Associated Press, "Governor"; McDonough; Office of Senator Jamie Eldridge; Perkins; Varney; Wheaton。

49 — 藥廠的獲利、廣告和研發：Richard Anderson; Brill; Rosenthal, "The Soaring Cost."。

50 — 歐巴馬尋求協商醫藥價格：Morgan; Pear, "Obama."。

51 — 法律要求藥廠證明價格：Editorial Board; Silverman。

52 — 雇主不想提供健保給員工：Goldstein; Pear, "I.R.S."。

大部分的醫療工作，醫生或牙醫則是不斷地探頭到每個診療室裡幾分鐘，讓他們維持某個看診步調，以便賺取足夠的收入，付錢請行政助理來處理必要的保險索償。

對一般美國人來說，公共醫療照護可以在自由、自主、獨立等方面帶來很大的改善，不再受制於雇主，不再依賴家人，不再為了搞定健保給付或想辦法支付醫療帳單而投入無數時間。而在美國這個聲稱十足自由的國度，美國健保制度則像過時的災難，讓大家都失去上述的自由。不僅如此，社群也成了這個制度的另一個受害者。

二〇一一年共和黨的黨內總統大選辯論中，眾議員榮恩・保羅（Ron Paul）當時是角逐提名者之一。他是醫生，也是著名的自由主義派。他被問到，如果一個健康的三十歲男子，有不錯的工作，選擇不買健保，但後來突然陷入昏迷，需要六個月的重症醫療照護，那應該由誰支付醫療帳單？保羅回應：「那不正是自由的意義嗎？自己承擔風險。」那場辯論會的主持人是CNN的主播沃夫・布利策（Wolf Blitzer），他請保羅進一步說明：社會真的應該讓他自生自滅嗎？這次則是台下的觀眾幫保羅回答，熱情大喊：「對！」[53]

當我一聽到觀眾贊成「讓他自生自滅」的言論，簡直氣炸了。怎麼會有文明人抱持那種想法呢？幾年後，我明白原因了。那時我已經在美國付錢買健保幾年，仍經常為個人的財務狀況感到不安，我碰巧看到一篇文章提到，一個自雇者有能力負擔健保費，但選擇不投保，後來才發現自己罹患末期攝護腺癌。諷刺的是，癌症之所以沒有提早發現，正是因為他擔心檢查費用很高，而遲遲不去檢查。他在那篇文章中坦言，他以前很愚蠢，並對那家願意醫治他及不收大部分醫療費的醫院表達深切感激，原本醫療費累積下來已達五十萬美元[54]。

我看了那篇文章後，開始明白幾年前那位觀眾的想法。積欠的醫療費到最後不是由納稅人負擔（政府會補貼提供慈善照護的醫院）[55]，就是由其他人承擔（醫院提高醫療費來支應其他損失，或是保險公司提高保費來支應較高的給付）。那個人自己選擇不投保，為什麼我要幫他承擔費用？但是在芬蘭，我從來沒那樣想過。美國目前的制度不僅讓人難以獲得優質的醫療照護，也導致整個社會四分五裂。

以累進所得稅資助的醫療體系，確保每個人根據其能力貢獻一己之力，也使醫療照護決定變成國家民主的一部分，讓全民擁有這個體系。如果政府大舉提高稅率以支應醫療照護的成本，卻沒有改善醫療品質，大家會群起反抗。但是私營保險公司每年都大幅提高保費[56]，大家頂多也只能抱怨，無法做什麼。而且在美國，這種事情經常發生。

我訪問北歐公民，請他們談醫療照護時，我發現他們都很清楚監控成本以及提供醫療給

53 — 保羅談是否讓未投保者自生自滅：RonPaul2008dotcom。

54 — 自雇者有能力負擔健保費，但選擇不投保，結果罹癌的故事：Kristof, "A Possibly."。

55 — 積欠的醫療費由納稅人負擔：Brill; Goodnough, "Hospitals."。

56 — 保險公司提高保費：Pear, "Health Insurance"; Schoen。

貧困者的必要。由於他們覺得花錢支持這個制度的目的，是為了讓病人獲得公平的對待，他們也覺得自己有必要為這個制度負責。在美國，民眾普遍的觀感似乎正好相反：保險公司是老百姓的敵人，所以應該想盡辦法從他們身上拿回金錢。一位醫療照護的研究人員描述她找來一些美國民眾做焦點團體訪談，她說他們對保險公司「幾乎是同仇敵愾」[57]，而且顯然打定主意就是要選最貴的醫療，讓保險公司幫他們支付。如果你覺得體制對你不公，你會覺得沒必要公平回應。

美國人很難意識到他們缺了什麼。歐洲人可能對自己國家的醫療體系感到驕傲，甚至產生愛國心，因為那是他們納稅支持的制度，他們真心覺得那個制度是他們創造出來的，也是為他們打造的。萬一體制運作不當，他們會猛烈地批評，要求改變。成功打造卓越的醫療照護體系，跟其他卓越的國家成就一樣，無論是奪得奧運金牌，或是讓人類登陸月球。美國人也可以產生那樣的自豪，尤其多數美國人也都想要公共醫療照護，特別是年輕的一代。皮尤研究中心的報告指出，一半以上的千禧世代認為，確保所有美國人都享有健保是聯邦政府的責任[58]。像美國這樣的泱泱大國，沒有理由達不到這點，連布吉納法索都已經通過全民健保的試行法案了。

各國的健保差異，讓我想起網路上曾經流傳的一則笑話，取笑熱門美國影集《絕命毒師》（Breaking Bad）的劇情設定。故事一開始交代主角沃特．懷特（Walter White）是高中化學老師，發現自己罹患癌症，但保險不給付他的醫療費用。沃特需要十萬美元的醫藥費，因此想出自製冰毒，販售獲利的計畫。網路上那個笑話則描述這部影集在有全民健保的國家會怎麼演，好比假如場景換成加拿大，醫生告知沃特罹癌的消息時，他會說：「你得癌症了，下週開始治療。」

劇終。

57 — 美國人仇視保險公司：Andrews。

58 — 千禧世代看待健保的態度：Pew Research Center, "Millennials."。

SIX

民有，民治，民享

Of Us, by Us, and for Us

問國家能為你做什麼

Go Ahead:
Ask What Your Country Can Do for Youe

06

是救濟，還是福祉？

我來美國以前，從來沒聽過「大政府」這個說法。我知道，你一定在想，「社會主義」歐洲國家由政府主導一切，舉凡兒童照護、教育、醫療等等都是由政府安排，我來自那種國家，竟然會不知道什麼是大政府？！不過更奇怪的是，以前我也沒聽過「福利國家」這種說法。這個詞令許多美國人聽了都不禁退避三舍。我後來得知，福利國家盛產「福利濫用者」，亦即專靠國家福利及他人的貢獻生存於世，自己好吃懶做的人。二〇一二年總統大選期間，候選人羅姆尼在不加思索下透露，美國符合上述特質的福利濫用者多達47%[1]。糧食券往往被視為這種人的另一種象徵。在共和黨的總統初選期間，紐特．金瑞契（Newt Gingrich）表示，他願意去對非裔美國人的協會演講，演講主題是呼籲他們應該要求薪資，而不是糧食券[2]。他那番說法只是在表達一種大家普遍認同的觀點。

羅姆尼在批評歐巴馬總統、質疑他是否是真的美國人時，又進一步發揮了那個概念。他在某次初選辯論會中說，美國有位總統「想把我們變成歐洲那種福利國家，由政府取得一些人的財富，發給其他人。」接著又說：「那將會扼殺美國發展蓬勃未來、保障人民自由、賦予我們獨立宣言及憲法上那些權利的能力。我認為美國應該以機會和自由為基礎，而不是歐巴馬總統主張的那種社會福利國家。[3]」那種說法令我聽得一頭霧水，後來我才逐漸明白，美國所謂的「福利」（welfare）是指靠福利救濟（on welfare），換句話說，就是窮困、失業、成為社會的包袱。

相較之下，以我的芬蘭語為例（我先提醒你，芬蘭語寫出來看起來很瘋狂），我們最接近「福利國家」（welfare state）的說法是hyvinvointivaltio。不過，這個字實際上是指「福祉國家」（well-being state）。若是指「靠福利救濟」，則是另一個截然不同的字，saada toimeentulotukea，意指為了勉強生存而獲得資助。二〇一三年，芬蘭人口中，領取這類萬不得已補助的人僅占7%。那種福利其實無法完全和美國的糧食券相提並論，但相較之下，二〇一三年美國人領某種形式糧食券的比例是15%，亦即芬蘭福利救濟比例的兩倍多。此外，芬蘭勞動人口的就業比例也比美國高。以這些比例來看，其實有點難以界定哪個國家比較像「福利國家」。

對北歐公民來說，我們聽到「福祉國家」這個說法時，不會馬上聯想到遊手好閒者領取補助金。我們的福祉國家是為了確保所有人民都有享受福祉（亦即追求幸福、享受自由、達到成功）的平等機會。那個詞帶有非常正面的意義，不是「大政府」施捨的東西。那是我們

1 二〇一二年五月十七日，羅姆尼在佛羅里達州的私人籌款會上演講，他說：「有47%的選民，不管怎樣都會投票。有47%會投票給他，因為他們依賴政府，覺得自己是受害著，覺得政府有責任照顧他們，有權享有醫療照護、食物、住房等等，那是一種應得的權利，是政府該給他們的……這些人都沒有繳所得稅。」參見Mojo News Team。

2 金瑞契談糧食券：Byers。

3 「那將會扼殺美國的能力」："Republican Candidates."。

透過自己的努力，透過納稅的方式，為自己實現的理想。

當然，說到稅賦，多數美國人的心中馬上警鈴大作，因為他們聽說歐洲的稅率遠比美國高，尤其是北歐國家。那我們仔細來看看。去年我住在芬蘭時，是全職的雜誌編輯，年薪約67130美元，比芬蘭的年收入中位數高出許多。從所得中扣除一些標準扣除額以後，我的應稅所得是61990美元。所以我繳了多少稅呢？國家稅和地方稅總計是18973美元，亦即30.6%。

在大家對這個數字下結論以前，請記得，我除了繳納那筆稅金以外，其他需要再繳的林林總總費用很少。例如，芬蘭財產稅的影響遠比美國的財產稅小[4]。我在芬蘭納稅後，可以獲得以下福利：順利運作的全方位健保；一整年部分給付的失能假；每生一個小孩可享有近一年的帶薪產假，如果我或孩子的父親選擇休更長的育嬰假，我還可以每月領一筆較少的津貼，足足領兩年；平價的日托服務；全球最好的義務教育體系；免費的大學和研究所。我在芬蘭繳的稅金不是用來發放給好吃懶作的福利濫用者，而是用來為**我**支付優質的服務。我自己覺得，這實在是物超所值。

而這個制度的祕密是：這是北歐國家每個人都享有的超值福利，所以這個體制顯然是為了大家的自身利益著想。我們這種福祉國家不像討厭的福利國家，加入這個體制不需要抱持無私無我的崇高理念，不需要為了幫助不幸者而犧牲自己的發展。這種制度支持你個人的自由、自主，以及每個人決定個人命運的能力，因為我們不需要靠父母、配偶或雇主的慷慨解囊，來取得醫療、教育、急難救助等基本服務以發揮潛力。除此之外，還有一個比較沒那麼具體的效益：參與這種讓人人機會平等的社會，還會讓你產生自豪與得意感。

美國人通常認為政府及其服務跟他們無關，甚至常提出反對。北歐人則是把政府及其服務視為人民創造出來的成果。福祉國家是民有、民治、民享的。即使芬蘭人經常為了福祉國家的最佳運作方式爭論不休，但大家之所以繼續採用這套模式，是因為他們看得出來大體上他們在全球是領先的，不僅集體領先，個體也領先。有錢人加入這個體系不是出於想要幫助弱勢者的無私渴望，而是因為他們想讓自己和周遭親友及同事的生活過得更好。

從北歐的觀點來看，美國公民其實也做了類似的選擇，尤其是在如何維護社會安全網方面，但許多美國人似乎不知道自己早就做了類似的選擇[5]。

---

4 — 我得先坦承，這個比較並未公平地衡量芬蘭和美國提供給公民的整體社會協助。例如，芬蘭每月自動發放兒童福利給有小孩的家庭。我這裡的主要目的，是要突顯出大家對「福利」國家抱持的負面觀點。那是根據二〇一三年 381851 名芬蘭人領 toimeentulotuki 以及 4770 萬美國人領糧食券的資料所做的比較。參見 Congressional Budget Office, *Supplemental*; Virtanen。

5 — 芬蘭和美國就業情況：就業率是計算就業人口占勞動適齡人口（十五至六十四歲）的比例。就業人口的定義是，上一週在有薪酬的崗位上至少工作一小時，或是衡量當週正好休假的人。二〇一〇年至二〇一二年，芬蘭的就業率是 69%，美國的就業率是 67%。其他的北歐國家表現更好：冰島是 79%，挪威是 76%，瑞典和丹麥均是 73%。參見 OECD, OECD Factbook, 132–133。

二〇一二年初，《紐約時報》調查了一個詭異的現象。在美國有些州裡，人民顯然因政府方案而受惠，但選民反而支持那些承諾刪減政府開支的共和黨候選人。一般人可能會推論，是那些州的富裕居民反對政府開支，因為他們不想讓那些好吃懶做的居民受惠。但實際上，投票支持刪減政府開支的，反而是生活最需要靠政府開支來改善的那些人。

記者訪問明尼蘇達州奇薩戈郡的低收入居民[6]，許多受訪者都說他們很生氣，為什麼呢？因為他們覺得政府浪費錢，把那些錢發給不該獲得補助的人。儘管很多受訪者有透過聯邦醫療保險、社會安全福利等方案領取補助，他們的小孩也在學校享有免費的營養午餐，但他們還是那樣想。他們似乎對自己依賴政府感到不滿，卻又不知道萬一少了那些補助，要如何生存下去。

奇薩戈縣的居民究竟是怎麼回事？儘管現實狀況已有巨大改變，美國人依然普遍覺得政府福利只是給窮人和懶人的。一九七九年，一半以上（54%）的政府福利是給年所得墊底的20%家庭。但是到了二〇〇七年，那個比例已降至34%。如今美國政府幫助最多的族群反而是中產階級。

為什麼美國的中產階級需要那麼多的幫助？前述的二十八年間，美國金字塔頂端1%的人，稅後收入成長了275%；但中產階級的收入只成長37%；金字塔底層20%的人，收入成長得更少，才18%，這也難怪許多勤奮的美國人開始入不敷出[7]。不過，更糟的是，儘管社會上有這種根深柢固的不平等現象，美國的中產階級、勞動階級、貧困階級還是一再被告知：

美國是個機會平等的社會。因此，當他們還需要政府資助才能過活時，他們會覺得很慚愧。

美國自我勾勒出來的形象，是一個公平公正的社會，你無法靠一己之力成功是可恥的。但實際上，窮人和中產階級先天就處於劣勢，結果就形成了一個大家都討厭的體制。許多資金是用來補助中產階級，但接受補助所衍生的恥辱感，讓人難以欣然接受或承認原先的美意。大家反而厭惡那個制度和補助，因為社會的施捨讓你感到羞愧。唯一的解脫方法是投票反對，即使那樣做會推翻幫你獲得補助的政策。

更糟的是，美國人已經很擅長一種可疑的技巧，康乃爾大學教授蘇珊・梅特勒（Suzanne Mettler）稱之為「隱性國家」（submerged state）[8]——透過私營企業或稅法來執行國家政策，而不是直接發政府津貼給需要的人，導致政府政策隱於無形。稅收扣除額、抵免、豁免等等，其實是政府以「少收稅金」的形式，資助特定的群體，類似直接發放現金補

---

6 《紐約時報》文章報導奇薩戈郡：Appelbaum。

7 美國家庭收入和福利分配：Congressional Budget Office, *Trends* 3, 21。

8 隱性國家：雖然「社會安全福利」是以政府支票的形式發放，但梅特勒指出，羅斯福政府刻意把那個制度塑造成類似私營保險，導致一些受益者比較無法感受到那是公共社會計畫。在梅特勒的研究中，44%領取社會安全給付的人表示，他們沒有使用政府的公共計畫。同樣的，52%使用孩童抵稅額、47%使用勞動所得稅扣抵制、64%享有雇主資助（所以免稅）健保的人，也說自己沒享用到任何公家福利。同樣情況也出現在43%獲得失業救濟金，以及40%獲得聯邦醫療保險的人身上。Mettler。

貼。不過，很多人感覺不到或不承認這項事實，即使他們明明獲得了政府的補助，卻誤以為他們一點利益也沒分到。美國的稅收異常複雜，很少人能真正瞭解稅法，並算出任一賦稅優惠帶給他們多少金額的實質效益，更遑論許多美國人還會花錢請專業人士幫他們報稅，這使他們更不了解會計的細節。

再加上，大家通常覺得課稅是拿走他們的錢，賦稅優惠和減免是理所當然的補償但還不夠，那樣的想法也使上述的觀感問題更加嚴重。相較之下，大家把現金補貼視為收到金錢，兩者實際上沒有差異，但觀感差異很大。以芬蘭的例子來說，家裡有小孩的芬蘭家庭，每月每個孩子可從政府領到一百美元以上的現金補助，芬蘭家庭都很清楚知道他們獲得什麼福利。但是美國是提供有小孩的家庭「勞動所得稅扣抵制」或「子女及撫養眷屬的抵稅額」，但很多受惠者並不瞭解那就是從政府獲得金錢補貼。

這種誤解在美國很普遍。梅特勒在一項研究中訪問一千四百名美國人，問他們是否用了政府的社會方案，57%的受訪者說沒有。接著，她又問他們是否使用二十一項聯邦政策中的任一項，包括托兒稅收抵免、勞動所得稅扣抵制、雇主資助（所以免稅）的健保、聯邦醫療保險、社會保障、失業保險、房貸利息抵扣、學生貸款。結果發現，否認使用政府方案的人中，有96%至少用過一項，那些受訪者平均用了四項福利。由此可見，美國人認定的政府方案受惠者和實際的受惠者之間顯然有脫節，這種認知脫節很容易使大家持續把「福利國家」污名化。

北歐人比較清楚知道他們繳的稅金是用來做什麼，而那也說明另一個更清楚的概念：為什麼一開始要有政府這個設計，以及政府的工作又是什麼。在芬蘭，我去公共醫療中心看醫生時，從來不覺得我是慷他人之慨，搭便車享受他人繳稅資助的福利。相反的，我覺得我繳稅時就已經為此付出了，我也知道萬一我罹患重病，我幾乎不需要再付額外費用，就能享有醫療的權利，因為我繳的稅也幫其他人分擔了醫療費用。正因為公共健保是全民加保，所以我覺得很公平，很正面。生活的其他面向也是如此，北歐政策的設計和執行目的，都很明顯是為了創造一個人人共享的福利社會。我從來不覺得參與這個明顯創造公平的體制很丟臉，而且更重要的是，那個制度顯然可以讓大家各憑實力出人頭地。

所以聽到美國批評歐洲模式很恐怖時，總是令人納悶。從北歐觀點來看，導致人民對政府產生不健康的依賴，反而是美國目前的模式。在芬蘭，政府的目標不是補助特定的人或群體，而是使整個社會的支持架構能夠公平。相較之下，美國現在很多明顯的方案是針對特定的族群設計的，很多情況下，那反而導致污名化。例如，老人的聯邦醫療保險、糧食券、學校營養午餐、窮人的醫療補助計畫（如今也包含許多以前的中產階級）。同時，沒有子女的年輕人和收入不錯的人卻從這些福利中得不到好處，即使他們確實享受了一些福利，也感受不到。富人則是獲得大量好處，可以鑽稅法漏洞來避免繳稅。

所以，北歐模式正好跟美國人提出的批評相反，不僅對多數人民比較好，也對整體經濟更好。

美國評論家和政治人物總覺得歐洲模式一無是處，他們說歐洲國家正邁向破產。我想回應這番批評，但是在這之前，我需要先談一些理論面。

當然，最近導致希臘、葡萄牙、西班牙等國受到重創的歐元區風暴相當慘烈，許多歐洲政府確實必須重新思考他們對社會某些部門的慷慨資助，以及有些國家的逃稅文化。不過，丹麥、瑞典、挪威這三個北歐國家（三者都不屬於歐元區）都安然度過了全球金融危機和歐元危機，狀況比其他歐洲國家好。冰島確實遇到不少困難，但那些問題不是政府福利浮濫所造成的，而是因為政府未能妥善監管冰島那些不負責任的民營化銀行，以及貨幣政策錯誤造成的[9]。除了冰島以外，其他北歐國家並未遭到全球金融危機的重創。

北歐經濟就像世界各國一樣，都有景氣循環週期，也跟其他國家一樣都會犯錯。一九八〇年代和一九九〇年代，北歐經歷嚴重衰退，主要是金融市場的法規鬆綁所造成的。以芬蘭為例，隔壁蘇聯的瓦解也是一個因素。後來，隨著歐元危機持續延燒，芬蘭身為歐元區的一員，也受到牽累。

不過，整體來說，在全球金融危機和歐元危機中，北歐地區其實仍是經濟活力、自由和穩定的避風港。北歐地區因為有穩健的基本服務，可以持續培育受過良好教育的勞工、技術先進的公司，壓低貿易壁壘，讓市場比較容易專注在商業上。在經濟競爭力或經濟自由度的國際排名上，北歐國家仍持續名列前茅，甚至超越美國[10]。

以近年芬蘭經歷的財政困難來看，難道是政府開支太多的結果？完全不是。國際組織的報告提到其他原因：出口需求疲軟、芬蘭人口老化、科技業的市占率下滑（手機巨擘諾基亞的隕落）、芬蘭林業的問題、勞力市場比較僵化。此外，芬蘭最近面臨的經濟挑戰，還有其他截然不同的原因：西方資本主義民主國家群起對抗俄羅斯，芬蘭成了首當其衝的犧牲者。美國和其他西方國家對俄羅斯實施經濟制裁，對普丁施壓。芬蘭在俄羅斯的隔壁，俄羅斯本來就是芬蘭的最大貿易夥伴，西方國家對俄羅斯的制裁導致芬蘭跟著遭殃。此外，還有更普遍的歐元問題，一九九九年芬蘭改用歐元後，就擺脫不了牽累。美國經濟學家和專家指出，儘管芬蘭的財政狀況完全沒有問題，但身為歐元區的成員國，它無法逕自讓貨幣貶值，只能承受經濟苦果。當然，芬蘭的產業確實需要振興，但歐元問題使經濟復甦變得更加困難[11]。

隨著芬蘭企業資遣員工和國家財政日益低迷，幾年前芬蘭獲得的國際讚譽，如今看來顯得有些過譽。芬蘭人自己也激烈地辯論該如何恢復成長，那些辯論也反映出全球各地正在爭論的主題：究竟該撙節緊縮，還是刺激成長？整體來說，芬蘭人是朝著緊縮方向發展，並刪減了一些福利，結果仍有待觀察。然而，這些特定的經濟動盪其實不是北歐模式身陷麻煩的

9 — 冰島的銀行危機：Icelandic Parliament。

10 — 北歐經濟競爭力、自由度和國家：Miller; OECD *Economic Surveys* for Denmark, Finland, Iceland, Norway, and Sweden; Schwab, *Global Competitiveness Report 2015–2016*。

11 — 歐元危機期間和之後的芬蘭經濟：Arnold, *Finland*; Irwin; Krugman, "Annoying"; Milne; Moody's; Moulds; O'Brien, *The Euro and Why*; Standard and Poor's, "Finland."。

指標，這點從其他不屬於歐元區、產業結構不同的北歐國家依然維持經濟穩健即可見得。

美國人通常以為北歐國家入不敷出，打腫臉充胖子，過著超乎自己財力的生活，但那也不是真的。北歐政府通常比美國政府更擅長平衡預算。二〇一四年，美國政府累積的債務超過GDP的100%，芬蘭的債務是GDP的70%，丹麥是60%，瑞典是50%，挪威稍微超過30%。二〇一三年，OECD國家的平均債務是GDP的109%。過去十年間，北歐最大的幾個國家都是處於預算盈餘的狀態；相反的，美國累積的預算赤字往往是OECD中最大的。[12]

北歐國家長期的財政穩健，最終而言，也是受到北歐式愛的理論所影響。北歐國家面對經濟衰退或其他問題時，一直很願意改革及削減社會方案，但他們從未因此放棄最終目標：支持個人的自主權和機會平等。讓雇主及勞工卸下與工作無關的財務義務（健保是最明顯的例子），勞工比較不會受到經濟變遷的風險所衝擊。如此保障個人的自由和獨立，已經證實是促進自由市場活力的良方，可以讓勞工變得更靈活也更有生產力。

此外，許多北歐的社會福利也有非社會主義的面向：它們其實讓大家更有動機努力工作。那是因為許多福利的多寡和個人所得有關，生病及失業時期的福利、帶薪育嬰假、還有退休福利等等都是如此。你的收入愈多，你休假及退休時也領的愈多。當然，那些福利都設有合理的限制，但制度的基本架構提供了強大的動機，使人民在可以勞動時更努力工作，以便無法勞動時，依然過著合理的舒適生活。這是北歐國家的有錢人通常也認同這個體系的原因，因為他們也是受惠者。

最後，北歐模式也常受到另一項批評：北歐國家當然可以輕易提供人民健保或教育，因為他們都是自然資源豐富、GDP高的富國。這番誤解大多是源自於大家對挪威這個特例的刻板印象，挪威最近變成蘊含寶貴石油和天然氣的地方。相反的，芬蘭除了森林和一些金屬以外，並沒有重要的天然資源。北歐人如今的財富大多是靠苦幹實幹累積出來的，他們開始打造福祉國家時並不富裕，連挪威的石油都是到一九六〇年代末期才開採出來的。

換句話說，北歐的中產階級並非不勞而獲，那些公共服務都是他們付錢打造出來的。除了挪威的石油和天然氣以外，北歐人民並沒有不勞而獲的財富，也沒有邪惡的共產黨人劫富濟貧。北歐國家顯示，打造強大的公共服務系統可以創造經濟成長，把每個人一生面臨的風險，包括生病、失業、年老，以及受教育過體面生活，集中在一套體制中，由每個人出資一起承擔，那是比每個人各自儲蓄以確保安穩及安度難關更有效率、也更實用的方式，尤其在這個全球經濟動盪及競爭的時代更是如此。

其實還有另一種說法。美國人認為大政府不是解決問題的最好方式，那樣說確實沒錯。北歐成功的祕訣不是靠大政府，而是靠精明的政府。而且許多美國人早就知道，政府小一些，更明智一些，才是美國迫切需要的。

---

12 不同國家的政府債務、GDP和赤字：OECD, *Government*, 58–59, 62–63; OECD, *National*, 25。

更小更明智

我在美國住了一陣子後，可以明白為什麼許多美國人討厭任何跟政府有關的東西。美國的郵政系統爛得一塌糊塗，稅法亂七八糟，美國國鐵（Amtrak）很少準時運行，道路坑坑窪窪，汽車監理所簡直是夢魘。雷根總統曾嘲諷：「英語中最嚇人的九個字是：『我來自公家機關，我來幫忙的。』」

美國公家機關的績效不彰，令北歐人震驚，但北歐人震驚的程度其實跟美國人差不多。二〇一三年，美國國會因無法通過預算案，選擇完全關閉整個聯邦政府的運作兩週以上，使八十萬名公務員被迫放無薪假，我看著事件的發展，跟全世界人一樣不解。發生那次政府停擺事件後，我看到一項調查顯示，美國人覺得根管治療、長頭蝨、結腸鏡檢查、蟑螂等等都比國會好[13]，坦白講，我開始理解為什麼他們會那樣想了。

對許多美國人來說，解決方案很顯而易見：儘可能淘汰公家機關就好了。美國人認為政府造成的問題，比解決的問題還多。他們這樣主張時，常引用強而有力的政治傳統來佐證。我們到底需要政府做什麼？

近四百年前，英國哲學家湯瑪斯．霍布斯（Thomas Hobbes）對這個問題提出了一種解答[14]。他在名著《利維坦》（*Leviathan*）裡寫道，人類很自然就會陷入持續爭鬥的狀態，所以需要一個獨裁者和強大國家——一種跟《聖經》裡的怪獸利維坦一樣強勢的國家——來制定法律和秩序以保障大家的安全。不過，霍布斯提出這套理念不久，法國哲學家盧梭（Jean-Jacques Rousseau）就指出，人民雖然需要放棄一些自由以換取法律和秩序，但是那不表示他們就必須服從統治者，人民自己也可以制定規範[15]。美國開國元勛受到那些概念的影響，把美國建立為民主共和國，並如林肯日後所言，打造了一個「民有、民治、民享的政府」。

所以，十八世紀末，美國針對政府存在的目的以及該扮演的角色，得出了一個前所未有的概念。歐洲國家持續受到獨裁專制的主權國家所管轄，新誕生的美利堅合眾國則是全球最民主平等的國家——當然，這裡有個很大的但書，亦即蓄奴制度。美國成為全球民主革命的領導者，逐漸淘汰舊政府的結構。到了十九世紀，另一位哲學家進一步啟發了美國：英國思想家約翰·斯圖亞特·彌爾（John Stuart Mill）。彌爾在《論自由》（*On Liberty*）一書中主張，只要人民有言論自由和交易自由，以及不受國家干涉的自由，他們就可以全憑實力論成敗[16]。一八三〇年代，法國人亞歷西斯·德·托克維爾（Alexis de Tocqueville）在經典著作

13 — 國會 vs. 蟑螂：Public Policy Polling。
14 — 霍布斯和人類爭鬥：Hobbes, 56, 81。
15 — 盧梭和人民法律：Rousseau。
16 — 彌爾談自由：Mill。

《民主在美國》（*Democracy in America*）中，描述美國對政府現代化的貢獻[17]。雖然很多民主的概念源自歐洲，如古希臘、啟蒙運動、法國大革命都是在歐洲，美國卻是第一個真正落實那些民主概念的現代國家。如今世界各地的人民都應該感謝美國帶來民主自治及有限政府的恆久遺澤。

如今我們已經跨入二十一世紀，有些人可能會問，是否值得思考一些新的政府概念。最近英國雜誌《經濟學人》的兩名編輯約翰·米克斯威特（John Micklethwaite）和亞德里安·伍爾得禮奇（Adrian Wooldridge）在《第四次國家革命》（*The Fourth Revolution: The Global Race to Reinvent the State*）裡，探討「重新思考政府」這項挑戰（《經濟學人》一向是主張自由市場政策及欣賞美國的刊物）。他們在書中深入探索彌爾這位深刻啟發美國的英國哲學家以及他的作品。如今彌爾那個「不受國家干涉」的概念依然啟發了很多美國人，他們都想盡量淘汰政府的服務。

然而，諷刺的是，彌爾在晚年也發現自己早年的想法有缺陷。彌爾之所以會改變心意，米克斯威特和伍爾得禮奇根據他對英國貧富不均的現象及社會問題所發表的評論，做出以下摘要：「當愚人就讀名校伊頓公學，天才卻只能做苦勞時，你如何評斷個人的實力？當個人唯有贏在人生的起跑點才能成功時，個人如何充分發揮潛力？」還有：「一個國家剝奪窮人接受妥善教育的權利時，是不是也阻礙了他的潛在幸福和自由？」[18]米克斯威特和伍爾得禮奇認為，彌爾個人理念的演化方式，充分顯現出兩種人之間的爭論：一種人覺得某些政府功能有礙自由，另一種人認為某些政府功能是為自由打造根基所必要的。彌爾其實是偏向後者的觀點，北歐國家也是如此。

說到政府的角色，另一個最受美國推崇的思想家是蘇格蘭哲學家亞當・斯密（Adam Smith）。他主張，每個人都為自己的利益行事時，資源會以對每個人最有利的方式分配，彷彿受到「看不見的手」的指引[19]。如今亞當・斯密的理論依然深受一些美國人的青睞，他們主張關閉公共服務，改採更優異的自由市場。

然而，亞當・斯密的問題和彌爾的問題很類似。亞當・斯密是十八世紀提出那套理論，但是隨著時間推移，許多觀察家和社會都發現，「看不見的手」遇到很大的技術困難——它並未像亞當・斯密預測的那樣運作。例如，米克斯威特和伍爾得禮奇提醒我們，工業革命時代的無情降臨，顯示自由市場經濟若要順利發展（也就是說，資本家想要繼續賺錢的話），工廠勞工就需要保護，疾病需要醫治，孩童需要教育。愈來愈多國家捨棄亞當・斯密理論那種過於簡化的詮釋，轉而支持政府應該擔負起更多裁判和捐助者的角色，幫忙確保進步。這個概念其實更適合因應迅速變遷的現代世界所面臨的複雜和挑戰。

---

17 — 托克維爾與美國民主：Tocqueville。

18 — 「你如何評斷」和「一個國家」：Micklethwait, 48, 56。

19 — 亞當・斯密和看不見的手：Smith。

英國身為彌爾和亞當．斯密的祖國，也是現代改採更細膩治理方式的領先國家之一。在二十世紀初，英國企業家的女兒畢爾翠絲．韋伯（Beatrice Webb）成為當今知名學府倫敦政經學院的創辦人之一，並針對英國政府寫下了一份劃時代的報告。為了讓英國變成更好的社會，韋伯提倡一個新概念：一個國家必須確保「一國文明生活的最低限度」，包括年幼者獲得溫飽和教育，病弱者獲得醫療照護，失能及年長者獲得收入，勞工獲得足以維生的薪資。這個概念後來變成北歐思維的關鍵要素。（貝佛里奇也是韋伯的支持者，後來英國採用了以他的名字命名的健保模式，隨後北歐國家亦跟進採用。）

美國也開始依循類似的想法發展，十九世紀所謂的「鍍金時代」（Gilded Age）創造出極大的貧富不均和不公平的現象，政府顯然必須採取一些措施，以避免美國退回貴族獨裁的黑暗時代，畢竟那是美國獨立戰爭努力掙脫的狀態。羅斯福總統的「新政」規範金融市場，設定最高工時和最低工資，資助公共建設專案，並推出糧食援助等計畫幫助失業者。（後來詹森總統的「大社會計畫」和「向貧窮宣戰」提升了政府在教育、醫療等重要領域的角色。）

然而進入二十世紀後，西方有些國家失控了：德國出現第三帝國和希特勒；蘇聯在共產主義過度擴張下，變成徹底的災難；連美國也開始走偏了，英國某種程度上也是如此。美國政府變得愈來愈大，雖然有些方案的成效卓然（例如社會保障機制），但很多方案變得太龐雜，運轉不靈，過度微觀管理太多不同的專案，囊括太多的領域，鎖定太多特定的群體，卻毫無增加機會平等的效益。米克斯威特和伍爾得禮奇指出：「簡單來講，大政府過度擴張了。[20]」這也難怪一九八〇年代雷根和柴契爾夫人出來承諾盡可能擺脫政府時，一舉吸引了許多人民的想像。從此以後，「大政府」在美國語彙中就成了貶義詞，而且有很好的理由。

問題是，許多美國人已經認定沒有所謂的中間地帶。也就是說，他們不但不容許「大」政府的存在，也不容許「明智」政府的存在，任何形式的政府都成了全民公敵。最近一項調查顯示，三分之一的美國人甚至認為，不久的將來為了避免政府干預，武裝反抗是必要的[21]。

或許正因為如此，美國人厭惡政府向他們要錢並不奇怪。

萬萬稅

二〇一一年美國總統初選開始時，我發現一位共和黨角逐者的理念深得我心，不禁為他加油。他是前德州州長、知名的反政府主義者瑞克．裴利（Rick Perry），他大聲疾呼我們應該設計一種明信片大小的極簡報稅單。我也想告訴他：芬蘭就是這樣！美國人也許覺得難以置信，但每年我都得填寫極其複雜的美國報稅單，實在非常懷念以前在芬蘭報稅的方式。

---

20 —「簡單來講」：Micklethwait, 87。

21 — 三分之一的美國人認為武裝反抗是必要的：Farleigh。

以前我的芬蘭報稅單只有一頁，而且寄來時已經列出我的所有收入和預先扣繳的稅金，包括我還需要再繳多少稅或可收到多少退稅。我只要檢查明細無誤，必要時加以更正就好。以前在芬蘭當上班族領薪水時，我通常只要瀏覽一下報稅單，什麼事也不必做。後來我當自由工作者時，需要填入工作上的支出，再寄回報稅單，即便如此，過程依然非常簡單。每個人無論婚姻狀況，都是個別課稅，至於共享的扣除額則是由配偶平分。

更令人驚訝的是，我這輩子老是聽說歐洲的稅金比美國的稅金高。我在美國繳完聯邦稅、州稅、城鎮稅、社會保障、聯邦醫療保險稅後，震驚地發現，我在美國繳交的稅金總額竟然那麼高。當然，不是每個美國人都要繳交城鎮稅，有些人也不必繳州稅，但很多人確實繳了許多財產稅。相較之下，芬蘭的財產稅只有美國財產稅的一小部分。二〇一一年，我在紐約市努力以自由記者的身分，開創個人事業的第二年底，我的收入扣除支出後只剩33900美元。我得到這個年度財務數據後，坐下來仔細算了一下，發現我在紐約繳的稅比芬蘭還多，但獲得的福利少了很多[22]。我之前提過，在芬蘭，即使是自由工作者，我繳納的稅金也可以帶給我很多寶貴的福利，例如帶薪病假。如果我生下孩子，還可以享有帶薪產假及平價的日托服務。對自雇者來說，北歐國家的福利遠比美國好還有另一個原因：我在美國繳了那麼多稅以後，還需要花數千美元自己買健康保險。在芬蘭，基本醫療照護早就含在我繳交的稅金裡了。

當然，有不同收入來源（以及更好會計師！）的人，可能面臨的狀況不同。二〇一二年的總統大選，讓大家再次注意到美國稅法的詭異。當時大家發現羅姆尼和妻子在二〇一〇年賺了2170萬美元，但聯邦稅率只有14%，亦即一般年收八萬美元家庭的稅率。相對的，歐巴馬的收入是170萬美元，稅率約26%。這些計算不包含州稅或地方稅，但羅姆尼的稅率低是因為他的收入大多是來自投資，資本利得稅比薪資所得稅低[23]。

就像醫療照護體系一樣，比較不同國家的稅制，以及比較同一國家不同人在不同生活情況下所繳納的稅金，都是極其複雜的事。有些國家課稅很重，但是幾乎不課類似美國社會保障、聯邦醫療保險稅之類的薪資稅，有些國家則是正好相反。有的國家是每個人的所得稅率都一樣（亦即單一稅率），有些國家是採累進稅率。有些國家把焦點放在薪資課稅，有些是把焦點放在消費稅或財產稅。有些國家只有一項國家稅，有些是除了國家稅以外，還有地方稅。幾乎每個國家都對家有孩童的家庭課稅比單身的稅率低。由於有這麼多種稅法差異，國家之間和個人之間的稅賦比較，往往是不相容的，也令人混淆，甚至很容易刻意誤導。

好比，美國人往往以為一般北歐公民繳納的所得稅高達70%，然而事實不然。沒錯，一九八〇年代，瑞典最高的邊際稅率確實有那麼高，但後來已經大幅下滑，而且不是總收入

22 — 理論上，芬蘭創業者的育嬰假和病假不是由稅金支付的。法律要求所有自雇者投保創業者的退休保險，那裡面涵蓋了那些福利以及社會安全給付。不過，這些給付相當於美國的自雇稅，所以我把它們納入這些計算中。

23 — 羅姆尼和歐巴馬的稅率：Confessore; Leonhardt; Mullins; White House Office, *President Obama*。

都課那個稅率，而是超過某個高門檻的收入才課那個稅率。不過，光是比較稅率而不比較繳稅後所獲得的福利，那就沒什麼意義。甲國的某家庭可能繳稅40%，乙國的某家庭可能繳稅25%，但如果乙國的家庭需要再花25%的收入去支付健保和學費，但甲國的家庭不用，又假設兩國的服務品質相當，那麼甲國的家庭顯然是比較有利的。

所以北歐國家的人民究竟繳多少所得稅呢？OECD比較單身無小孩的個人，在三十四個已開發國家的平均稅率（包含聯邦和地方所得稅），連同員工提撥的社會保障。二〇一四年，丹麥的平均稅率是38.4%，屬第三高，但依然低於比利時和德國。芬蘭的平均稅率是30.7%，排名第九。接下來比較出乎意料，瑞典的稅率竟然低於OECD的平均稅率24.4%，也比美國的24.8%低[24]。這可能令人難以置信，尤其北歐人繳稅後獲得的福利遠比其他國家還多，但芬蘭人的所得稅與員工提撥額加總起來的平均稅率，只比美國人多6%；瑞典的平均稅率則比美國低。

整體而言，北歐國家的稅收相較於GDP的比例，確實比美國高。芬蘭、挪威、瑞典的雇主除了要支付員工薪水以外，公司提撥到員工社會保障的金額也比美國多。北歐對富人課的稅金比美國多，這也不令人意外。北歐對於食物、汽油、電器用品等消費品所課的稅也比較高，這有部分原因和一個北歐的理念有關：透過稅法對那些有害環境或人體健康的作法或產品課稅（例如耗油的汽車、酒類），從而達到明智的社會目標。

再次強調，除非我們詳列大家繳稅後所得到的福利，比較這些稅金其實沒有什麼意義。

北歐公民繳稅後所獲得的優質和可靠服務包括：全民公共健保、平價日托服務、全民免費教育、大方的帶薪病假、長達一年的帶薪育嬰假、養老金等等。這些服務在美國很容易就累積成數萬美元的額外稅後費用。重點是，對中產階級來說，你在美國的可支配所得，和你在北歐國家的可支配所得可能很接近，或者在北歐反而有更多可支配所得。

有兩個小孩的芬蘭人威爾曾住在紐約的威徹斯特（Westchester），後來搬回芬蘭，他說：「我覺得我在美國繳完所得稅和薪資稅後，有稍微多一點的可支配所得，但美國的財產稅實在太要命了。而且，在美國，我必須自己為養老存錢，在芬蘭不需要，因為有公共退休金。所以把上述的一切都考慮進去後，我覺得我在芬蘭的可支配所得比美國多。如果再計入油錢和伙食費，兩邊的可支配所得差不多，因為芬蘭的油錢和伙食費比較貴，但是美國的日托服務又比芬蘭還貴。」

不過，別忘了，等威爾的兩個孩子到了讀大學的年紀，這些算法又會出現什麼變化。以目前美國大學的學費來看，生活在北歐顯得特別有利。正因為如此，許多住在美國的北歐人在養兒育女後，選擇搬回祖國，因為祖國的生活實在比較輕鬆便宜。

24　不同國家的稅收：Lindbeck, 1297–98, 1301; OECD, Consumption chap. 5, 34–35, 120–30, 134, 140; OECD, *OECD Factbook*, 230–231; OECD, "Table 1.7"; OECD, *Taxing*, 19–24, 45, 129, 546; Tax Policy Center, "Historical."。

北歐和美國對稅金的態度迥異，不全然是因為稅金的運用不同，還有公平與否的問題。美國的稅法對富人比較有利，這對二十一世紀想要維持競爭力的國家來說都毫無道理。而且這個趨勢在過去數十年間日益惡化，這裡的問題不在於是否應該讓人富有，追求財富本來就是天經地義的事。這裡的問題在於生活**遠比其他人安穩**的美國人，為全民共享的基礎需求所貢獻的所得比例**遠比其他人少**。在北歐國家，大家都覺得富人貢獻較高比例是理所當然的。北歐的最高邊際所得稅率（包括國家稅和地方稅以及員工的社會保障提撥）約為50%。這個最高邊際稅率只套用在超過某個門檻的高所得上，二〇一四年各國的門檻不一，丹麥約63000美元，芬蘭約115000美元，而且是每個人分開計算。美國的最高稅率略低於北歐的多數國家（但比挪威和冰島還高），而且只套用在超過四十萬美元的收入[25]。

美國人聽到這些數字時，可能會覺得很可怕，但我們暫停一下，先看看那些稅賦政策究竟會影響到什麼人。我們幾乎可以肯定地說，如果美國改採芬蘭的最高邊際稅率，約95%的美國人都不會受到影響。根據二〇一一年稅務政策中心的計算，96%的美國個人年收入不到109000美元[26]。

絕大多數的美國人其實都認同北歐這種提高最高邊際稅率的作法。許多調查顯示，美國人覺得富人的稅率應該提高[27]，結果不僅沒提高，還降低了。二〇一二年參議院預算委員會的主席肯特·康拉德（Kent Conrad）表示：「美國金字塔頂層的有效稅率——計入排除額、扣除額、抵免和其他優惠後——大幅降低了。事實上，四百大富豪的有效稅率從一九八五年的近30%，下降到2008年的18.1%。[28]」

現在連許多有錢的美國人也認同康拉德的說法，並試圖找出提高稅率的方法。例如，億萬富豪巴菲特和小說家史蒂芬·金等名人都以讀者投書的方式，要求政府提高他們的稅率。如果國內每個人的稅率都很低，那也就算了，問題是歐巴馬提過，他和巴菲特的稅率都比他們的祕書還低[29]。

北歐國家清楚證明，即使富人和某些消費品的稅率較高，國家依然可以維持競爭力、富裕與安康。北歐社會的活力和財富其實拆穿了美國政治辯論裡常聽到的謊言：提高稅率，尤其是富人稅，會阻礙創業活動、創新和事業成長。刺激大家努力的最大誘因其實是相對財富，而非絕對財富，其他的誘因還包括地位、成就感、相對的生活品質。芬蘭跟其他國家一樣，也有討厭稅制及想辦法逃稅的人，但整體來說，北歐人覺得他們的體制或多或少是公平的。他們繳的稅金確實「物有所值」，富人也不例外，而且他們想賺得比鄰居還多也可以。美國的稅賦改革沒有理由達不到類似的結果，美國只需要有明智的政府就行了。

---

25 — 不同國家的最高邊際稅率：OECD, "Table 1.7."。
26 — 美國的收入分配：Tax Policy Center, "Distribution."。
27 — 美國人支持提高富人稅率：Newport; Ohlemacher; Parker, "Yes"; Steinhauser。
28 — 大富豪的有效稅率：Senate。
29 — 巴菲特和史蒂芬·金及歐巴馬談他們的稅率：Buffett, "A Minimum" and "Stop"; King; Lander。

告別「大政府」

若要一語道盡美國和北歐國家之間的差異，有一種說法是：美國有不公平的稅制和大政府，北歐國家則有公平的稅制和明智的政府。另一種說法是：美國還困在過去，北歐國家卻已經活在未來。《經濟學人》的編輯米克斯威特和伍爾得禮奇就是這樣說的。他們在著作的最後一單元裡，有一章的標題是〈未來先降臨的地方〉。他們直言不諱，說未來已經率先降臨在北歐國家，能從北歐經驗中學習最佳實務的國家都能受惠。

北歐國家能率先跨入未來，原因之一在於一九九〇年代發生金融危機後，他們著手改造政府，為二十一世紀孕育資本主義，使他們的政府不再那麼虛胖，變得更有效率，財政更理智。他們確實削減了公共支出和稅金，但也投資在人民身上。此外，他們為人民繳稅資助的服務提供了更多選擇，並創造新體制來培養產業。例如，丹麥如今以「彈性安全」（flexicurity）制度著稱[30]，那是為了幫企業適應迅速變遷的全球經濟而設計的，而且不會殃及人民。該制度允許雇主可以輕易解雇員工，但也保證失業者可領最多兩年的妥善福利，並幫忙另覓新職。

米克斯威特和伍爾得禮奇最欣賞的北歐國家是瑞典。首先，瑞典政府在景氣循環週期中，維持嚴格的預算盈餘（至少1%），並限制政府每個年度的開支。那個模式很靈活，允許經濟衰退期間增加支出，但規則很嚴格：景氣復甦時必須彌補之前的缺口[31]。

很多人以為北歐政府開支很虛胖，所以一定缺乏效率。那個誤解來自一個經常引用的統計數據，那個數據顯示北歐政府的開支相對於GDP的比例，遠大於美國的比例。北歐政府的開支相對於GDP的比例確實高出美國許多，因為他們運用稅收和政府開支來提供醫療照護、退休金、日托等服務，這些顯然都會增加政府開支，美國則是讓人民自己花錢去找私營業者提供服務。此外，這個指標其實不適合拿來比較效率，它只告訴我們政府花了多少錢，卻沒有提到那些開支的性質，畢竟不同政府花錢支應的服務並不相同。

比較效率的更好方法，是看每個國家在每個可比較的服務項目上有多少開支，不管那個服務是誰支付的。OECD做過這個比較，結果發現比較特定一組社會服務時（包括醫療、退休金、失業救濟金、兒童照護、孩童養育抵稅額等等），美國的開支相對於GDP的比例幾乎跟瑞典一樣。不僅如此，芬蘭、丹麥、挪威為同一組服務的支出相對於GDP的比例，還**低於**美國。這表示北歐國家在提供這些必要服務時，比美國更有效率——他們支出更少，但服務品質和結果在許多方面都和美國人獲得的一樣好，甚至更好[32]。

---

30 — 丹麥的「彈性安全」：Andersen。

31 — 瑞典經濟和預算規則：二〇一五年瑞典政府宣布，由於國家財政穩定，有盈餘可以投資，政府想調降預算盈餘規定。撰寫本書之際，此案仍在討論中。Duxbury; Regeringskansliet; OECD, *OECD Economic Surveys: Sweden*。

32 — 政府安排服務的開支占GDP的比例和效率：Adema; OECD, *Government*, 70–71。

整體來說，北歐成功的祕訣並不複雜。北歐社會只是認真看待政府的工作罷了。他們也會犯錯，遇到麻煩，但他們持續調整制度以尋求進步，努力追求收支平衡。他們證明，政府在提供社會服務方面，不是先天就比私營部門更沒效率。

在科技、科學、娛樂、創意產業方面，美國人向來領先群倫。但是在政府方面，至少他們目前看來是墊底的，但是說美國人沒有能力整頓政府又說不過去。讀過《民主在美國》的人都知道，早期美國政府的模式有多麼正確。

美國需要的不是更大的政府，而是為二十一世紀打造更明智的政府，更簡單，更透明，竭盡所能地提供基本的社會服務和規範，讓市場不受目前常見的特定力量干預。儘管當前社會的普遍氛圍是對美國政府感到失望，但那是完全可以實現的目標。事實上，美國各地已經可以看到許多有關明智政府的提案和行動。

州政府與地方政府所推動的新法律和政策，在美國許多地方已經有效迴避了聯邦政府所造成的政治僵局。許多州和城市在教育體制上創造了奇蹟，有些地方已經制定了育嬰假、最低工資，甚至醫療照護體系。透過州政府或地方政府的行動來限制金錢在政治上發揮的效用，可以進一步改變現況。

把國會選區的劃分交由獨立的委員會決定，可以阻止政治人物為自身利益操弄選區，並強迫他們關注更廣大的民意。限制國會內不同參與者的否決權，有助於設計更有效的立法。

善用科技可以使目前的政府服務變得更有效率。聯邦政府在主導許多服務方面，其實已經有不錯的成效，像是社會保障、聯邦醫療保險等等。儘管面臨重重挑戰，聯邦政府仍持續推行新的政策[33]。

有些人認為把富人的稅金提高到公平的比例，將會重創美國經濟。但是這個論點已經多次遭到推翻。一九九〇年代，柯林頓執政時曾經提高稅率，後來經濟蓬勃發展。美國政府可以從投資利得的稅率開始著手，把它提升到和薪資所得差不多，就像雷根執政時期一樣。或者，美國政府也可以通過所謂的「巴菲特法」（受到億萬富豪巴菲特的啟發），那可以確保所有年收超過百萬美元的人至少繳交30%的稅金[34]。又或者，政府可以乾脆消除稅法中的許多賦稅減免和漏洞，因為那些特殊優惠導致稅法變得非常複雜，只為富人帶來不公平的利益，卻讓其他人承受著繁重的負擔。

以上只是一些例子和想法。但是在這個率先實驗改善自由民主的國家，難道不該重新思考二十一世紀的政府嗎？所以你盡管問吧：問你的國家能為你做什麼。

33 — 美國明智政府的提案和努力：Paul Blumenthal; Chappell; Dorment; *Education Week*; Kaiser; National Conference, *Redistricting, State Family, and State Minimum*; National Employment Law Project, "City"; Teles; United for the People; White House Office, "White House Unveils"; Employment Development。

34 — 稅改提議：Brundage; Buffett, "A Minimum"; Krugman, "Taxes"; Nixon; Norris; White House, *Reforming*。

SEVEN

機會之地

The Lands of Opportunity

重振美國夢

Bring Back the American Dream

07

雙城計

那個男人穿了好幾層衣服，包括兩件褲子，滿臉鬍鬚，頭髮糾結成條，蓬頭垢面，自言自語，四周都是破爛的袋子，裡面裝著他的所有家當。接著，他直接尿在褲子裡。我們起身，移到更遠的地方，就像更早之前移開的人那樣。但是那臭味揮之不去，我必須掩住口鼻，才能抑制作嘔的感覺。

此情此景可能出現在狄更斯的小說裡，描述十九世紀的貧苦；也可能出現在一些貧困的第三世界國家。但實際上，它發生在我剛抵達美國不久，地點是在井然有序、還算乾淨的二十一世紀紐約市地鐵車廂內，那情景令我心煩不安了好幾天。我以前當然見過流浪漢，但我從未見過那樣徹底崩壞的人，至少在赫爾辛基的家鄉從未見過。

北歐國家也有精神病患、酗酒者、吸毒成癮者、失業者，但我無法想像有類似狀態的人，遊走在芬蘭首都或其他北歐城市的街頭。通常每個人都有安身之地，即使不是收容所，也有像樣的棲身之處。雖然公共場合偶爾會看到有人自言自語，但醫療照護系統協助的精神病患比美國多。我初來乍到紐約，就在地鐵上遇到那個流浪漢，讓我很早就明白一個道理：在美國，你真的只能完全靠自己。

後來我也習慣看到流浪漢了，便不再特別注意他們。我反而注意到另一個極端。

我開始在美國認識新朋友，有時會受邀去一些豪宅參加活動或聚會，那些豪宅有屋頂露台，或俯瞰曼哈頓天際線的華麗閣樓，或是數層樓的褐岩建築，還有後花園。我腦中開始出現新的運算，心想他們為何住得起這種地方？有些人是律師、醫生或金融從業人員，顯然日進斗金，但有些是藝術家、非營利組織的員工、或從事個人專案的自由工作者，他們那種豐饒的生活形態令我大惑不解，但是看到美國可以如此厚待才華洋溢的人，我除了驚嘆以外，也感到振奮。美國夢似乎仍風風火火，而且我也有機會實現。如果這些人能辦到，我當然也可以。

後來我才知道，這些過著高檔生活形態、但職業所得收入不高的人裡，很多都有不錯的家境。我想，不需要我這種歐洲人講明，大家也應該知道，繼承財富而非白手起家，正好和美國夢恰恰相反。美國之所以變成獨立國家，部分原因在於能夠拋棄古老國家根深柢固的貴族階層，確保美國人都有機會白手起家，靠一己之力奮鬥有成。

我遊歷過世界很多地方，曾在芬蘭、法國、澳洲住過。如今來到美國，我卻覺得自己彷彿不是抵達湯瑪斯·傑佛遜、林肯、金恩博士的家鄉，而是到了十九世紀充滿兩極現象的香蕉共和國，一邊有世代相傳的穩固財富、權勢和特權，另一邊則充斥著赤貧、無家可歸和不幸。對，聽起來很老套。但是再怎麼老套，依然是殘酷的事實。我從未見過如此醒目猖狂的貧富不均，至少在其他現代工業化國家沒見過。

北歐人很難理解在美國遇到的種種貧富落差現象。二〇一三年，美國二十五大避險基金的經理人每人都賺了近十億美元[1]，但美國家庭的年收入中位數仍一直停留在五萬美元左右[2]。同時，前往遊民收容所尋求協助的人數頻創新高，收容所人滿為患，而且很多人不是吸毒成癮或精神異常，而是打工家庭[3]。美國已經回到洛克菲勒、卡內基、《大亨小傳》那種年代，而且朝那個方向發展的趨勢毫無減緩的跡象。金融危機過後，金字塔頂層的收入迅速回升，但絕大多數美國人的收入幾乎毫無起色。二〇〇九到二〇一二年間，金字塔頂層1%的人囊括了全美九成以上的收入，這不是只跟金融危機有關的問題。近幾十年，美國富豪（頂層1%或甚至0.1%）囊括的全國收入比例大幅成長，其他美國人則是面臨收入停滯，甚至縮水的窘境[4]。

美國常用來解釋這些改變的原因，如今已是老生常談，例如全球化、自由貿易、法規鬆綁、新科技等等，這些因素讓最聰明的人才可以稱霸更大的領域並累積更多的財富[5]。如今比較常看到遠見過人的執行長掌管龐大的多國企業，而不是五十個高階管理者各自掌管較小的公司。現在最好的商品是全國販售，取代了在地商品。科技進步以及低階勞務外包到窮國後，已開發國家的員工需要日益專業化的技能。擁有那些技能的人就能受惠，欠缺技能的人只能受苦。在此同時，工作也變得更不穩定。隨著科技提高生產效率以及工會漸趨式微，兼職和低薪工作愈來愈常見。

不過，大家常提到的這些原因其實並不完整，世界上每個富國都在因應這些動盪改變，不是只有美國如此。但北歐國家等地的經驗卻截然不同，他們的政府以符合時代的明智政策，努力調整自己，以適應動盪的新未來。貧富落差加劇不只是源自於自由市場無可避免的改變，很多是特定的政策造成的，那些政策是可以直接改變的。儘管新時代需要對富人課較多的稅，但美國的稅法對富人比較有利。這種短視近利的變革，導致美國的社會政策從以前只需要資助社會底層，到現在變成連中產階級也需要資助。貧富差距在世界各地都變大了，但是美國的落差特別明顯，因為美國的稅收和政府服務，不像其他已開發國家那樣減輕市場變遷的衝擊。

像我這種來自北歐國家的觀察者，不是唯一對美國不合時宜的現況感到困惑的人，美國人自己也深感不解。一項研究請美國人估算美國目前的財富分配，結果受訪者都大幅低估了貧富差距。該研究請受訪者根據理想的貧富差距所產生的財富分配，來「打造更好的美國」。他們得出來的財富分配，遠比他們低估的實際分配公平很多。最後，研究人員讓受訪

---

1 《富比士》報導，二〇一三年收入最高的二十五大避險基金經理人，總共賺了243億美元。《Institutional Investor's Alpha》報導的數字是211.5億美元。所以每人十億美元是平均值，有人賺更多，有人賺較少。想要擠進前二十五名，至少年收入約三億美元。參見Taub; Vardi。

2 美國年收入中位數：DeNavas-Walt and Proctor, 5。

3 紐約人無家可歸：Feuer; Stewart。

4 美國的收入落差：Congressional Budget Office, *Trends*; Krugman, "The Undeserving"; National Employment Law Project, "Occupational"; Saez; Yellen。

5 解釋不平等加劇：Frank; OECD, *Divided*, 28–41。

者看兩個未具名國家的財富分配圓餅圖，並請他們挑選想加入哪個國家，前提是以所謂的「羅爾斯約束」（Rawls constraint）來判斷正義的社會：「思考這個問題時，想像你若是加入這個國家，將被隨機分配到某種財富層級，從最富有到最貧窮都有可能。」受訪者都不知道那兩張圓餅圖分別是哪兩國，有九成以上的美國人沒選美國的圓餅圖，而是選了瑞典的圓餅圖。[6]

一般美國人似乎遠比大家想像的，更認同「北歐式愛的理論」的基本理念。但美國和歐洲仍有一些人持續堅稱，二十一世紀的嚴重貧富落差是新常態，是科技進步無可避免的結果。實際上，幾乎所有的研究都顯示，在這個全球化、自由貿易、法規鬆綁、新科技顛覆傳統關係的超現代，從競爭中脫穎而出並將持續勝出的社會，是像北歐那種制定明智的政府政策以確保勞力健康的國家。隨著愈來愈多的人民需要高等教育，並於畢業後在現今的動態經濟中擔任自由工作者、創業，以及投入短期約聘與專案，北歐政府的模式才是一國勝出的關鍵。

然而，許多美國人堅持認為，貧富不均是無可避免、甚至是可取的狀態。這種想法是可以理解的，畢竟長期以來，美國是大家眼中人人有機會各憑實力出頭的地方，那正是美國夢的意義：靠一己之力發跡，白手起家。愈勤奮努力的人，自然報酬愈多。有些人遠比其他人富有也沒關係，只要每個人都有機會出人頭地就行了。問題是，說到機會，美國已經往另一個方向愈行愈遠了，成功的機會日益渺茫。

繼承效應

長久以來，美國以「機會之地」自居，但那究竟是什麼意思？量化機會的最好方法，是衡量社會的向上流動——人民提高生活水準，以及讓子女的未來過得比自己更好的能力。美國確實有一個令人自豪、源遠流長的流風遺澤：在大半的歷史中，為數百萬移民（包括我）提供了新生活。但調查一再顯示，美國社會的向上流動已經減弱，其他地方的向上流動則增強了，尤其是北歐地區。

關於這點，有不少令人信服的明確證據可以佐證。例如，以父子收入的相關性為例，加拿大教授邁爾斯·科拉克（Miles Corak）發現，在美國和英國這兩個流動**最弱**的社會裡，父輩享有的優勢中，有近一半會傳給成年的兒子，這並不是兒子自己勤奮努力有成的結果，而是因為出生時選對了人家。相反的，在北歐國家，這種不公平的優勢少了很多。這方面最常獲得各界引用的研究，是赫爾辛基大學的芬蘭經濟學家馬庫斯·詹提（Markus Jäntti）做的。他和同仁一起探索繼承的劣勢——換句話說，如果你出生貧戶，你出人頭地的機會比別人糟的程度。他們發現，在美國，出生最底層的人中，一輩子無法翻身的比例是40%；在北

6 — 美國人較喜歡瑞典的財富分配：Norton。

歐僅25%。[7]

兩者差異有一個直截了當的明確原因。一些研究顯示，貧富不均較小的社會，人民的向上流動較強。目前為止，美國依然陷在過去，說到機會均等，歐巴馬總統的經濟顧問艾倫．克魯格（Alan Krueger）提出「大亨曲線」（Great Gatsby Curve）一詞，以描述美國貧富不均的擴大和社會流動減弱之間的關連。在美國確實有可能白手起家，從底層翻身，但研究顯示，在美國白手起家遠比在其他富國來得困難。美國不再是機會之地，北歐才是。這個現實狀況促使英國工黨的黨魁米勒班在二〇一二年語出驚人地表示：「如果你想實現美國夢，那就去芬蘭吧。[8]」

美國夢崩潰的原因，掀起了諸多討論，但最明顯的罪魁禍首在於美國的收入、醫療照護、教育、家庭資源分布不均。原因一點也不奇怪：美國根本沒有像北歐國家那樣推動確保機會平等的基本公共政策。

在芬蘭，國家努力把教育統一成全民共享的優質K–12教育體系，產生了很大的影響。美國和芬蘭兩國的教育開支占GDP的比例可能一樣，但是誠如科拉克所言，這些教育開支若是投入優質的幼童教育，並讓全民都接受小學和中學教育，那會比投入只有少數人可獲得的優質私立大學教育，創造出更多的機會平等[9]。顯然芬蘭刻意採用前者的作法，以因應二十一世紀的挑戰。美國仍持續採用後者的作法，導致數百萬名學童嚴重受害。

平價醫療、日托、中小學和大學都有助於機會平等，但在美國，這種服務的取得不僅極其有限，近幾十年來更持續惡化。獲得良好教育變得日益困難與昂貴，美國的低收入戶遇到愈來愈多障礙，富人可為子女添購任何需要的輔具，包括購買書籍、培養嗜好、請家教、上私校、找良醫、靠關係。我很佩服一些美國人的過人成就，但事後深入瞭解時後發現，他們的父母也是同領域的佼佼者，而且財力雄厚。

事業有成的家長，灌輸子女類似的成功動力，當然無可厚非。但是社會若是由少數家庭囊括多數的財務及後勤資源，而且過程中這些家長還可以持續提供許多具體的優勢，那就另當別論了。在美國，我看到較多因家庭背景優渥而成功的例子，較少看到不受貧困阻礙，依然出類拔萃的實例。美國社會的各層級裡，有很多先天優異的多元人才，但是很多孩子的天賦並未被發掘出來並加以栽培，尤其是家境不好的孩子。換句話說，他們的天賦就這樣白白浪費了。

北歐國家覺得，無論那些孩子的出生背景，國家都沒有本錢浪費任何孩子的潛力。

---

7 收入不平等、機會平等和社會流動：Chetty; Corak, “Do Poor” and “Income Inequality”; Hertz; Jäntti; OECD, *Growing Unequal*; Pickett; interview with Markus Jäntti (Sept. 29, 2013.)。

8 米勒班談美國夢：Miliband。

9 芬蘭的學校改革和社會流動：一項研究發現，芬蘭廢除不同的升學管道，推出統一的公立學校制度後，父子收入的相關性減少了四分之一。參見 Pekkarinen。

前面提過，卡琳娜告訴我，她的先生放育嬰假時，與孩子培養了親密的關係，讓她如釋重負。但孩子又大了幾歲以後，他們家經歷了不幸的生離死別，她的先生罹癌過世。他生前沒有投保壽險，卡琳娜也缺乏其他的家庭援助，她只能一肩扛起房貸，獨自扶養兩名幼子。

這是很大的情緒打擊，若是換成美國的中產家庭遇到這種情況，可能還會變成可怕的財務衝擊。但是在芬蘭，卡琳娜設法走過了先生罹癌及死亡的低谷，並未因此產生任何負債。首先，當然，癌症治療沒有花很多醫藥費。先生過世後，她和子女從政府領到遺族撫慰金，還有一般家庭本來就享有的其他福利。她的孩子仍可繼續免費就讀優質的公立學校，也可以參與補助的課外社團活動。她的大兒子說，他想去外交官和富人居多的區域就讀英語教學的高中，他只要通過入學考試就能如願以償，不需要付學費，搭乘公共交通工具就能抵達學校。她的孩子持續參與他們自由選擇的嗜好：在公立泳池游泳，每週四到在地社團上四次柔道課，到學校使用健身房，到免費的市立體育館練習綜合格鬥。這些活動都不昂貴，因為那些設施大多是地方政府資助，開放讓所有居民共享的。未來，如果那兩個孩子想繼續讀大學，學費也是全免。此外，由於卡琳娜和她的先生都善用了健全的育嬰假，讓她在先生放假時繼續工作，所以她先生過世後，她還有扎實的自由職業生涯可以依靠。

喪夫之痛依然令卡琳娜悲痛欲絕，我深表同情，但也非常好奇。一度我問她，命運對她造成那麼大的衝擊時，芬蘭有社會政策可以支援她，這對她來說有什麼實質上的意義？「我是沒有家人和雇主可以從旁支援的最佳案例。」卡琳娜告訴我：「在北歐以外的其他地方，我的家庭生活和孩子的未來，更遑論我自己的經濟和社會地位，都會永遠徹底地改變。在芬蘭，可以說我只承受了生離死別的痛苦。若是在其他年代，我兒子的未來也會深受這個巨大悲劇的衝擊。」

這就是設計周全的社會政策來支持個人自主權、確保孩童的獨立、讓孩子的天賦可以充分發揮的意義。在美國，如果你夠幸運的話，也許你有私人資源可以幫你安度人生的重重挑戰。你也可能因為你知道自己相對於其他受苦者，擁有不公平的優勢，而感到自我懷疑。那會削弱你的自信，原本你可能以為自己的成功是全憑實力掙來的，以為個人命運完全操之在你手中。

我自己在芬蘭生活時，不僅為自己的成就感到自豪，也為我參與這個努力追求人人機會平等的社會契約而自豪。沒有人可以保護孩子不受喪親之痛的衝擊，或避免他們面對家人罹患心理疾病、身陷毒癮、暴力相向或陷入其他麻煩的創傷。孩童總是會在各種環境下成長，有些人的環境比較優渥，有些人比較匱乏。不過，我還是可為自己的成就感到滿意，因為我知道社會竭盡所能提供每個人同樣的機會（至少目前跟其他國家一樣多），而且相較於他人，我的個人成就完全是我憑實力獲得的，而不是因為我有幸運的家庭背景。

此外，我不必像如今許多美國人那樣只關注一件事——金錢——就能實現夢想。

中產階級的未來

有人說美國是世上最富有的國家之一，美國的中產階級是世上最富裕的中產階級。這句話的前半句依然成立，後半句曾經是真的，但如今已成過眼雲煙。有份研究探索過去三十五年間不同國家的所得資料，結果發現，加拿大中產家庭的稅後收入在二〇〇〇年原本還大幅落後美國，如今已高於美國。許多歐洲國家的收入中位數依然落後美國，但幾個國家在過去十年間大幅縮小了差距（包括挪威和瑞典）。這些趨勢並不令人訝異，儘管過去幾十年間美國的經濟大幅成長，二〇一三年美國典型家庭的收入並沒有比一九八八年高[10]。

美國窮人的現況更慘。位居社會底層20%的美國家庭，收入遠不及加拿大、瑞典、挪威、芬蘭或荷蘭的底層家庭。三十五年前的情況正好相反。

但這些數據僅透露出部分的真相。美國中產階級不僅稅後收入占全國總收入的比例縮水，還必須用那些錢來支應節節高升的醫療、托兒和教育費用。在北歐國家，無論人民賺得比美國的中低階級多或少，北歐人都不需要再撥出稅後收入去支應其他生活需求。美國依然提供機會讓有些人可以變得極其富有，但是對絕大多數的美國人來說，連舒適的中產階級生活都愈來愈難達到和維持了。

振興美國夢的方法眾所皆知，也依然存在。OECD建議採取三種步驟，以因應撼動勞力市場的改變：讓教育、醫療照護和日托服務變得容易獲得，以培育人力；創造更好的工作，提高薪資，尤其是收入較少的層級；運用設計完善的稅制，來減少貧富落差及增進機會平等[11]。

美國人已經準備好因應這些改變了。二〇一四年皮尤中心的調查顯示，美國受訪者認為，貧富差距擴大是對當今世界最大的威脅[12]，甚至超越了宗教、種族仇恨、或污染與環保問題。美國有些州和城市持續提高最低工資[13]。速食連鎖店開始提高員工的工資，有些地方甚至提高到時薪十五美元，依然有獲利。誠如諾貝爾經濟學獎得主保羅．克魯曼（Paul Krugman）所說的，美國其實有讓收入最多、財富最多的人貢獻較多稅金的悠久傳統[14]。

在因應貧富差距日益擴大方面，北歐國家為美國提供了明確的藍圖。另一位諾貝爾經濟學獎得主約瑟夫．史迪格里茲（Joseph Stiglitz）指出，瑞典、芬蘭、挪威的人均所得成長，至少都和美國一樣快，甚至更快，但貧富差距遠比美國小[15]。相較於美國的階級差異日益深

---

10 — 美國和其他國家的中產階級收入：DeNavas-Walt and Proctor, 23; Leonhardt and Quealy。

11 — OECD建議打擊不平等：OECD, *Divided*, 18–19。

12 — 美國人視不平等為最大威脅：Pew Research Center, "Middle Easterners."。

13 — 美國有些州和城市持續提高最低工資：National Conference, *State Minimum*; National Employment Law Project, "City."。

14 — 克魯曼談富人稅：Krugman, "Now That's."。

15 — 史迪格里茲談北歐國家：Stiglitz。

化，社會流動逐漸變得虛幻不實，北歐國家的向上流動則是穩健的事實。

打造這樣的架構，需要每個人都出點錢。沒錯，拜社會架構所賜而蓬勃發展的人，確實需要付出比別人多，那是因為富人的生活已經過得很好了，大家也知道財富超過某個程度以後，個人滿足感會逐漸遞減——這其實是很顯而易見的道理[16]，如今有愈來愈多的研究佐證這點。你在赫爾辛基或斯德哥爾摩的街道走個幾天，會看到有錢人開全新的ＢＭＷ、保時捷，甚至偶爾會看到法拉利。但你比較不會看到那裡的有錢人有四五台法拉利。坦白說，北歐人寧可享有更好的醫療照護和優良學校。

整體來說，北歐人支持這套架構，是因為那顯然很公平，而且通常運作得很好。芬蘭和北歐鄰國所做的，其實是身體力行美國只會空口白話宣稱的機會平等。如今的芬蘭人、挪威人或丹麥人遠比美國人更容易超越父母的社會經濟地位。這表示北歐人真的可以靠一己之力創造財富。北歐國家的政府就像裁判一樣，確保大環境的競爭平等以及大家遵守規範，讓市場自行決定誰得最高分。如果裁判會刻意暫停比賽，從領先者拿走幾分去補給落後者（有些美國人似乎認為北歐國家就是這樣），那當然沒有人想要比賽。正因為北歐國家不是那樣運作的，所以北歐人覺得北歐的體制對他們最有利。

儘管北歐式愛的理論也許讓北歐國家更有可能成功設計出優質的社會方案並有效地落實，但那些都不是北歐先天就有的特質。如今許多美國人對賦稅、貧富落差、機會不均等問題的看法，其實也反映出和北歐式愛的理論一樣的核心價值觀，而且他們也正努力設計更適合因應二十一世紀挑戰的政策。

美國仍是他國人民憧憬的地方，創造出世界上很多人只能夢想的生活方式，一種充滿個人自由、物質財富、多元選項（舉凡購物、宗教、生活形態等等）的生活。它持續接納移民，數百萬人在可望獲得機會和美好生活的吸引下來到美國。美國不該讓這些美好的根本特質消失，應該更努力維護這些特質。因為美國已經偏離自己的理想，而且現今美國人享有的機會確實比其他富國的人民少，這塊機會之地需要把機會挽回來。

16 — 財富與幸福：Lewis。

EIGHT

異乎尋常的經營之道

Business as Unusual

二十一世紀的公司經營

How to Run a Company in the Twenty-First Century

08

部落衝突與憤怒鳥

十月的這天，赫爾辛基的天氣糟透了，外頭陰雨不斷，整個世界似乎都籠罩在灰暗濕冷的斗篷裡。早上九點，我朝著一棟不起眼的辦公大樓走去，兩眼盯著濕答答的柏油路，想起了為什麼那麼多芬蘭人覺得漫長的冬天實在難熬。

不過，這天我推門進入那棟大樓以後，跨入了截然不同的世界——亮橙色的牆壁、鮮黃色和鮮綠色的椅子、粉紅色的窗簾、衣帽架旁邊擺了一堆球鞋，彷彿走進了滿屋青少年的地方，中間掛著超大白色字母拼組而成的方塊SUPERCELL[1]。最近這家公司宣布，日本電信巨擘軟銀（SoftBank）以十五億美元收購了該公司51%的股份，這對一家僅約一百名員工的線上遊戲新創公司來說，是為數不小的巨資。

就某些方面來說，超級胞（Supercell）的故事是世界各地新創企業的典型。二〇一〇年，六位經驗豐富的遊戲設計師一起在赫爾辛基創立這家公司，開發的第一款遊戲就失敗了，但二〇一二年夏天，他們為蘋果的iPad和iPhone推出名叫《卡通農場》（Hay Day）的遊戲，幾個月後又推出《部落衝突》（Clash of Clans）。這兩個遊戲一舉暴紅，在全球app排行榜上名列前茅，二〇一三年為超級胞公司賺進超過兩百萬美元。翌年，業績又更上層樓：營收翻了三倍，獲利翻了兩倍，美國在內的各國媒體都盛讚超級胞的商業模式。二〇一五年初，超級胞已經變成知名業者，足以花大錢請電影明星連恩·尼遜為《部落衝突》遊戲拍攝精美的美國超級盃廣告。

然而，對我來說，超級胞公司最有趣的地方在於，它推翻了美國人對北歐生活方式的長久誤解：北歐這種「保姆國家」只會扼殺主動進取的精神及創新。他們是這樣想的：由於北歐政府為人民打理好一切，導致人民變得被動，缺乏創意，更糟的是，連蓬勃生氣也遭到扼殺了。畢竟，過得那麼舒服又何必勤奮努力呢？如果企業老是承擔那麼高的稅率，員工享有那麼多的權利，公司怎麼可能成功，更遑論創新了？

北歐國家可能為中產階級創造了安穩的生活，為孩童創造了機會平等，但說到美式的創業精神，北歐這片土地確實彷如貧瘠的沙漠。事實上，根據前述的邏輯，超級胞根本是全球最大的失敗。

超級胞鼓勵員工下午五點下班，所有員工都享有認股權，不是只有創辦人和管理者獨享。他們是以小組方式運作，每個小組自主地開發遊戲，自己掌控小組的命運。如果小組覺得開發中的遊戲不夠好，即使淘汰半成品會使數個月以來投入的心血付諸東流，他們也在所不惜，可以自己作主，只需要跟公司其他人分享過程中學到什麼就好了。伊卡・帕納寧

1——譯註：字面意義是一種超級雷雨胞，狀似巨型螺旋狀雲團，但移動迅速且破壞力極強。

（Ilkka Paananen）是三十幾歲的連續創業者，他是超級胞的共同創辦人兼執行長。他認為超級胞的成功關鍵在於毫無官僚，由小而靈活的單位組成，還有樂於分享、執著、但各自獨立的員工——總之，就是在自主的定位上，培養合作的關係，這有點像「北歐式愛的理論」的企業版。

帕納寧覺得，在芬蘭創立及經營新創企業一點也不難。他告訴我：「芬蘭有優異的教育體系，絕佳的醫療照護。[2]」他逐一盤點了芬蘭的優點，「創立及經營企業所涉及的官僚微乎其微，這裡的基礎設施運作得很好。在我們這個產業裡，公共補助很充裕，可能是全球規畫最好的。芬蘭有強烈、直率的工作文化，努力追求品質。我們每天的上班時數也許比美國短，但我覺得我們不是以工時長取勝，而是以效率取勝。我認為美國人愛說的『工作與生活平衡』，是讓我們更有效率的原因。」帕納寧笑了，「還有什麼呢？我最先想到的就是這些。」

帕納寧所謂的「公共補助」，是指芬蘭設立了一個政府基金，專門投資研發和創新，以補償芬蘭的缺陷：缺乏私營的創投資金。當然，如今許多芬蘭公司從國外獲得不少資金。超級胞的早期投資者之一，是矽谷的創投業者艾速合夥事業（Accel Partners），這家創投公司的其他投資還包括Facebook和另一家開發出全球知名手機遊戲《憤怒鳥》的芬蘭遊戲公司羅維歐（Rovio）。

連據傳很高的芬蘭稅率，也沒有破壞帕納寧對芬蘭的觀感。他指出，芬蘭的公司營業稅其實比較低（二〇一五年芬蘭是20%，美國是39%）。而且芬蘭企業只要繳營業稅而已，不需要為員工提供健康保險或退休福利。美國企業除了營業稅以外，還要肩負起那兩大重擔。我造訪超級胞時，芬蘭總部共一百多名員工的事務，只需要兩名行政人員就能監督。超級胞必須為美國分公司多雇用兩名行政人員，但美國分公司才二十名員工。「歸結到底，這就是關鍵。」帕納寧說：「如果社會不處理這些事情，企業就必須負責處理。」如果美國那麼擔心扼殺冒險進取及創新精神，讓新創公司和企業別再承擔照顧美國人的重擔是很好的開始。

帕納寧很清楚美國的現實狀況，因為美國的遊戲公司數位巧克力（Digital Chocolate）收購他之前創立的公司後，他在數位巧克力任職多年。他還記得美國企業面臨的一大問題是：隨時都得努力留住員工。那不是因為他效勞的公司是很爛的雇主，而是因為美國社會迫使大家比較在乎金錢。在矽谷，員工總是在爭搶更好的工作機會，騎驢找馬，一獲得更好的工作機會就跳槽。在芬蘭，員工的選項可能比較少，但帕納寧認為芬蘭和美國之所以有這個差異，大多是因為北歐社會讓人更容易過好日子，不必經常擔心錢的問題。從雇主的觀點來看，這表示員工的忠誠度較高，只要他們喜歡那個工作，就比較可能長期待在一家公司裡。而對雇主來說，這也讓規畫變得更容易，又可以削減招募及培訓員工的成本。

因為有這種長期的觀點，員工即使休很長的帶薪長假（每年五週）或養兒育女後休育嬰

2 — 超級胞：Interview with Ilkka Paananen (Oct. 23, 2013); Junkkari; Kelly; Reuters; Saarinen, "Hurjaa" and "Supercell-miljonäärit"; Scott, "SoftBank" and "Supercell Revenue"; Wingfield。

假，帕納寧也覺得沒關係。「我是這樣想的，如果你雇用了一個非常有才華的人，他在某個時點想休假一年去陪孩子成長，公司為了這個原因而破壞雇傭關係非常可惜。長期來說，如果你的目標是和他一起共事二十年，放一年的假，又有多大差別呢？」

說到稅賦時，帕納寧和超級胞的同仁幾乎可以說是「北歐式愛的理論」的代言人了。帕納寧和同仁以高價把公司的部分股權賣給軟銀後，他們所做的一切，充分證明了他們以這個「重視人才投資」的社會為榮。他們慶祝軟銀收購案後，公開宣布他們不打算使用有錢人常用的會計伎倆來節稅。所以後來納稅時，帕納寧從二〇一三年共二・一五億美元的收入中，繳了六千九百萬美元的稅金，稅率是32%。（在芬蘭，資本收益稅也是低於薪資所得稅。）多數面臨類似情況的美國人（撇開巴菲特不談），可能會覺得帕納寧和他的同仁是傻瓜，才會平白讓政府收了那麼多稅金。但帕納寧對這件事情的看法很明確。他們取之於社會那麼多，首先是所有北歐人都享有的公平機會，接著是獲得新創企業的補助，還有受過良好教育的穩定人才，現在該是他們回饋的時候。對他們來說，能夠繳那麼多稅給國庫**也是**一大成就，而且感覺很棒。

當然，北歐國家也有一些社會菁英欠缺那麼高尚的情操，他們可能想盡辦法逃稅，甚至把居住地登記在海外。但帕納寧和同仁的公益熱忱在北歐並不罕見。

聽帕納寧這麼說，我想起更早前訪問的另一位北歐成功企業家：瑞典時尚品牌Acne

Studios的執行董事兼共同創辦人麥可・席勒（Mikael Schiller）。Acne的前衛服飾在全球販售，對年輕人與時尚界的影響力超過其規模。幾位創辦人從美國普普藝術家安迪・沃荷的工作室Factory之類的美國經典象徵擷取靈感，他們自己則是擅長展現類似藝術家的行為，同時賺取豐厚的利潤。《華爾街日報》曾以〈如何在時尚界輕鬆勝出〉一文報導他們[3]。Acne不打廣告，而是出版自己的藝術雜誌。席勒也像帕納寧一樣，認為提供良好教育、醫療照護、道路、寬頻等社會基礎設施是政府的首要之務。「那讓我們可以金錢以外的價值觀為基礎，自由地打造公司。」我去位於斯德哥爾摩老城區的時髦企業總部訪問他時，他這麼說：「賦稅方面，就像其他的一切一樣，簡化是關鍵。每個人都應該知道社會預期他們做什麼，規則不該一直改變。」

在公平性方面，席勒和帕納寧都表示，公司老闆的稅率比雇用的經理人還低時，可能對公司有害。那會削弱員工士氣，也對事業不利。他們也各自表示，即使稅法更公平會使他們的個人稅率提高，他們還是希望稅法更公平一點。

在衡量北歐企業家的角色時，不是每個人都像帕納寧和席勒那麼正面。在芬蘭，傳統產業的企業家抱怨雇用勞工的高成本，很多創業者渴望像鄰國愛沙尼亞那樣的低稅率。他們

3 《華爾街日報》報導Acne Studios：Yager。

經常提出的不滿包括開除員工很難，工會強勢，政府官僚，當然還有稅賦的問題。不過，帕納寧所言，無疑也是正確的。雖然北歐模式永遠有進步的空間，但不至於扼殺創新或創業精神，反而是驅動創新或創業的動力。

事實上，歷史已經證明那是毋庸置疑的。

幸福家庭年代的創新

北歐人創立及經營的公司和品牌享譽全球，好比瑞典有IKEA、H&M、Spotify、Volvo、Ericsson、以及食品包裝隨處可見的利樂包裝公司（Tetra Pak）等企業；丹麥有樂高（LEGO）、啤酒製造商嘉士伯（Carlsberg）、航運與能源巨擘快桅（Maersk）、全球最大藥廠之一諾和諾德（Novo Nordisk）等企業；網路視訊聊天公司Skype是由一個瑞典人和一個丹麥人在愛沙尼亞的工程師協助下創立的。芬蘭也不遑多讓，芬蘭企業諾基亞曾是全球最大的手機公司長達十多年，有陣子也是歐洲市值最大的公司。如今，芬蘭有全球最大的電梯製造商之一通力公司（KONE）[4]，員工人數四萬七千人。通力公司不只是製造業的巨擘，也是高科技的創新者，他們的產品促成創紀錄摩天大樓的興建，高度達一公里，是帝國大廈的兩倍高[5]。芬蘭的紙漿和造紙廠商斯道拉恩索（Stora Enso）和芬歐匯川集團

（UPM）也在全球各地營運。超級胞、羅維歐等新創業者，或是瑞典的莫強（Mojang，發行熱門電玩《當個創世神》〔*Minecraft*〕，二〇一四年微軟以二十五億美元收購這家公司）改變了線上遊戲業的風貌。在時尚業，Acne、丹麥的Malene Birger、芬蘭的Marimekko等規模小、但影響力強大的公司，在世界各地都有分店和愛好者。北歐設計、家具、建築在全球備受好評，更別說是最近突然變成大熱門的北歐犯罪小說和電視節目了。

以任何標準來看，北歐國家都創造出許多成功的國際企業和品牌，尤其對地理位置那麼偏遠的小國來說，更是難得。就像其他地方的企業一樣，有些北歐企業在經營一段時間後殞落了，有些甚至從未盈利就關門大吉，有些則是持續稱霸市場數十年。在自由市場、資本主義經濟中，這些都是很正常的現象。但有一點是明確的：允許員工在工作與家庭之間找到平衡，確保優質的普及教育，為每個孩子提供醫療照護和日托服務，抑制貧富不均等作法，不僅沒有破壞北歐人的創新能力，也沒有阻止他們打造企業王國，還讓他們在過程中變得更富有，有些甚至因此晉升富豪之列。

世界銀行根據創業、建築許可申請、融資取得、跨國貿易、執行合約或納稅等標準來排

4— 充分揭露：本書作者從通力基金會獲得非小說的寫作補助金。該基金會獨立於通力公司之外，每年提供兩千萬歐元以上的補助金，以推廣芬蘭的研究、藝術和文化。

5— 通力和摩天大樓：Davidson; *Economist*。

名一國對企業的友善度時[6]，北歐國家經常名列前茅。事實上，根據那些標準，美國人到丹麥創業還比較有利，因為二〇一五年丹麥的排名比美國高。瑞典、挪威和芬蘭緊跟在後，都名列前十名。

北歐國家在企業經營環境上表現得如此傑出，原因一點也不複雜。那是因為他們受到基本價值觀的啟發，想落實北歐式愛的理論，而審慎推出適切的政策：確保家庭是由堅強獨立的個體所組成，全家人以團隊的形式通力合作；勞工身心健康，受過良好教育，不過度依賴雇主；建設一流的基礎設施；機構透明化；司法體系符合公共利益；腐敗少；技術普及；交易自由；法規合理。換句話說，就是北歐國家培養了二十一世紀社會可獲得的最寶貴資源：人力資本。如此衍生的活力、創新和榮景就一點也不令人意外。

事實上，不管北歐創業家是否意識到這點，其實北歐模式特別努力支持創業者。從最基本的層面來說，北歐模式降低了創業的風險，因為新創企業無論成敗，政府都已經為創業者和他們的家庭提供教育、醫療照護等基本服務。如果創業者成功了，他獲得的獎勵是資本利得稅比薪資稅率低。北歐國家的雇主在招募員工時，面臨的員工保護確實比美國多，想開除員工也比較困難，還必須保障所有員工的基本權利，包括育嬰假、雇主提撥至員工社會保障的比例較高。但是在提供員工的基本保障方面，美國幾乎落後每個現代化國家。OECD比較各國解雇員工的難易時，美國幾乎在多數標準上，都是最不需要做任何考量就可以直接解雇員工的國家[7]。北歐企業還有另一個優勢是，可以「試用期」的方式招募員工。試用期可能持續幾個月或半年，那段期間企業有權以任何理由開除員工。

相較於美國，北歐創業者和企業面臨哪些劣勢呢？北歐的工會確實很強勢，但工會和雇主的關係，大多是合作及講理的。工會和雇主協商勞工合約時，向來會顧及雙方的共同利益：雇主應該與員工分享財富，以換取無罷工或其他問題的穩定生產排程。這些協商的結果是什麼樣子呢？善待員工是否對企業不利呢？

近幾年，工運人士努力爭取提高美國的最低工資，呼籲聯邦政府把最低時薪從7.25美元提高至15美元。在這項抗爭中，首當其衝的是速食業，因為速食業的員工通常時薪幾乎貼近法定最低工資。北歐國家沒有政府規定的全國性最低工資，最低工資是由集體談判協議設定的，所有雇主都必須遵守。例如，在丹麥，速食餐廳支付給員工的時薪約是二十美金；在芬蘭，二〇一四年麥當勞員工的平均時薪約十四美元。不僅如此，北歐國家的速食連鎖企業也必須跟其他企業一樣，提供員工帶薪假期及帶薪育嬰假。

這一切為消費者帶來多大的代價呢？在丹麥，一個麥香堡比美國貴約一美元。二〇一五年芬蘭和美國的麥香堡價格一樣。這種情況肯定已經壓垮北歐的速食業了吧？並沒有，相反

6 — 不同國家經營企業的難易度：World Bank。

7 — 不同國家解雇員工的難易度：OECD, *Employment*, 78。

的，每個北歐國家的速食業都蓬勃發展，從麥當勞到在地速食連鎖店都是如此。從北歐的觀點來看，難以持久維繫的不是北歐模式，而是美國模式遲早會崩潰瓦解。因為美國有半數以上的速食店員工需要依賴某種形式的公共援助才能維生。這表示美國的納稅人其實是在補貼美國的速食業，而且每年補貼的金額多達數十億美元。如果我們真要揪出實行社會主義的國家，美國看起來比任何國家更貼近那種狀態[8]。

不過，美國人往往難以理解，當每家北歐公司隨時都有員工縮短工時、休假或放育嬰假時，雇主如何打造一家有競爭力的企業，尤其撇開超級胞那種營收數十億美元的奇葩企業不談，其他的企業究竟是怎麼辦到的。

北歐企業在營運上有挑戰嗎？當然有。但是只要在組織上花點巧思，重視效率，維持競爭力並非難事。你只要問問他們怎麼做就知道了。

丹麥藥廠諾和諾德是全球最大的胰島素製造者，在全球七十五國都設有營業據點，共有四萬名員工，企業總部位於哥本哈根外某個地勢低平的工業園區。外觀看起來不太顯眼，但內部大廳是亮白色，擺了幾張有弧度的高腳桌，還有多盆水果讓來賓等候時享用。我和人力資源部的資深副總裁拉斯・克里斯欽・拉森（Lars Christian Lassen）坐下來時，助理為我們端上道地的丹麥午餐開放式三明治（smørrebrød）——在黑麥麵包片上鋪滿醃漬鮭魚和雞蛋的三明治。我是來請教拉森一個問題：丹麥企業在社會福利措施的要求下，肯定多多少少必須提供員工良好的福利，像諾和諾德這樣的企業如何和充滿活力及獲利豐厚的美國藥廠競爭呢？

拉森說：「那是挑戰，但確實可以辦到。」拉森看起來活力十足，頂著一頭亂髮，臉上掛著兩道滑稽的濃眉。他覺得北歐勞工的投入和獨立，彌補了他們放的多種假期。拉森告訴我：「我覺得我們的員工來上班，是真的有貢獻。」他也覺得，由於外界認為公司是一家理想的雇主，公司也因此受惠了。這方面他比誰都清楚，他本來是在哥本哈根大學攻讀醫學博士的學位，拿到博士學位後，來諾和諾德進行六個月的研究性休假，結果就這樣留下來了。我訪問他時，他已在諾和諾德任職二十年。

平時拉森若想趕回家幫兒子準備晚餐的話，下午四點就可以下班了。他家和多數的北歐夫妻一樣，妻子也在上班。不過，必要的話，他會等晚餐結束後，再回頭處理一些公務。員工享有的長期育嬰假確實對公司是一大挑戰，對員工的個人職業生涯也是挑戰，但那些假期並未影響事業或創新。拉森指出，放假一年其實比短期休假更容易安排，招募其他人來代理職務一整年並不難，尤其北歐企業又不必支付休假員工的薪水，育嬰假的薪水是政府用稅收補助的。只要提早告知放假的時間，公司也知道員工何時銷假上班，就能規畫未來。而且北歐員工確實會回來上班，相較之下，美國女性放完產假後還不見得會重返職場，因為美國的

8 — 速食連鎖業的最低時薪：二〇一五年八月，芬蘭的麥香堡售價是4.10歐元，美國是平均4.80美元。以當時的匯率換算，芬蘭的麥香堡約4.60美元。參見Alderman; Allegretto。

產假普遍都太短了。

「我們衡量員工的績效，不是看員工待在辦公室多久，而是看他們的成果。」拉森說：「這裡不會因為員工四點下班去接小孩就遭到開除，交不出工作成果才可能被開除。」

我聽過其他北歐管理者提過類似說法。我認識一位芬蘭女性，名叫維拉・希爾維斯（Veera Sylvius），她的工作壓力特別大。她是芬蘭太空系統公司（Space Systems Finland）的執行長兼共同業主，該公司負責一些極重要的任務，包括為衛星的運行撰寫軟體，檢查核能電廠、火車、其他高科技機器的電子安全系統等等。公司約有七十五名來自各國的員工，服務的客戶遍及歐洲和美國。她告訴我，任何時間，公司總有幾位男性和女性員工在放育嬰假，或是休假在家照顧生病的孩子。有些人可能請幾天假，有的人請一個月，還有些人請一整年。他們都是受過高等教育的工程師、物理學家或軟體開發者。但希爾維斯並不認為員工放假對她經營卓越企業是一項威脅。

「養兒育女並在工作之外好好過日子非常重要，大家都應該有權利那樣做。」她說：「有些雇主宣稱育嬰假對公司的負擔太重，但我覺得那不是真的。你的事業應該要有良好的體質，不會因為有人請假去照顧孩子就崩垮。如果你的事業連這點都做不到，你的商業模式或管理就有問題了。」

希爾維斯有兩個孩子，她為兩個孩子各放了約一年半的育嬰假。她的先生在軟體業工作，她放完育嬰假重返職場後，換先生繼續休六個月的育嬰假，在家帶他們的第一個孩子。

她和先生的工作負荷都很重，但兩人的事業持續蓬勃發展。

在丹麥，社會政策又進一步地進化，以幫助諾和諾德之類的公司在全球維持競爭力，同時保護員工的權利。丹麥創新推出的「彈性安全」制度，使招募和開除員工變得比較容易，但政府同時也保障失業者最多可領兩年的失業金，並提供職業再培訓及就業協助。對於這種作法對公司造成的成本與效益，諾和諾德的拉森也講得很坦白：「我們繳了很多稅金，但部分的稅金是用來確保失業者獲得基本的補助，你可以說這是我們和工會訂定的社會契約。」

在雇用海外人才方面，北歐模式可能是一種資產，也可能是一種障礙。有些外國人看到丹麥稅率那麼高就裹足不前，但丹麥其實允許外國研究者和重要員工繳較低的稅率幾年。不過，安穩、輕鬆、對家庭友善的生活方式，也是北歐國家的一大亮點。北歐的高階管理者賺得不像其他國家那麼多，但他們也不急著到海外找工作[9]。比起海外更高的薪資，他們似乎更在乎優質的生活。當然，還是有明顯的例外。為了逃避北歐高稅率而遠走他鄉的最有名例子，是IKEA的創辦人英格瓦．坎普拉（Ingvar Kamprad）。他於一九七〇年代遷居瑞士，以逃避瑞典的課稅，二〇一三年又回到瑞典。

拉森也提到，北歐的社會政策為員工提供了穩定的基礎，因此有鼓勵員工冒險的作用，

9 北歐高階管理者薪資：Pollard。

那有助於創新。員工就像創業者一樣，當他們幾乎不可能因為失敗或失業而流落街頭時，更有可能嘗試新的方法。創新可以來自許多類型的環境。顯然美國公司在全球是創新的佼佼者，那可能顯示創新不見得需要提供很好的員工福利，但值得注意的是，矽谷巨擘和藥廠都是以提供優渥的員工福利著稱。但是說到創新，北歐公司也不遑多讓，那證明更人性化的步調、彈性的工作實務，也一樣可以培養出創新。

北歐員工享有的靈活彈性之大，甚至連主張職場彈性的美國專家也難以想像。瑞典和挪威人享有的自由特別多，甚至比芬蘭人還多，他們的工作時間表令人費解。二〇一四年以前生下孩子的瑞典父母，可以共用四百八十天的帶薪育兒假（約十六個月），而且在孩子滿八歲以前，那四百八十天要怎麼排休都可以。後來規定稍微變了，如今的父母在孩子滿四歲以前，可以任意安排那四百八十天的育兒假，其中的五分之一育兒假可以在孩子滿十二歲以前休。雙親都必須至少休三個月，不然就失去自己專屬的那份福利。我認識的瑞典朋友大多把育兒假平均分攤在幾年內休掉，那幾年他們每週只上班兩三天；或是在例常假期之外，每年冬天多休一整個月；或是以各種組合夫妻輪休，而不是在小孩剛出生那幾年就把育兒假全部休完。他們必須提早兩三個月告知他們想要的休假方式，雇主不能拒絕。

我問管理一家小型數位公司的瑞典朋友克莉斯汀．海諾寧（Kristin Heinonen），公司面對那種休假規定時，要如何經營下去？她說：「真的沒有問題。」她想了一下又說：「那已經是大家習以為常的文化。我的公司通常運作得很順利，所以有人休假回來時，剛好換另一個人去休假。有時那樣反而有利，尤其前陣子經濟衰退期間，我們的工作量較少，兩三位同事剛好休部分或全部的育兒假，對公司也方便，因為公司的薪資支出不像以前那麼大。」

就每小時創造的GDP來說，美國人通常比較有生產力，但丹麥和瑞典的效率其實很接近美國[10]。（挪威有石油，所以就每小時創造的GDP來看，挪威比美國更有生產力。）至於芬蘭，我有點汗顏地坦承，我們的效率確實不如其他北歐國家。不過，就某些方面來說，美國認為工作少就是懶惰和缺乏效率的徵兆，那種想法其實是誤解。一家公司或一個國家營運良好時，會有更多財富可以分享，員工可以分得更多收入或更多閒暇時間。北歐人對閒暇的重視通常多於金錢，因為到了某個程度以後，北歐人知道休息比賺更多錢更可能過好日子。北歐人每年享有四到五週暑假，其實相當於雇主把十一個月的薪水分成十二個月發放。

從雇主的觀點來看，員工覺得閒暇比金錢重要，確實可能產生困擾。如果你必須把工作分給更多工時不固定的人來做，你就需要花更多心力規畫工作。在某些行業裡，員工投入工作的時數愈多，做起來愈熟練。所以一個人工作久一點，會比兩個人兼職做那個工作更好，尤其在需要廣泛培訓或罕見天賦的領域更是如此。在北歐國家，由於大學教育完全免費，從

10 — 不同國家每小時創造的GDP、每名員工的總工時、就業率：OECD, OECD *Compendium*, 23, *Hours*, and OECD *Factbook*, 132–133。

稅金的有效運用來看，培育一個將來可以全職工作的醫生，比培育兩個將來兼職工作的醫生更好。但是，北歐的經驗顯示，在多數領域裡，員工的技能並非專業到難以找到合適的替代者。有些工作需要專注力，每個人專注幾個小時後，注意力難免都會下滑。這種情況下，讓多位員工工作較短的時數，反而比讓一個人長時間工作更有效率。

打造靈活彈性的職場，甚至也對公司有利。二〇一二年，H&M的人力資源長珍妮特・斯基爾吉（Jeanette Skilje）接受《華爾街日報》的採訪時表示，H&M的每個員工在休假期間都有指定代理人，H&M認為放育嬰假是讓員工嘗試公司內不同職位及培養新技能的機會[11]。她指出，儘管有些人可能覺得自己是無可取代的，但實際上沒有人是不可取代。對想要入門瞭解公司營運的學生或其他人來說，暑假和育嬰假是絕佳的機會。對雇主來說，這種替代機制可以檢測新員工和舊員工的才能及成長力。

當每家公司都必須這樣做時，效果最好。當愈多企業需要採取這種彈性營運方式，每家公司承擔的成本較低——這點連二〇一三年美國白宮提出的《總統經濟報告》（*Economic Report of the President*）也有提到：「有些公司擔心，採取彈性工時制可能吸引到缺乏工作熱忱的員工，因此未推動彈性工時制，這會導致其他雇主更不可能推行彈性工時制度。[12]」那正是北歐國家把那些作法納入國家政策的原因，而不是讓個別公司自行決定——那樣做對所有公司都比較好。北歐模式是先保護個人，理由是有更強大的個人，才能打造出更強大的公司；但北歐模式也以同一套規範來要求所有公司，藉此保護雇主。

研究顯示，對家庭友善的彈性職場可以激勵員工，降低流動率，吸引新員工，降低職場壓力，普遍提升員工的滿意度和生產力。OECD的報告指出，推行友善家庭措施的公司，員工流動率和缺勤率往往較低，那也增加女性休完產假後重返原職場的可能性[13]。另一項研究指出，美國只要提供所有女性十五週的帶薪產假，就能提高生產力。世界經濟論壇發現，提倡多元職場、招募更多女性的友善家庭政策，可以增加創新。整體來說，提供員工足夠的假期和病假以降低壓力，讓他們獲得充足的睡眠，改善健康，除了有助於提升整體生活品質外，也可以增進員工的生產力，並幫企業省錢。但是這些都不會自動發生。一項有關全歐洲的職場性別平等研究顯示，很多公司不提供員工更好的工作與生活平衡，還是可以繼續營運及獲利下去[14]。那表示，如果社會希望人民和公司在那些福利的眷顧下蓬勃發展，就需要制定法律，幫所有企業一起推動上述改進。

---

11 — H&M的育嬰假政策：Hansegard。

12 — 「有些公司擔心」：*Economic Report of the President* 129, 132。

13 — 友善家庭政策有利於雇主：Bassanini 11; Huffington, *Beyond*; OECD, *Babies*, 24; World Economic Forum, *Global Gender* (2013), 31。

14 — 雇主不願意提供更好的工作與生活平衡：University of Cambridge。

制定那些法律的原因很簡單，麻州參議員伊麗莎白．沃倫（Elizabeth Warren）說得好：「這個國家裡，沒有人是完全靠自己致富的，完全沒有！你在那裡開了一家工廠，可喜可賀。但我想指出一點：你把商品拿到市場販售時，你走的馬路是我們納稅鋪設的。你雇用的勞工是我們納稅教育出來的。你在工廠很安全，因為有我們納稅供養的警力和消防人員隨時待命。你不必擔心不肖之徒上門打劫，搶走工廠的一切，也不需雇用人來防範惡徒，因為我們其他人為治安做了貢獻。你開了一家工廠，經營得有聲有色或創造出很棒的點子。老天保佑。你保有許多財富。但潛在的社會契約要你獲得許多財富後，也要為下個孩子的未來出錢出力。[15]」

與美國的想法相反，北歐人所指的「福祉國家」並不是扼殺創新、競爭或美國夢（向上社會流動和充滿活力成就的典範）的系統。美國人在職場上不斷賣命，就像雇主的僕役一樣，還說這是維持競爭力的唯一方式。但北歐人不僅可以在職場上盡情發揮，為雇主和國家的競爭優勢貢獻一己之力，還可以在職場外享受生活。北歐的企業依然創新，在全球市場上仍有競爭力，福祉國家設立的標準是讓他們受惠，而不是阻礙他們發展。

北歐人在生活最重要的面向上——包括家庭、工作、教育、健康、關愛、金錢——普遍享有個人主義、自由、社會流動，不像美國人那樣受到社會義務的羈絆。對美國來說，借鏡北歐社會的成功作法不僅是可行、恰當的，還可以恢復及重振原本界定美國的最基本理想。

事實上，研究北歐模式是追求一種更深入、更進階的美式個人主義的大好良機，只需要對參與其中的每個人都抱持一點信心就行了。

人文精神

美國人比任何國家的人都相信，每個人都有能力打造自己的命運。當然，致富是美國夢的一部分，但美國人也顯示他們是受到更崇高的理想所激勵。他們特別偏愛無私的英雄與慈善之舉，因為那些人把他人的生存、福祉和快樂看得比自己的還要重要。我也發現，美國各行各業不計投入的時間或金錢回報，啟動專案以改善自家社群及世界他處環境的那種感染力、活力和自我激勵的態度，深深影響及啟發了我。但是說到社會和經濟政策，美國人似乎突然又對人文精神失去了信心。

《源泉》（*The Fountainhead*）和《阿特拉斯聳聳肩》（*Atlas Shrugged*）的作者艾茵・蘭德（Ayn Rand）是捍衛自由主義理想與自我利益的美國代表人物，她在蘇聯親身經歷過最狠

15 「這個國家沒有人是靠自己致富」：Real Clear Politics。

毒、破壞性最大的社會主義形式。在共產主義啟發的極權主義下，人民確實失去了工作的動力，因為政府剝奪了人民獨立自主的一切能力。但是現在的美國和北歐國家是自由市場的資本主義民主國家。在這種情境下，擔心提供人民寬厚的服務，提供勞工充裕的權利，並要求成功人士付出分享更多，將扼殺人民的工作動機，這樣的擔心是一種對人性的悲哀誤判。

我們已經看過北歐企業的輝煌成果，當然，在北歐的私營部門，賺錢的渴望是一股強大動力。但北歐社會在公共及非營利部門也是頂尖的創新者，這兩個部門對北歐的競爭力和榮景也有貢獻。北歐政府和非營利部門的創造力和遠大抱負，就是證明資本主義民主國家的人民不僅僅是受到貪婪所激勵的最佳實證。

以丹麥為例，他們正努力以全球最積極的工程方案，來因應氣候變遷的問題。哥本哈根已經定下目標，將在二〇二五年以前達到碳中和（carbon-neutral）的境界。而且，他們也安裝了一套智慧路燈及交通信號的超高科技無線網路，那套系統本身就能節能，也可以讓交通運輸更加順暢，減少燃油消耗。這一切都對環境、非營利的公共部門、私營部門有利。又好比，丹麥因為定下二〇五〇年以前完全停用化石燃料的目標，而變成風力發電業的世界領先者。

瑞典也設定「徹底消除交通事故死亡人數」的遠大目標，在過程中因此重新改造城市規畫、道路興建、交通規則，並運用科技改善運輸安全。瑞典是一九九七年設定那個目標，此後因交通事故死亡的人數減少了一半。如今，每年每十萬名瑞典人中，僅一人因交通事故喪生。相較之下，美國則有近十一人[16]。所以世界各地的交通部官員都紛紛向瑞典請教提升交通安全的方法，紐約市長比爾・白思豪（Bill de Blasio）的道路安全計畫就是參考瑞典的模式。

當然，有人可能會說，北歐最大的創新，是想出及落實「福祉國家」這整個概念。

全球科技業的一些構成要素，其實是非營利創新的結果。美國人看到這些成果時，可能會非常訝異。例如，Linux的核心程式碼（全球伺服器、大型主機、超級電腦上執行的電腦作業系統）是林納斯・托瓦茲（Linus Torvalds）在芬蘭赫爾辛基大學求學時開發出來的[17]。托瓦茲把那套程式碼當成開源應用程式，免費發布。托瓦茲後來收到一些很值錢的認股權，那是一些軟體開發商送給他的感恩之禮。此外，在全球的開源軟體運動中（一群自願投入時間和技術去開發免費軟體，讓人人都能使用的程式設計師），芬蘭人也有重要的貢獻。全球最熱門的開源資料庫之一MySQL，是芬蘭人蒙提・維德紐斯（Monty Widenius）和瑞典伙伴一起開發出來的。如今幾乎所有美國企業巨擘，包括Google、Facebook、Twitter、沃爾瑪，都是依賴MySQL。維德紐斯和他的團隊從開發出MySQL以來獲利不少，但他們是靠提供支援和其他服務獲利，軟體本身依然開放讓全球免費取得。

16 — 不同國家的交通事故喪生：International Transport, 22。

17 — 林納斯・托瓦茲：Rivlin。

北歐思維還有另一個截然不同的產物，和北歐開源軟體一樣享譽全球：「北歐犯罪推理」（犯罪小說和電視影集）所掀起的風潮。北歐透過那些心理黑暗的主題，也讓大家見識到北歐創造力和創新的手法。

史迪格．拉森以《龍紋身的女孩》起頭的「千禧三部曲」小說暢銷全球，還翻拍成一部瑞典電影和一部由丹尼爾．克雷格主演的好萊塢電影。或許更令人驚訝的是，拉森當初創作的目的，並不是為了成為暢銷作家。他擔任記者及非營利組織的研究員數十年，致力推動反種族主義者的理念。他賣出三部曲不久後就過世了，那套書是他死後才出版的。千禧三部曲的靈感，是因為拉森深切地認為，世上的不公不義都應該加以導正。

其他享譽國際的「北歐犯罪推理」作品跟拉森一樣，不是為了豐厚的獲利而創作。丹麥影集《謀殺》（*The Killing*）是一齣創新的犯罪劇，把少女遭到謀殺的疑案和當地政治串連起來，以動人的手法描述受害家屬經歷的痛苦。美國翻拍的《謀殺》吸引了一群死忠的美國觀眾，英國人則是愛上原始的丹麥版。該劇是丹麥廣播公司（丹麥版的BBC，丹麥人稱為DR）所製作。近年來，這家廣播公司已經變成製作優質電視、深受世界各地觀眾青睞的卓越影視業者。DR的成功令人不解，如果你以典型美國的觀點來看，可能會覺得它紅得沒道理。因為DR這家公共服務公司不必競爭，也不需要有獲利，完全是靠稅金資助的——具體來說，資金是來自丹麥家庭每年以任何方式看電視都必須繳納的媒體授權費。

由於DR享譽全球的成果看起來和美國人的基本假設相互矛盾（美國人對於激勵企業創作優質產品的誘因，抱持不同看法），我想找出激勵索倫．斯維斯托普（Søren Sveistrup）創作出《謀殺》的確切原因。斯維斯托普高大挺拔，有軍人的壯碩體格，頂著大光頭。他和我在哥本哈根見面時，穿著黑色牛仔襯衫和綠色工作褲。他畢業於丹麥的電影學院，進入DR以前寫過電影劇本。他告訴我，他從以前就是美國電影和電視劇的死忠粉絲，特別喜歡克林．伊斯威特的作品。斯維斯托普認為，美國的犯罪推理劇拍得特別精緻，他的抱負是在基本形式上創新，藉由浥注社會批判的元素來升級——那是北歐犯罪推理小說長久以來的傳統特色。

斯維斯托普知道，在丹麥拍戲的預算有限，只有美劇或英劇製作成本的一小部分。但他覺得，對想要創作原創電視劇的人來說，丹麥和DR有一種不同的優勢，他表示：「我覺得丹麥的體制很棒，格外關照人民。相較於美國人，我們確實備受嬌寵，整個國家的福利制度實在太棒了。」他指的是大家普遍享有不錯的生活品質和安全感，連他在風險那麼大的產業工作，都可以感受到。「我覺得身為作家或創業者，我在丹麥做這一行，比在其他國家更有機會發跡，我對此心存感激。我認為公共補助可以協助藝術家去做他們靠一己之力無法做到的事情。」

斯維斯托普為《謀殺》進行研究及撰寫劇本時，他每月是領取月薪。他也像一般北歐人一樣，設法每天早點下班去日托中心接孩子，接著全家一起吃晚飯。

從美國的觀點來看，以上種種描述注定會失敗收場：一群藝術家花納稅人的錢，做自己喜歡的專案，還不需要負責，甚至不需要在乎廣告商的意見。但斯維斯托普認為，雖然不同的環境可以促成不同的工作，但創造出非凡作品的動力和抱負，其實和特定的金錢架構及物質動機沒多大關係，無論這個人是在北歐式福祉國家工作，還是在最殘酷的資本主義戰壕中奮鬥都是如此。斯維斯托普認為，抱負是源自於內心深處。

「我自己的經驗是，每個精采絕倫的故事，都是源自於某種內在的飢渴，或是一種非把它創作出來的意念。你要是問作家或導演，他會說那跟某種悲苦有關。我沒認識過純然幸福快樂的人創作出有趣的東西。」斯維斯托普說：「你之所以會有某種抱負，那源自於你的過往、童年和青春。你咬了一口蘋果，或你根本沒有蘋果，或者你想引起關注，或重新創造出你失去的東西。那部分和福利國家無關。那是刺激創作者的普遍動力。如果你過得無憂無慮，你根本沒有東西可寫。」

聽斯維斯托普這麼說，我不禁露出微笑，因為我覺得他的說法「非常北歐」。儘管北歐國家在各種生活品質及幸福度的全球排名上幾乎都名列前茅，北歐人還是非常陰鬱沉悶。我突然想到，或許斯維斯托普的說法正是北歐成功的部分祕訣。北歐創造了福祉社會，讓所有北歐公民過更舒適安穩的生活，但他們依然跟其他人一樣，有創作、追求社會地位和權勢、賺錢的動力。但是在此同時，北歐的經驗或許也提醒我們，人類追求卓越的欲望，不像美國人對獲利動機的信念那樣脆弱，不堪一擊。或許生活中還有比金錢更重要的東西，就算在美國亦然。

NINE

幸福的追尋

The Pursuit of Happiness

重新界定成功

It's Time to Rethink Success

09

論「不特別」

二〇一二年六月一日，大衛・麥考洛二世（David McCullough Jr.）在麻州衛斯理高中的畢業生面前演講，送給他們一段如今很出名的畢業贈言。麥考洛是該校的英文老師，也是榮獲普利茲獎肯定的歷史學家大衛・麥考洛（David McCullough）的兒子，他看起來是溫文儒雅、春風化雨的教育者，兩鬢灰白，老花眼鏡低垂在鼻尖。他從眼鏡的上緣望向觀眾席那群穿著畢業服，排排坐在豔陽下，期待聆聽畢業贈言的莘莘學子。

麥考洛先以幾句幽默的話語，拉近他和那群學生的距離，但是演講開始沒幾分鐘，他開始脫稿演出。「通常我對陳腔濫調，避之唯恐不及，但是今天在這裡，我們是在名副其實的公平競爭場上。[1]」麥考洛說。他指的是學校的足球場，就是畢業典禮的現場。「那很重要，那別具意義。至於你們的典禮服裝，則是毫無造型，人人一致，一體適用。不分男女、不論高矮、成績好壞、俊男美女或宅男宅女，你會發現你們每個人的穿著都一模一樣。而你們今天拿到的文憑上，除了印有不同的名字以外，也是一模一樣。這一切本來就應該如此，因為你並不特別。」

在美國，這番話聽起來彷彿異端邪說。那段影片在網路上迅速爆紅，掀起媒體的熱烈報導。對麥卡洛不滿的人說，他在這個應該祝賀畢業生前程萬里的日子，表現得太過負面。但麥卡洛也有不少支持者，他們紛紛表示聽完他的演講後，寬心不少，終於有人對那一代自戀、嬌寵成性、受到過度保護的青年說實話了。

某種程度上來說，麥考洛的演講其實是把矛頭指向美國最重視的信念之一。美國允許、甚至期待人人都是特別的，都與眾不同，表現突出，追求自己獨有的幸福和成功願景[2]。美國人抱持那種期待的方式，可說是美國的一大特色。不是只有美國人重視這種理念，外人也欣賞美國人這種想法。許多北歐人既羨慕又嫉妒地看著美國，多麼希望自己的獨特性也能獲得美國那樣的推崇。因為在北歐國家，雖然大家都很重視獨立自主，但沒有人覺得誰是特別的，也沒有人期待誰是特別的。我看到麥考洛的演講影片時，當下只閃過一個雀躍想法：那傢伙根本是芬蘭人！

在美國生活一段時間後，我可以更清楚看到許多美國的優點以及一些北歐地區的缺點。北歐人習慣輕描淡寫每個人的獨特才能，大家對幸福和成功的獨特追尋可能顯得微不足道，不值得一提。刻意輕描淡寫特別之處，是斯堪地那維亞人（亦即瑞典人、丹麥人、挪威人）普遍都有的老習慣，甚至還有一個學術名詞專門用來描述這種傾向。

這個學術名詞是「洋特法則」（Law of Jante），也就是十條誡規的簡稱，是丹麥裔挪威

1 — 「通常我對陳腔濫調」：Wellesley。

2 — 美國人看待成功人生：Bowman, 17; Futures; Weissbourd。

作家阿克塞爾・桑德摩斯（Aksel Sandemose）在一九三三年的小說《難民迷影》（*A Fugitive Crosses His Tracks*）裡所寫下。桑德摩斯的十條誡規是在描述虛構小鎮洋特（Jante）的心態。但北歐人看到那套誡規時，一眼就看出根本是在講斯堪地那維亞人的普遍習性。那十條誡規分別是：

1. 別以為你很特別。
2. 別以為你跟我們一樣好。
3. 別以為你比我們聰明。
4. 別幻想你比我們優秀。
5. 別以為你比我們懂得還多。
6. 別以為你比我們重要。
7. 別以為你很能幹。
8. 別取笑我們。
9. 別以為有人在乎你。
10. 別以為你可以教導我們什麼。

這套誡規在芬蘭比較不那麼廣為人知，但芬蘭人確實可以一眼認出那種心態。不過，北歐人對洋特法則可沒有半點自豪的意思，那套誡規其實是用來批判北歐那種低調到離譜的個性。從群眾中脫穎而出，或甚至展現自信，都可能讓保守的北歐人覺得很自大或自戀。芬蘭的成功人士向來覺得其他芬蘭人嫉妒或貶抑他們的成就。此外，有些芬蘭人看到成功人士吃鱉時，還會不自覺地幸災樂禍。

北歐那種從眾的習性，可能讓移民特別難以適應。瑞典大方的移民政策普遍受到外界讚揚，但整體來說，許多北歐地區的移民都覺得北歐人很冷漠、帶有敵意、心態封閉。這種印象通常都有充分的根據，雖然有時可能是誤解。北歐人即使毫無惡意或偏見，但是對來自其他文化的人來說，他們仍然可能顯得保守和疏離。但是話又說回來，北歐的從眾習性可能十分根深柢固，北歐人也可能把這種北歐常態視為理所當然，而沒意識到他們對其他文化的人有多疏離。（當然那些北歐規範也限制了北歐人自己。）

這種漠視個人成就或特點的習性也有優點，就是反映在它傳達的世界觀上：北歐人不愛浮誇炫耀，他們深知大家都只是人間過客，不論成就多寡。但是，如果從眾及自貶的壓力在北歐社會帶給人那麼大的壓迫感，北歐人真的可能快樂嗎？如果他們逼大家都變得一模一樣，北歐國家真的可以宣稱他們是個人主義、獨立、自由、機會之地嗎？美國就算有一些缺點，至少本質上更有助於醞釀幸福快樂，也稱頌個人的自由和成功，不是嗎？

就某些方面來說，我覺得那樣說確實沒錯。儘管我也覺得美國的社會結構有很多進步空間，但我很喜歡美國人和他們面對人生的方式。他們是我見過最樂於助人、活力充沛、支持他人的族群。我欣賞美國人在各種情境下鼓勵彼此的方式，以及落實想法的行動力。美國社會確實很多元，儘管美國有一些貧富不均和種族歧視的問題，但是對我這種人來說，能在多元背景的人群中生活，是令人振奮及脫胎換骨的經驗。那種多元正面的能量，是讓我想要成為美國人的原因。

但重點是，北歐人之所以對「獨特」或「特別」很感冒，是因為那有時暗示著某些人比其他人更有價值。美國人和北歐人可能是從類似的觀點出發，肯定每個人與生俱來的價值。但美國人通常會強調個人開創非凡成就的能力，還會特地歌頌表揚一番。這使美國人很習慣根據收入、頭銜、或其他地位指標來分階層，因為他們覺得這些階層是根據實力和功績劃分的。相反的，北歐人通常會持續強調，無論成就高低，人人價值平等，所以北歐人不喜歡階層，也不愛歌頌成就。

為什麼會有這種態度上的差異呢？如今美國人仍覺得，每個人大體上應該負責打造自己的命運——亦即自己追求幸福。至於一個人的成敗有多少程度是由出生背景決定的，這點在美國依然爭論不休。北歐人老早就不再爭論這點了。對多數北歐人來說，無論一個人將來做什麼，出生背景（例如出生貧戶或生在沒有好學校的鄰里）顯然會對他造成很大的劣勢，剝奪他成功的機會。反之亦然，你若是出生在富貴之家或生在學區較好的地方，顯然有較多機會出人頭地。如果你認同這個觀點，那麼每個人的成功有部分也歸因於他自己無法掌控的因素。因此，一個人成功時，他確實可以為此自豪，但大家不會覺得那有多了不起，或是對他人的成就驚歎不已。畢竟，其他人也有功勞，而且運氣好往往也是原因之一。

如果有人主張「洋特法則」所描述的北歐態度已經過時，人民應該有做自己、追逐夢想、毫無從眾壓力的自由，我會率先表示認同。每個人確實該有公開為個人成就自豪的自由，尤其當社會為每個人都創造出真正機會平等的時候。畢竟，正因為人人機會平等，每個人更能名正言順地為自己的成就，以及靠一己之力、而非靠父母的財富或人脈所得到的成就感到驕傲。

為了落實個人自主的概念，北歐人若能更加支持個人做不同的選擇，讓人民以不同的方式追求幸福，大家會因此過得更好。北歐社會的結構雖然在支持人民自主及福祉等方面做得很好，北歐文化還可以在接納多元及各種特質上做得更好。

不過，麥考洛的「你並不特別」演講，顯然在美國刺激到一些人的痛點。許多美國人不禁要問，我們溺愛、勸說、哄騙、恭維每個人都有潛力創造非凡成就，還有一堆人從旁輔助，是否真的幫誰追尋到幸福快樂了。

事實上，或許美國需要的是，徹底重新思考成功的定義。

成就重要，還是人生重要？

美國的報章雜誌充斥著創業家、高階管理者、運動員，以及各種資優生的報導，歌頌著他們的非凡成就。對我來說，那些故事令我振奮，但也帶給我不少焦慮。心情好時，我急切地拜讀那些報導，覺得很勵志，受到很大鼓舞。以前在芬蘭很少看到那麼勵志的實例，這或許也可以解釋為什麼芬蘭人算是我所知集體自尊最低落的國家。你去義大利或西班牙，當地人會不斷地聊他們的道地飲食、天氣、美景或人文風情。你去法國，會聽到美食、歷史、文學傳承。你來美國，大家會清楚讓你知道美國是全世界最好的國家。你去芬蘭，當地人會問你幹嘛大費周章來這個地方。

所以當我坐在紐約的餐桌邊，希望受到美國報章雜誌的菁英報導激勵時，有時我讀完反而覺得氣餒，或許那是我身為芬蘭人的天性使然。當然，我一直很努力工作，有時甚至很有創意，但我也愛睡覺、看電視、閱讀、跟親友聚會、穿著睡衣懶散地吃巧克力。我討厭競爭，不喜歡趕工、行程滿檔和做太多運動。聽那些極其忙碌、迅速、活力充沛、自信過人的成功人士每天完成多到嚇人的事物，我光聽就覺得疲憊不堪。他們的存在，加上他們獲得的讚譽，彷彿否定了我個人存在的意義。

在美國，達到平均水準還不夠好。父母一再告訴孩子，他們是特別的，那無疑是出於真愛及真心相信自己的孩子確實很特別。但是對努力達到那一切標準的孩子來說，那種期望可能是壓力的來源，尤其當他們日後的人生達不到父母長期灌輸他們的全能自我形象時更是如此。身為美國的成年人，大家預期我們應該克服局限，跨出舒適圈，挑戰極限，不斷追求更多。這種方式加速了進步，也對現代人的生活有所貢獻。相對的，大家往往覺得，滿意個人現況則是胸無大志，甚至是懶惰的表現。

我深入瞭解周遭那些美國菁英的生活方式時，注意到我對工作的看法有了改變。在芬蘭，我一直希望自己的工作是有意義的，我也很樂意為了我任職的報社和雜誌社加班，甚至必要時，週末加班也可以。但同時，我也覺得工作就只是工作，人生是發生在工作以外的事。人生是和朋友聚餐，享受長假，騎車出遊，在湖裡游泳，陪伴家人。我還記得很清楚，以前我看到美國人不曉得度假要做什麼，或甚至不休假時，我為他們感到遺憾。當時我覺得美國人簡直是工作的奴隸，忘了人生究竟是怎麼一回事。

在美國，我聽到美國人暢談他們多熱愛工作，即使美國人的說辭不免讓芬蘭人覺得誇張，但我後來逐漸瞭解他們的意思。工作也可以是你真心喜愛的東西，而不是為了生活而做的事情。工作本身也可以是快樂的來源，而不止是賺錢購物滿足自己的方法。當你從這個角度來看時，你就不會像很多芬蘭人那樣，老是在等待週末或假期的來臨。不過，雖然我逐漸理解為什麼美國人會把工作看成活力和滿足的來源，但美國人如今追求成就的方式依然存在著一些很大的問題。這些問題正在破壞美國的幸福，甚至摧毀人民的健康和生活。其實北歐式愛的理論也為這些問題提供了新的解方，只是表面上看起來不是那麼顯而易見。

一項全國調查請美國人界定成功人生的組成，他們把身體健康、婚姻美滿或感情關係、懂得如何明智花錢、工作和生活之間取得平衡、做自己喜歡的工作列為主要因素。富有反而不太重要，在二十二項促成成功人生的因素中，富有僅排名第二十位。在另一項研究中，受訪的父母表示他們最想傳給孩子的特質，包括誠實和真誠、可靠、與家人關係親近、良好教育。他們也希望孩子努力工作，財務獨立。但是變得有權勢、有影響力反而是最不受重視的未來樣貌。

那麼年輕人自己又是怎麼想的呢？在另一項國家調查中，哈佛大學的研究員問美國年輕人，對他們來說，什麼最重要。令人驚訝的是，近八成青年說的答案，完全和父母希望教導孩子的無私價值觀相互牴觸。年輕人把個人成就或快樂視為首選，至於父母希望能教導他們的無私目標，包括公平及關心他人，他們反而覺得不是那麼重要。絕大多數年輕人對父母的看法，也和父母給自己的評價完全相反。例如，孩子認為，父母認定的首要之務也是個人成就和快樂之類的自私目標。美國父母說他們想教育孩子的價值觀，竟然和孩子實際學到的價值觀有那麼驚人的脫節，這究竟是怎麼回事？

這有兩種可能：美國成人說他們比較重視關懷與愛，可能是在說謊，因為從上面的調查來看，他們其實比較重視財富和權勢。又或者，他們說的是實話，但外力迫使他們不得不過著違反個人價值觀的生活。無論是哪一種情況，為什麼美國的成人會如此言行不一呢？他們的言行差異之大，連孩子都誤解了他們的想法。為什麼年輕一代會覺得不斷地追求卓越、特別、功成名就才是最重要的呢？

無論家長說他們希望孩子具備哪些特質，美國的殘酷現況是：出類拔萃才是確保人生成功的唯一方法，核心價值觀毫無關係。美國記者愛琳娜．圖金（Alina Tugend）評論道：「家長似乎愈來愈擔心，連學業優等、會彈鋼琴、在球隊打四分衛的孩子，也沒有機會擠進名校或知名企業。最後我們逐漸相信，平庸將使孩子注定過著遠不如理想的生活。[3]」雖然美國人可能是世界上最熱中投入日常行動、欲望最多的人，但美國社會卻無法提供人民獲得中產階級生活所需的基本機會。這使美國人陷入焦慮不堪的競爭中，每個人最好是特別的，因為不特別的話，根本毫無出頭的機會。美國逼迫人民過著如此緊張壓迫的生活，使他們不得不放棄自己的價值觀，這在先進國家中實屬罕見。

有一次我在美國雜誌看到一個金融機構的廣告，廣告中有個女人騎著一匹駿馬奔向遠方，背對著讀者，廣告標語寫著：「有錢就能叫全世界滾開。」我住在芬蘭時，我賺得並不多，但我覺得我想發飆的話，真的隨時都可以叫全世界滾開。每年我享有五週的帶薪年假，芬蘭人休假時通常不會看工作上的電郵，我從來不覺得我需要獲得財富和權勢才能過滿意的人生。我搬來美國以後，常想起那個美國廣告。在美國，能夠做那些對你真正重要的事（例

3 —「家長似乎愈來愈擔心」：Tugend。

如陪伴家人、提供孩子良好教育、確保家人健康），你確實需要先具備不少財富。但是這是一種進退兩難的困境，那些設法達到功成名就、日進斗金的美國人，通常都無法好好休息。如果他們的工作不需要投入很多時間，他們的收入通常也不多，那會導致他們時時感到焦慮，通常需要再兼第二份工作。

至少有一位非常特別、十分成功也極其富有的美國人思考過這些問題，《赫芬頓郵報》的創辦人雅莉安娜・赫芬頓（Arianna Huffington）在最近的著作《從容的力量》（*Thrive*）裡寫道，美國人需要新的成功定義。她認為大家應該追求更健全的成功，包括注意個人健康、培養智慧、保持好奇心，懂得回饋，而不是拚命工作。我看到她的說法時，不禁抖了一下。這些確實是很好的目標，赫芬頓立意良善，但是她提出的方法並沒有解決問題。美國人需要的其實很簡單：平價優質的醫療照護、日托服務、教育體系、足夠生活的薪資、帶薪假期。只要有這些，大家就不需要拚死拚活地追求出類拔萃。研究顯示，多數美國人都很樂於縮短工時[4]，只有少數人希望工作上能承擔更多責任。所以，美國人其實不像赫芬頓所想的那樣，他們不是不知道自己需要休息，而是根本沒有本錢好好休息。

不過，我們也不得不承認，即使人民獲得基本的財務穩定，有機會休息一下喘口氣，也不見得一定會感到幸福快樂。事實上，研究人員和評論家常指出一個奇怪的矛盾現象：生活貧困或處於困境的人在展望人生時，往往比什麼都有的人更加樂觀。

事實上，光看美國人和芬蘭人的差異即可見得——美國人一向積極樂觀，芬蘭人不太樂觀。所以當全球調查把脾氣不好的北歐人評選為全球最幸福快樂的人時，那究竟意謂著什麼？

樂觀者vs.悲觀者

有時美國朋友聽我談起北歐國家的美好時，會追問一個問題：既然芬蘭那麼好，為什麼自殺率那麼高？另一種問法是：如果人民過得一點都不快樂，那有卓越的公共服務及運作良好的政府有什麼用？這是個有趣的矛盾：美國人雖然過著不安及壓力很大的生活，卻以無可救藥的樂觀者自居；北歐人（尤其是芬蘭）覺得生活安穩，生活品質也比美國人好，但悲觀的比例較高。

就很多方面來說，我很愛美國人的正面思維。美國人充滿活力，令人開懷，幹勁十足。芬蘭人抱怨的方式及負面觀點可能讓人洩氣，甚至變成推動計畫的阻礙。住過美國又搬回芬蘭的朋友發現，回祖國定居最受不了的事就是芬蘭人的負能量。然而，我從美國望向北歐地

4 — 美國人想縮短工時：Delaney; Rampell。

區時不禁想問，美國的正能量多到氾濫，是否也是一大缺點。

美國之所以是正能量主宰一切，是因為美國文化往往不歡迎消極負面的情緒。美國預期每個人（舉凡罹癌者、失業者、遭到欺壓的弱勢者等等）都能從逆境中看到一絲希望，想像更好的未來，為自己僅有的稀少資源表達感念。所以那有什麼不對呢？

負面想法往往是刺激進步的必要動能，太過樂觀其實有礙追求目標。紐約大學和漢堡大學的心理學教授嘉布莉・歐廷珍（Gabriele Oettingen）和同仁進行研究，要求不同情境的參試者參與和目標有關的心理測試。他們要求想減肥的女性、想療癒傷痛的受傷者、想考高分、交男女朋友或找工作的學生，想像追求目標的不同結果。之後研究人員再問他們發生了什麼事，結果發現：一個人對結果愈樂觀，實際得到的結果愈差。歐廷珍解釋，正面思維可能騙我們相信我們已經達到目標了，那反而讓我們鬆懈下來，減少投入。那也可能產生其他有害效果。像是暢銷書作家芭芭拉・艾倫瑞克（Barbara Ehrenreich）就認為，美國歌頌正面思維，正是導致近年金融危機的禍端，因為他們鼓勵窮人申請無法償還的房貸，鼓吹富人承擔不合理的風險[5]。

面對逆境的正面態度是可取的特質，也比老是散發負能量的人討喜，但那也可能使人忘了改善現況所需要投入的改變。抱怨可能令人厭煩，毫無意義，但有時可能是合情合理的，是刺激真正改變的第一步——不止改變自己的內在，也改變外界。

不過，我還是可以理解為什麼那麼多美國人寧可接納毫無根據的樂觀，也不想聽有根據的抱怨。當你覺得自己的生活隨時都可能分崩離析時，即使是一絲消極，也可能是最後一根稻草。在美國，有時我只允許自己抱持樂觀態度，即使那感覺像癡心妄想。而我也學到一點：在缺乏真正的保障下，亦即支付帳單的能力、享有平價醫療照護、知道孩子無論如何都可以獲得優良教育，有時間好好休息等福利所提供的保障，你要不是放任自己陷入憂鬱，就是自己想辦法以瑜珈、冥想、養身飲食、避免胡思亂想等方式，打造自己專屬隔絕外界壓力的幸福泡泡。你可以那樣做，或是吃速食，沉浸在電視節目中，暫時把煩惱拋諸腦後。

美國生活大不易，這點可以解釋為什麼勵志產業裡，有一種可疑、甚至有點趁人之危的支派。那一派鎖定不幸的人推銷不太可能實現的承諾，藉此大發利市。北歐國家幾乎看不到勵志大師，他們毫無存在的必要。就像北歐生活的其他領域一樣，北歐式愛的理論因為讓每個人獨立自主，使大家在這方面得到自由。我這裡所謂的自由，是不需要把精力投注在不實妄想上的自由。不切實際的癡心妄想無濟於事，希望終究需要靠實際的機會創造出來。如果真的有機會，你不需要一直動用心念和熱情，也不需要持續聆聽排除萬難的勵志故事，就能生存下來。

5 一 樂觀主義的缺點：Ehrenreich; Oettingen。

我思考美國人常問我的問題時，諸如為什麼芬蘭社會那麼好，芬蘭人卻不樂觀？我常把問題顛倒過來，變成另一個不同的問題，我覺得倒過來問跟我比較有關：為什麼芬蘭人那麼負面，還能設法打造出那麼好的社會？或許答案就在於，芬蘭人就是**因為**悲觀，才能打造出那麼好的社會。社會上不公不義的事所激發出來的芬蘭民怨，可能令人不耐，尤其是其他國家覺得沒什麼大不了的小事。但是，或許芬蘭人負面反應的能力，正是芬蘭成功的祕訣之一。芬蘭人會迅速要求真正的改變，以改善他們的外在環境。美國人比較可能轉向內在靈修、冥想、培養正面思維；芬蘭人則是直接向政治人物怒吼，直到情況改善為止。沒有人建議你把焦點完全放在問題和挑戰上，但根據歐廷珍的研究，達成目標的最好方法，其實是結合正向思維和務實主義。換句話說，是在芬蘭人和美國人之間找到一個折衷點。

我比較北歐朋友和美國朋友的生活時，把任何國家都可能出現的意外人生轉折都考慮進去後，發現我認識的北歐人仍是生活過得最輕鬆愜意的。那也許不是幸福快樂的最終定義，卻是一個很好的開始。

自由

距離我第一次透過Skype跟特雷葛討論「瑞典式愛的理論」約一年後，我親自去了一趟斯德哥爾摩，在時尚的南島（Södermalm）街區一家熱門餐館和他共進午餐。我問他，在美國生活多年後，又回到瑞典生活是什麼感覺。畢竟，一九七〇年代他還是青少年的時候，一心只想逃離瑞典，從來沒想過他會再回來。當時的瑞典社會對他來說局限太多，他現在仍對美國的自由觀抱持好感。

「我特別喜歡西方。」我第一次透過Skype訪問他時，他這樣告訴我，「我有一個自由主義者的靈魂，喜歡那種自由。我再怎麼理性地認為北歐的社會契約對絕大多數的人非常有利，但內心依然有一個很強大的美國自由主義者，寧可不受任何限制。」

我們享用餐館的特製肉醬、馬鈴薯泥和越橘。特雷葛坦言，他現在仍然很懷念美國的很多事物。他喜歡美國人的社交能力，以及他們不斷擴大社交圈的方式，瑞典人每個假期通常只跟老朋友相聚。但他也覺得這些年來瑞典人改變很多，而且是變好了。相較於當年他離開時，現在的瑞典是比較開放的社會，都市生活比較有趣，整個國家也變得更加多元。他指出，美國也變了。當年他剛抵達美國時，美國剛脫離一九六〇年代和「愛之夏」（Summer of Love）[6]。從那時起，他一直對美國心態的改變感到困惑不解。

「我很開心回來瑞典的一個原因是，每次我看到那些在紐約養兒育女的朋友，他們的孩

6　譯註：一九六七年夏季發生的社會運動，是「嬉皮革命」的起點，當時有十萬人聚集於舊金山的「海特－艾許伯里」（Haight-Ashbury）交叉口。

子跟我的孩子年紀差不多，但承受太多考試的壓力。在瑞典，我們覺得教導孩子獨立、玩樂、充分享受童年很重要，但紐約不是那樣想的。我覺得讓四歲的小孩接受測試[7]，那太變態了。」

特雷葛當年在美國找到了機會，包括就讀大學的補助金，但他的下一代面臨的是截然不同的美國。隨著瑞典變得愈來愈友善，美國反而變得愈來愈疏離。

「現在我們在瑞典可以放輕鬆，一切運作得很順利，沒有階級議題，你不需要付出很多錢，不需要只跟小圈圈往來，不必那麼早逼孩子參與那個競爭激烈的體系（你有小孩以後，那些事情確實很重要）。此外，還有財務面的問題，那些在紐約市學術界工作的朋友也在抱怨，即使學者有不錯的薪資，他們仍然為了前面提到的東西付出很多錢，而且還要開始存孩子的大學學費，所以美國人彷彿遭到囚禁一般，無法掙脫。」

我們一起用餐並看了幾本社會研究的書籍和研究，他指著「世界價值觀調查」（World Values Survey）的一張圖表給我看。世界價值觀調查是一項全球研究計畫，衡量不同國家的人民信念。特雷葛研讀那些資料時，注意到兩件事。第一，在重視個人的自我實現及個人自主權方面，瑞典相較於其他國家，高居於圖上的最高點。的確，我看到代表瑞典的那個圓點獨自高掛在圖的右上角，其他北歐國家的點也徘徊在附近，美國反而位於圖中的低點，那表示美國的價值觀比較傳統及社群傾向，這個結果可能讓美國人大感意外。

看到瑞典在這張圖中彷如異數一般，有人可能會合理地質問：瑞典真的是值得其他國家效法的好榜樣嗎？也許瑞典只是特例，活在他們自己的現實中。對此，特雷葛有一個答案。「這些研究是一九八〇年代開始做的，如果這是一部電影，而不是一張圖片，」他指向圖的上方，「全世界是朝著這個方向發展。」他的手移向代表瑞典的那個點。北歐國家不是與眾不同的怪咖，只是引領潮流罷了。說到那些核心的社會價值觀，二十一世紀其他的先進國家都是朝著類似的方向移動。特雷葛認為，那是因為世界各地的人都喜歡更多自由，而不是更少。不過，美國目前是屬於後段班，還沒跟上潮流，也沒有朝著其他先進國家移動的方向（亦即追求更多自由）大幅邁進。

「不推動或促成個人自由的社會體制，勢必會陷入劣勢。社會移動和美國夢曾是美國的一大強項。」特雷葛說：「但缺乏社會投資是不可能有社會流動的，所以如果你開始放棄公立學校，也放棄以一個集體制度來促進個人的社會流動，你會看到貧富差距日益擴大，封閉式的住宅區林立，信任崩解，政治制度荒腔走板，這些都是你目前在美國看到的現象。」

某年夏天，崔沃和我前往懷俄明州旅遊，我明確知道我想去那裡做什麼。我想去看牛仔競技比賽，那是我第一次目睹那種賽事。我們把車子停在一片礫石空地上，爬上金屬鋼架搭

[7] 測試四歲小孩：紐約市許多幼兒園的招生，是看幼童在標準化考試中的成績而定。參見Senior。

成的露天看台。我們沐浴在午後的陽光下，周遭飄著馬兒和土地的氣息。女牛仔一邊騎馬在場上繞圈，一邊揮舞著巨大的美國國旗，為比賽揭開了序幕。接著，一名女孩高唱國歌，壯碩的牛仔沿著圍欄站著，摘下牛仔帽，把帽子貼在胸口。國歌結束後，主持人提醒觀眾，要感念這個偉大的國家讓人人享有自由。

牛仔競技比賽結束後，崔沃沿著漆黑的道路，緩緩地開車回我們住宿的地方，沿途隨處可見鹿在樹林裡及平原間遊蕩。我回想起主持人在國歌結束後所說的話：美國人應該感念這個偉大的國家讓人人享有自由。那個說法令人肅然起敬，美國人很愛那樣說，也經常那麼說。美國有許多移民來自缺乏基本自由的國家，那些國家不像美國那樣保障人民的基本自由，例如言論自由。但同時，美國人似乎沒意識到，世界上還有很多國家的人民也享有和美國人一樣的自由，但他們不會為這種事情小題大作。此外，美國人好像也沒意識到，世界上有些地方的人（例如北歐地區）享有美國人欠缺的其他自由。我望向窗外那片遼闊的懷俄明黑夜，牛仔競技的激動快感和遼闊原野的美麗景致仍盤踞在我腦海，我不禁自問：你何時才**真正**自由？

當你是壯碩的牛仔，獨自在草原上，沒有人要求你做什麼，也沒有人給你什麼時，你算自由嗎？當你是自給自足的農民，不用公用水電設施，自己生產作物，需要幫忙時，只依賴家人和鄰居，你算自由嗎？還是說，當你知道你想做什麼都可以，不管父母的財力或能力，你都可以自己做選擇；萬一你或家人遇到困難，你也很放心，因為社會會幫你重新振作起來，這才算自由？

你可能很想選前兩種情境，有何不可呢？那兩種人在很多方面都是自由的。但我不禁又想起那場牛仔競技比賽結束時，主持人邀請觀眾席上的所有孩子到比賽場內，盡興地參與，像牛仔一樣地奔跑，追逐著三隻綿羊。美國熱愛自由，顯然也很愛自家孩童，但美國幾乎沒有以任何具體方式為自由或孩子做些什麼。那些家庭離開競技場後，他們就只能靠自己了。

如今跨入二十一世紀的國家，對自由的看法更是廣義，也更意味深長。他們覺得自由是確保每個人都獲得真正的機會，可自由地追尋美好生活；自由也意謂他們不會因為運氣不好而難以翻身，所以有免於恐懼和焦慮的自由。如今美國有很多人都亟欲獲得那樣的自由。

有一次我回芬蘭，和一群老友在酒吧相聚。其中一人是遊歷豐富的男性，有兩個孩子，他要我回答一個問題，一開始他先強調：「北歐模式運作得很好，那是既定事實。」接著他問：「但妳必須告訴**我們**這些芬蘭人，為什麼美國今天遠比世界上其他國家還要優越。在商業上、軍事上、藝術上，美國都所向無敵，那是為什麼呢？還有，為什麼一般美國人的生活反而看不出來優越在哪裡呢？」

我可以先回答第一部分的問題。美國是天然資源富庶的大國，不需要為土地打毀滅性的戰爭，就能好好地打造社會一兩百年。一開始它是以驅趕原住民的方式取得土地，後來又靠蓄奴的方式開墾荒地。美國就像一塊大磁鐵，吸引世界各地的人前來，也非常擅長鼓勵大家努力工作，發揮創意。除了奴隸制度和持續存在的種族歧視問題以外（這是很大的但書），美國在民主、機會、自由方面，一直是世界的領導者。十九世紀初，當托克維爾從法國抵達美國，看到這個創立不久的國家，竟然如此進步、成果非凡時，他非常震驚。當時的歐洲還是由國王、沙皇、地主鄉紳主導的大陸。托克維爾認為世界上的其他地方終究會變成像美國那樣，是個民主的地方，所有人民都是自由、平等、靠一己之力賺錢維生。所以，美國有很長一段時間在教育人民及落實均富方面引領全球，美國的優越確實展現在平凡老百姓的生活中：美國人曾是全世界最自由、最富有的人。

我朋友提出的第二個問題就比較難回答了。為什麼美國老百姓的生活中，已經看不到那些優越的美國特質了呢？所有先進國家都在因應全球化和科技所帶來的二十一世紀挑戰，但那些國家的中產階級已經趕上、甚至在多方面已經超越美國中產階級的生活品質。

我只能這麼回答朋友：在某個時點，美國人忘了光談機會平等、民主、自由是不夠的。那些東西是需要保障的，需要以具體行動加以支持——那是最近幾十年來美國人忘了做的事，那些疏忽產生了深遠的影響。美國人對於生活困境所產生的內疚和挫折感，以及焦慮，幾乎都不是源自於個人的失敗。美國現在逼人民面對壓力極大又勞心費神的生活夢魇，連收入不錯的人都無法倖免。為什麼美國人需要忍受這些磨難呢，世界上明明還有其他驗證可行的生活方式，而且在北歐地區為兩千六百萬人運作得很好？

現在我看到北歐的朋友時，總覺得他們看起來**好自由**。他們工作，養兒育女，投入嗜好，遊歷世界，他們好像從不擔心自己會破產。他們享有醫療照護、日托服務、退休養老金。他們可以在國內的任何地方求學，不必為了教育而賭上個人的財務未來。

北歐國家當然也有財政上的保守主義者和自由主義者，他們希望北歐的政府縮小公共服務，把那些事情改為民營。有些人把美國當成北歐國家應該效法的典範，每當我聽到這種論點，不免憂心忡忡。沒錯，北歐國家確實可以從美國身上學到很多，例如創新、創業、個人問責、正面思考、接納多元，以及最重要的，把手邊任務做到出類拔萃的過人動力。同時，北歐國家設法創造了提供全民保障的自由社會，提供人民極大的自主力並強化家庭的發展。北歐的社會絕對稱不上完美，也有自己的問題，但他們設法提供人民自行開創人生所需的獨立性，讓他們在沒有經濟負擔及令人無力的焦慮下，愛自己的家人和朋友。這些成就是不容忽視的，也不該被貶抑成北歐獨特環境和文化下的產物。大家可別誤會了：這些成就可能是受到「北歐式愛的理論」所啟發，但他們不是文化締造出來的功績，而是政策施行的成果。每個國家都可以制定明智的政策，尤其是美國。

我住在美國愈久，就愈喜歡新生活的許多面向。例如這裡的人（我的美國家人和朋友）；這裡的多元性（五花八門的思想、宗教、文化，感覺一個國家就涵蓋了全世界）；這裡的天然美景（緬因州的森林、猶他州和亞利桑那州的沙漠和峽谷、加州的海灘，以及懷俄明州夏夜裡的崎嶇山巒和瀰漫香甜氣息的原野）；這裡有愛家、助鄰、大方善待他人（甚至陌生人）的熱情美國價值觀；這裡有從世界各地慕名而來的人才，在每個你能想像的領域裡，創造出驚人的卓越成就。自從來到美國以後，我覺得自己彷彿真的是世界的一份子，覺得這種感覺令人振奮，彷彿原本坐在一間安靜的小屋裡，突然間所有窗戶全打開了，展現出外頭正在狂歡的嘉年華。我喜歡待在這個美好的小屋裡，但我也想走出去參加外頭的嘉年華。

我思考我在美國生活的利弊時，缺點是幾乎天天都為了養兒育女的前景，或為了中產階級被迫接受的嚴苛環境，而感到沉重的焦慮負擔。我有很多心力都花在擔心上，我擔心自己能不能賺夠錢，擁有以前在芬蘭的生活品質、基本的安全感、較少的行政麻煩、更多時間陪伴摯愛的家人。優點則是美國有很多我喜歡的事物。但是最令我不解的是：為什麼我非得二選一不可呢？

個人主義是西方文化的偉大基礎之一，但除非社會保障個人獨立以及個人的基本安全，否則那可能會導致不滿、焦慮和混亂。長久以來，美國一直走回頭路，朝著狂野的拓荒時期發展。北歐國家則是讓個人主義更合理地進展，邁向未來。國際媒體及許多研究確實對北歐國家過譽了，畢竟沒有一個地方是完美無瑕的（北歐人肯定會率先指出北歐的缺點），但北歐國家無疑為二十一世紀的優質生活和健全社會創造了一種模式。柯林頓問芬蘭總統哈洛寧，她會給其他國家什麼建議，那是個很好的問題。北歐國家已經樹立了美國可以借鏡的典範，美國在學習的過程中，或許還可以恢復往日的榮光，重登全球最卓越國家的寶座。如果真有那麼一天，我可能會想永遠留下來。

結語

二〇一三年十一月六日星期三，我跟先生崔沃和芬蘭友人艾利，一起踏進位於市中心布魯克林的美國紐約東區聯邦地區法院。我走進鑲著木板的房間，裡面掛著嚴肅人物的肖像，坐上長木凳等待。我左邊坐著年長的韓國男性，右邊坐著年輕的中國男性。其他座位則是一群來自加勒比地區的婦女、一些各年齡層的亞洲男女，還有年長的金髮女性和戴耳環、穿深綠色燕尾服外套的光頭年輕男性以俄語交談著。一位包著頭巾的老婦倚著助行器，在前排打著瞌睡，另位穿戴穆斯林頭巾的母親，以色筆和色紙逗弄著坐在嬰兒車裡的小孩。

後來我們一一被叫到房間中央的那張桌前領取文件，並在證件上簽名，接著又繼續等候。我讀著隨身攜帶的小說《梅岡城故事》（*To Kill a Mockingbird*），也跟坐在我左邊的男士閒聊。他在一九七〇年代從韓國來到美國，在美國陸軍服役四年，後來在離我現在住家不遠處自己創業，直到退休。我右邊的男性似乎不太會說英語，法院發下選民登記表時，他寫的是中文版本。

最後，我們的家人和朋友也允許進入房間，法官進來了。大家都站了起來，法官帶領我們誦讀新公民的效忠誓言，接著又誦讀《效忠宣誓》（*Pledge of Allegiance*）。法官告訴我們，她自己以及那個法院內的多位同仁都是從小在不懂英語下來到美國的，但現在他們都當上聯邦法院的法官。她也坦言，目前我們可能對美國政府有些不信任——她是指最近有新聞揭露政府的電子監控計畫——但她跟我們保證，美國仍是機會之地。語畢，她把我們一一叫到前面領取證件，於是我成了美國公民。

我和崔沃及艾利穿過法院大門，迎向戶外的涼爽秋日，滿心陶然。我心想，我是怎麼來到這裡的？我這樣一個出身芬蘭小郊區的女子，是怎麼變成美國公民的？我想到世界各地有數百萬人遠比我更需要這個公民身分，還有美國境內成千上萬名非法移民，其中有很多是幼年時期來到這個國家，但依然難以獲得公民身分。我瞇著眼望向太陽，心想，這不是正好彰顯出當今美國經驗的本質嗎？同時為美國的卓越感到自豪，也對殘酷的不平等覺得沮喪。

我也想到，我在準備取得美國公民身分時，研讀過美國歷史、憲法和獨立宣言。我意識到成為這個社會的一員是何等的特權。這個國家只要求我接受美國的基本理念，以及自由和正義的基本原則，沒有人要求我改變宗教信仰、服裝、飲食或習俗。沒有人問我感恩節是否吃火雞，或是否喜愛美式足球。他們確實要求我說英文，但測驗內容很基本。基於各種實際目的，我可以充分做我自己。只要我認同「人人都有權利做自己」的美式概念，我就能獲得認同。這世界上並不是很多國家都能做到這樣。

我們走出法院拍照，接著思考這附近哪裡可以吃到蘋果派？這時戴著厚框眼鏡、身穿灰色冬衣的男人和剛成為美國公民的妻子走出法院。他熱情地擁抱她，她羞澀地微笑，手裡握著跟我一樣的證件。崔沃主動表示願意用他們的相機幫他們拍照，他們準備離去時，那個男人又回頭看我。

他笑著說：「好好享受美國，希望妳喜歡這裡。」

致謝

二〇〇八年底我移居美國時，在這個幅員廣大的國家只認識幾個人。在此之前，我一直在芬蘭工作，從未嘗試寫書，更別說是寫英文書了。雖然說一個人「仰賴陌生人的善意」已經變成陳腔濫調——白蘭琪・杜波依斯（Blanche DuBois）在劇作家田納西・威廉斯（Tennessee Williams）撰寫的《慾望街車》裡，第一次說出這句名言[1]，但這招對她沒多大效用——而對我來說，這句話真是恰到好處。很多美國人沒看到什麼證據證明我有任何實力，依然友善地跟我當朋友，給我支持和建言，相信我的能力。對此，我永遠心存感激。

非常感謝我的編輯Gail Winston和哈潑柯林斯出版公司（HarperCollins）的每個人、我的經紀人Kim Witherspoon和Inkwell Management的每個人、Stephanie Mehta和我在《財星》（*Fortune*）短暫客座期間的每位伙伴、《紐約時報》的Sewell Chan、《大西洋月刊》的Jennie Rothenberg Gritz，以及Hugh Van Dusen和Wendy Wolf。他們都願意給我機會，幫我在美國開啟寫作生涯。尤其編輯Gail看到這本書最初幾版拖沓繁瑣的文稿時，從未灰心，而是直接進行優秀編輯擅長的工作：幫作者把文稿編修得更臻完美。

我很感謝通力基金會（KONE Foundation）、科爾德琳基金會（Alfred Kordelin Foundation）、芬蘭非小說作家協會的支持，更感謝赫爾辛基新聞基金會（Helsingin

Sanomat Foundation）的資助，讓我當初可以先搬來美國。

我為這本書採訪了上百人，多數受訪者不願具名，但我還是很感謝他們。我特別感謝那些分享個人經歷，並為我介紹其他受訪者的人。特此鳴謝Jennifer Bensko Ha、Maria-Eugenia Dalton、Mads Egeskov Sørensen、Sigrid Egeskov Andersen、Brandur Ellingsgaard、Hannah Villadsen Ellingsgaard、Pamela HarrellSavukoski、Kaarina Hazard、Ville Heiskanen、Nina Jähi、Tracy Høeg、Hanna及Olli Lehtonen、Mika Oksa、Kerstin Sjödén、Fredrik Wass。非常感謝！kiitos（芬蘭語的謝謝）、tack（瑞典語的謝謝）、tak（丹麥語的謝謝）。

感謝幾位專家大方撥冗，分享見解，包括Lars Trägårdh、Pasi Sahlberg、Tine Rostgaard、Markus Jäntti、Laura Hartman、Leena Krokfors、Juhana Vartiainen、Sixten Korkman、Bengt Holmström、Heikki Hiilamo、Pauli Kettunen、Jaana Leipälä、Juha Hernesniemi、Sakari Orava、Risto E. J. Penttilä。（他們的見解不見得相互呼應，所以書中都是我個人的結論，如有疏失都是我造成的。）我也想感謝芬蘭多個政府機構員工的耐心，迅速答覆我無數問題。我要說，我愛芬蘭的政府官員！

1　譯註：白蘭琪在《慾望街車》片尾的一句台詞「無論你們是誰，我一直都依靠陌生人的好心而活。」（Whoever you are, I have always depended on the kindness of strangers.）

寫書的過程中，朋友和同事不斷鼓勵我，寄文章及書籍給我閱讀參考，推薦訪問的人選，分享他們的親身體驗，並在我為了釐清思緒及寫得有條理而感到挫敗時，讓我持續保持理性。我非常感謝Tulikukka de Fresnes、Anna-Liina Kauhanen、Taina和David Droeske、Mari Saarenpää、Veera Sylvius、Mari Teittinen、Noora Vainio、Alli Haapasalo、Chris Giordano、Laura和Saska Saarikoski、Spencer Boyer、Clare Stroud、Jessica DuLong、Ben Rubin。

我在大西洋兩岸的家人，始終給我無限關愛與支持，即使他們覺得這本書可能永遠也寫不完，他們對我的愛和支持從未動搖。謝謝Kirsti、Erkki、Esa Partanen、Mikko和Veera Korvenkari、Sarah Corson、Dick Atlee、Ash Corson、Ann Corson、Jon Jaeger、Holly Lord、John Coyle，以及Lord家族的每個人，謝謝你們做的一切。

最後，我要感謝我先生崔沃（Trevor Corson），他總是不厭其煩跟我討論各種想法，讀了再多版本的書稿也不嫌煩（在我敢讓其他人閱讀書稿以前，他不知讀了多少遍）。能有如此寬容、鼓舞人心的摯友兼人生伴侶，而且又是那麼出色的同行，是作家難得的福氣。

參考書目

Abelson, Reed. "Insured, but Bankrupted by Health Crises." *New York Times*, June 30, 2009. Web.

Abrams, Samuel E. "The Children Must Play." *New Republic*, Jan. 28, 2011. Web.

Addati, Laura, et al. *Maternity and Paternity at Work: Law and Practice Across the World.* International Labour Office. Geneva: ILO, 2014. Web.

Adema, Willem, et al. "Is the European Welfare State Really More Expensive? Indicators on Social Spending, 1980–2012; and a Manual to the OECD Social Expenditure Data Base (SOCX)." *OECD Social, Employment and Migration Working Papers* 124. Paris: OECD Publishing, 2011. Web.

Aho, Erkki. "52 Finnish Comprehensive Schools." In *100 Social Innovations from Finland*. Edited by Ilkka Taipale. Helsinki: Peace Books from Finland, 2009.

Alderman, Liz, and Steven Greenhouse. "Living Wages, Rarity for U.S. Fast-Food Workers, Served up in Denmark." *New York Times*, Oct. 27, 2014. Web.

Allegretto, Sylvia, et al. *Fast Food, Poverty Wages: The Public Cost of Low-Wage Jobs in the Fast-Food Industry.* UC Berkeley Labor Center, 2013. Web.

Allianz. *The 2013 Allianz Women, Money, and Power Study*. Web.

Amato, Paul. R. "The Impact of Family Formation Change on the Cognitive, Social and Emotional Well-Being of the Next Generation." *Marriage and Child Wellbeing* 15:2 (2005): 75–96. Web.

Andersen, Torben M., et al. *The Danish Flexicurity Model in the Great Recession.* VoxEU.org, Apr. 8, 2011. Web.

Anderson, Jenny. "From Finland, an Intriguing School-Reform Model." *New York Times*, Dec. 12, 2011. Web.

Anderson, Richard. "Pharmaceutical Industry Gets High on Fat Profits." *BBC News*, Nov. 6, 2014. Web.

Andrews, Michelle. "Patients Balk at Considering Cost in Medical Decision-Making, Study Says." *Washington Post*, Mar. 11, 2013. Web.

Anell, Anders, et al. "Sweden: Health System Review." *Health Systems in Transition* 14:5 (2012): 1–159. Web.

Appelbaum, Binyamin, and Robert Gebeloff. "Even Critics of Safety Net Increasingly Depend on It." *New York Times*, Feb. 11, 2012. Web.

Appelbaum, Eileen, and Ruth Milkman. "Paid Family Leave Pays Off in California." *Harvard Business Review*, Jan. 19, 2011. Web.

Arnold, Chris. "When Nonprofit Hospitals Sue Their Poorest Patients." *NPR*, Dec. 19, 2014. Web.

Arnold, Nathaniel, et al. *Finland: Selected Issues.* Washington, DC: International Monetary Fund, 2015. Web.

Artiga, Samantha, and Elizabeth Cornachione. *Trends in Medicaid and CHIP Eligibility Over Time*. Kaiser Family Foundation, 2015. Web.

Associated Press. "Governor Abandons Single-Payer Health Care Plan." *New York Times*, Dec. 17, 2014. Web.

Associated Press. "School Spending by Affluent Is Widening Wealth Gap." *New York Times*, Sept. 30, 2014. Web.

Astridlindgren.se. *Astrid Lindgren and the World.* N.d. Web. Accessed July 23, 2015.

Aubrey, Allison. "Burger Joint Pays $15 an Hour. And, Yes, It's Making Money." *NPR*, Dec. 4, 2014. Web.

Aula, Maria Kaisa, et al. "Vanhempainvapaatyöryhmän muistio." ["Memorandum of Working Group on Family Leaves."] *Sosiaali- ja terveysministeriön selvityksiä* 12. Helsinki: Ministry of Social Affairs and Health, 2011. Web.

Aviv, Rachel. "Wrong Answer." *The New Yorker*, July 21, 2014. Web.

Bach, Peter S. "Why Drugs Cost So Much." *New York Times*, Jan. 14, 2015. Web.

Bagehot. "Nice Up North." *The Economist*, Jan. 27, 2011. Web.

Baker, Bruce D., et al. *Is School Funding Fair? A National Report Card*. Education Law Center, 2015. Web.

Baker, Peter. "The Limits of Rahmism." *New York Times Magazine*, Mar. 8, 2010. Web.

Bakst, Dina. "Pregnant, and Pushed Out of a Job." *New York Times*, Jan. 30, 2012. Web.

Balz, Dan, and Jon Cohen. "Most Support Public Option for Health Insurance, Poll Finds." *Washington Post*, Oct. 20, 2009. Web.

Banchero, Stephanie. "Teachers Lose Jobs Over Test Scores." *Wall Street Journal*, July 24, 2010. Web.

Banerjee, Abhijit V., and Esther Duflo. *Poor Economics—A Radical Rethinking of the Way to Fight Global Poverty*. New York: PublicAffairs 2011. Kindle file.

Bank of America. "Going Broke in Retirement Is Top Fear for Americans." *Merrill Edge Report*, May 27, 2014. Web.

Basic Education Act 628/1998. Amendments up to 1136/2010. Finlex. Web. Accessed Aug. 2, 2015.

Bassanini, Andrea, and Danielle Venn. "The Impact of Labour Market Policies on Productivity in OECD countries." *International Productivity Monitor* 17 (2008): 3–15. Web.

Berdahl, Jennifer L., and Sue H. Moon. "Workplace Mistreatment of Middle Class Workers Based on Sex, Parenthood, and Caregiving." *Journal of Social Issues* 69:2 (2013): 341–66. Web.

Berger, Lawrence M., and Sarah A. Font. "The Role of the Family and Family-Centered Programs and Policies." *Policies to Promote Child Health* 25:1 (2015): 155–76. Web.

Berggren, Henrik, and Lars Trägårdh. *Är svensken människa?* Stockholm: Norstedts Förlag, 2006.

———. "Pippi Longstocking: The Autonomous Child and the Moral Logic of the Swedish Welfare State." In *Swedish Modernism: Architecture, Consumption and the Welfare State*. Edited by Helena Mattsson and Sven-Olov Wallenstein, 10–23. London: Black Dog Publishing, 2010.

———. "Social Trust and Radical Individualism: The Paradox at the Heart of Nordic Capitalism." In *Shared Norms for the New Reality: The Nordic Way*, 13–27. Stockholm: Global Utmaning, 2010. Web.

Bernstein, Nina. "Pitfalls Seen in a Turn to Privately Run Long-Term Care." *New York Times*, Mar. 6, 2014. Web.

Blau, Francine D., and Lawrence M. Kahn. "Female Labor Supply: Why Is the US Falling Behind?" *American Economic Review* 103:3 (2013): 251–56. Web.

Blendon, Robert J., et al. "Public Trust in Physicians—U.S. Medicine in International Perspective." *New England Journal of Medicine* 371 (2014): 1570–72. Web.

Blomgren, Jenni, et al. "Kelan sairaanhoitokorvaukset tuloryhmittäin. Kenelle korvauksia maksetaan ja kuinka paljon?" ["The Social Insurance Institution of Finland's Health Care Reimbursements by Income Quintile. To Whom Are Reimbursements Paid and What Are the Amounts?"] *Sosiaali- ja terveysturvan selosteita* 93. Helsinki: Kela, 2015. Web.

Blumenthal, David, et al. "The Affordable Care Act at Five." *New England Journal of Medicine Online First*, May 6, 2015. Web.

Blumenthal, Paul. "States Push Post-Citizens United Reforms as Washington Stands Still." *Huffington Post*, July 11, 2013. Web.

Bolick, Kate. "All the Single Ladies." *Atlantic*, Nov. 2011. Web.

Bowman, Carl, et al. *Culture of American Families*. Institute for Advanced Studies in Culture, 2012. Web.

Bradford, Harry. "The 10 Countries with the Best Work-Life Balance: OECD." *Huffington Post*, Jan. 6, 2011. Web.

Brill, Steven. "Bitter Bill: Why Medical Bills Are Killing Us." *Time*, Feb. 20, 2013. Web.

Brooks, David. "The Talent Society." *New York Times*, Feb. 20, 2012. Web.

Brundage, Amy. *White House Report—The Buffett Rule: A Basic Principle of Tax Fairness*. White House, Apr. 10, 2012. Web.

Buckley, Cara. "For Uninsured Young Adults, Do-It-Yourself Health Care." *New York Times*, Feb. 17, 2009. Web.

Buffett, Warren E. "A Minimum Tax for the Wealthy." *New York Times* Nov. 25, 2012. Web.

———. "Stop Coddling the Super-Rich." *New York Times*, Aug. 14, 2011. Web.

Bureau of Labor Statistics. "Table 1. Time spent in primary activities and percent of the civilian population engaging in each activity, averages per day by sex, 2014 annual averages." *American Time Use Survey*. N.d. Web. Accessed July 29, 2015.

———. "Table 32. Leave Benefits: Access, private industry workers." *National Compensation Survey, March 2015*. Web.

———. "Table 38. Paid Vacations: Number of Annual Days by Service Requirement, private industry workers." *National Compensation Survey, March 2015*. Web.

———. "Table 9. Time adults spent caring for household children as a primary activity by sex, age, and day of week, average for the combined years 2010–2014." *American Time Use Survey*. N.d. Web. Accessed July 29, 2015.

Byers, Dylan. "What Newt Said About Food Stamps." *Politico*, Jan. 6, 2012. Web.

Cain Miller, Claire. "Can Family Leave Policies Be Too Generous? It Seems So." *New York Times*, Aug. 9, 2014. Web.

———. "Paternity Leave: The Rewards and the Remaining Stigma." *New York Times*, Nov. 7, 2014. Web.

Campbell, Frances A., et al. "Early Childhood Education: Young Adult Outcomes from the Abecedarian Project." *Applied Developmental Science* 6:1 (2002): 42–57. Web.

Carey, Kevin, and Marguerite Roza. *School Funding's Tragic Flaw*. Education Sector and the Center on Reinventing Public Education, University of Washington, 2008. Web.

———. "Americans Think We Have the World's Best Colleges. We Don't." *New York Times*, June 28, 2014. Web.

Casey, Timothy, and Laurie Maldonado. *Worst Off—Single-Parent Families in the United States*. Legal Momentum, 2012. Web.

Cecere, David. "New Study Finds 45,000 Deaths Annually Linked to Lack of Health Coverage." *Harvard Gazette*, Sept. 17, 2009. Web.

Center for Research on Education Outcomes (CREDO). *National Charter School Study 2013*. Stanford, CA: CREDO at Stanford University, 2013. Web.

Chait, Jonathan. "Inequality and the Charles Murray Dodge." *New York*, Jan. 31, 2012. Web.

Chappell, Bill. "Supreme Court Backs Arizona's Redistricting Commission Targeting Gridlock." *NPR*, June 29, 2015. Web.
Cherlin, Andrew J. "The Real Reason Richer People Marry." *New York Times*, Dec. 6, 2014. Web.
Chetty, Raj, et al. "Where Is the Land of Opportunity? The Geography of Intergenerational Mobility in the United States." *Quarterly Journal of Economics* 129:4 (2014): 1553–1623. Web.
Child Care Aware. *Parents and the High Cost of Child Care: 2015 Report*. Web.
Chingos, Matthew M. *Strength in Numbers: State Spending on K–12 Assessment Systems*. Brown Center on Education Policy at Brookings, 2012. Web.
Claxton, Gary, et al. *Employer Health Benefits 2015*. Kaiser Family Foundation and Health Research & Educational Trust, 2015. Web.
Clinton Global Initiative. "Opening Plenary Session CGI 2010 pt. 1." Online video clip. Original.livestream.com. N.d. Web. Accessed July 20, 2015.
Cohn, D'Vera, et al. "After Decades of Decline, a Rise in Stay-At-Home Mothers." Pew Research Center, Apr. 8, 2014. Web.
College Board. "Trends in College Pricing 2015." *Trends in Higher Education Series*. College Board, 2015. Web.
Commonwealth Fund. "Why Are Millions of Insured Americans Still Struggling to Pay for Health Care?" *Medium*, June 16, 2015. Web.
———. "Why Not the Best? Results from the National Scorecard on U.S. Health System Performance, 2011." Commonwealth Fund, 2011. Web.
Confessore, Nicholas, and David Kocieniewski. "For Romneys, Friendly Code Reduces Taxes." *New York Times*, Jan. 24, 2012. Web.
Congressional Budget Office. *Supplemental Nutrition Assistance Program*. May 2013. Web.
———. *Trends in the Distribution of Household Income Between 1979 and 2007*. October 2011. Web.
Connelly, Marjorie. "Polls and the Public Option." *New York Times*, Oct. 28, 2009. Web.

Coombes, Andrea. "'Bag Lady' Fears Haunt About Half of Women." *Marketwatch*, Aug. 22, 2006. Web.

Corak, Miles. "Income Inequality, Equality of Opportunity, and Intergenerational Mobility." *Journal of Economic Perspectives* 27:3 (2013): 79–102. Web.

———. "Do Poor Children Become Poor Adults? Lessons from a Cross Country Comparison of Generational Earnings Mobility." Institute for the Study of Labor (IZA), 2006. Web.

Davidson, Justin. "The Rise of the Mile-High Building." *New York*, Mar. 24, 2015. Web.

Davis, Karen, et al. *Mirror, Mirror on the Wall: How the Performance of the U.S. Health Care System Compares Internationally*. Commonwealth Fund, 2014. Web.

Delaney, Arthur, and Ariel Edwards-Levy. "More Americans Would Take a Pay Cut for a Day Off." *Huffington Post*, Aug. 1, 2015. Web.

DeNavas-Walt, Carmen, and Bernadette D. Proctor. *Income and Poverty in the United States: 2013*. Washington, DC: U.S. Government Printing Office, 2014. Web.

DeNavas-Walt, Carmen, et al. *Income, Poverty, and Health Insurance Coverage in the United States: 2009*. Washington, DC: U.S. Government Printing Office, 2010. Web.

DeParle, Jason. "For Poor, Leap to College Often Ends in Hard Fall." *New York Times*, Dec. 22, 2012. Web.

DeParle, Jason, and Sabrina Tavernise. "For Women Under 30, Most Births Occur Outside Marriage." *New York Times*, Feb. 17, 2012. Web.

Dillon, Sam. "Schools Cut Back Subjects to Push Reading and Math." *New York Times*, Mar. 26, 2006. Web.

Dorment, Richard. "22 Simple Reforms That Could #FixCongress Now." *Esquire*, Oct. 15, 2014. Web.

Doyle, Joseph J., Jr. "Health Insurance, Treatment and Outcomes: Using Auto Accidents as Health Shocks." *Review of Economics and Statistics* 87:2 (2005): 256–70. Web.

Drobnic Holan, Angie. "PolitiFact's Lie of the Year: 'Death Panels'." *Tampa Bay Times PolitiFact.com*, Dec. 18, 2009. Web.

Duncan, Greg, and Richard J. Murnane. *Whither Opportunity? Rising Inequality, Schools, and Children's Life Chances*. Executive Summary. New York: Russell Sage and Spencer Foundation, 2011. Web.

Duvander, Ann-Zofie, and Johanna Lammi-Taskula. "1. Parental Leave." In *Parental Leave, Childcare and Gender Equality in the Nordic Countries. TemaNord 2011:562*, edited by Ingólfur V. Gíslason and Guðný Björk Eydal, 31–64. Copenhagen: Nordic Council of Ministers, 2011. Web.

Duxbury, Charles. "Sweden Seeks to Drop Budget Surplus Target." *Wall Street Journal*, Mar. 3, 2015. Web.

Economic Report of the President. Washington, DC: U.S. Government Printing Office, 2013. Web.

The Economist. "The Other Mile-High Club." *The Economist*, June 15, 2013. Web.

Editorial Board. "Runaway Drug Prices." *New York Times*, May 5, 2015. Web.

Edsall, Thomas B. "What the Right Gets Right." *New York Times*, Jan. 15, 2012. Web.

Education Week. "Quality Counts Introduces New State Report Card; U.S. Earns C, and Massachusetts Ranks First in Nation." *Education Week*, Jan. 8, 2015. Web.

Ehrenfreund, Max. "Teachers in Teach for America Aren't Any Better Than Other Teachers When It Comes to Kids' Test Scores." *Washington Post*, Mar. 6, 2015. Web.

Ehrenreich, Barbara. "Overrated Optimism: The Peril of Positive Thinking." *Time*, Oct. 10, 2009. Web.

Eklund, Klas. "Nordic Capitalism: Lessons Learned." In *Shared Norms for the New Reality: The Nordic Way*, 5–11. Stockholm: Global Utmaning, 2010. Web.

Employment Development Department State of California. *Disability Insurance (DI) and Paid Family Leave (PFL) Weekly Benefit Amounts*. N.d. Web. Accessed July 25, 2015.

———. *Fact Sheet. Paid Family Leave (PFL)*. N.d. Web. Accessed July 25, 2015.

European Commission. "Investing in Children: Breaking the Cycle of Disadvantage." *Commission Recommendation*, Feb. 20, 2013. Web.

———. *Innovation Union Scoreboard 2011*. Brussels: European Union, 2012. Web.

European Foundation for the Improvement of Living and Working Conditions. *Developments in Collectively Agreed Working Time 2012*. 2013. Web.

Eurydice. *Finland—Early Childhood and School Education Funding*. European Commission, 2015. Web.

Executive Office of the President of the United States. *The Labor Force Participation Rate Since 2007: Causes and Policy Implications*. July 2014. Web.

FactCheck.Org. *Dying from Lack of Insurance*. Sept. 24, 2009. Web.

Fairleigh Dickinson University's Public Mind Poll. "Beliefs About Sandy Hook Cover-Up, Coming Revolution Underlie Divide on Gun Control." May 1, 2013. Web.

Fausset, Richard. "Judge Reduces Sentences in Atlanta School Testing Scandal." *New York Times*, Apr. 30, 2015. Web.

Feuer, Alan. "Homeless Families, Cloaked in Normalcy." *New York Times*, Feb. 3, 2012. Web.

Finnish Medicines Agency Fimea and Social Insurance Institution of Finland (Kela). *Finnish Statistics on Medicines 2013*. Helsinki: Fimea and Kela, 2014. Web.

Fjölmenningarsetur. *Vacation Pay / Holiday Allowance*. N.d. Web. Accessed July 25, 2015.

Foderaro, Lisa W. "Alternate Path for Teachers Gains Ground." *New York Times*, Apr. 18, 2010. Web.

Foroohar, Rana. "The Best Countries in the World." *Newsweek*, Aug. 23 & 30, 2010, 30–32. Web.

Försäkringskassan. *About Parental Benefits*. N.d. Web. Accessed July 25, 2015.

Frank, Robert H. "A Remedy Worse Than Disease." *Pathways*, Summer 2010. Web.

Fronstin, Paul. "Views on Health Coverage and Retirement: Findings from the 2012 Health Confidence Survey." *EBRI Employee Benefit Research Institute Notes* 34.1 (2013): 2–9. Web.

Frum, David. "Is the White Working Class Coming Apart?" *Daily Beast*, Feb. 6, 2012. Web.

Fujisawa, Rie, and Gaetan Lafortune. "The Remuneration of General Practitioners and Specialists in 14 OECD Countries: What Are the Factors Influencing Variations Across Countries?" *OECD Health Working Papers* 41, 2008. Web.

Fund for Peace. *Failed States Index 2012.* N.d. Web. Accessed July 21, 2015.

Futures Company. *The Life Twist Study*. American Express, 2013. Web.

Gabriel, Trip. "Vouchers Unspoken, Romney Hails School Choice." *New York Times*, June 11, 2012. Web.

Gallup. *Healthcare System: Historical Trends.* N.d. Web. Accessed Aug. 15, 2015.

Gawande, Atul. "Big Med." *The New Yorker*, Aug. 12, 2012. Web.

Genworth. *2013 Cost of Care Survey.* N.d. Web. Accessed Aug. 14, 2015.

Gittleson, Kim. "Shake Shack Is Shaking up Wages for US Fast-Food Workers." *BBC*, Jan. 30, 2015. Web.

Goldstein, Amy. "Few Employers Dropping Health Benefits, Surveys Find." *Washington Post*, Nov. 19, 2014. Web.

Goodnough, Abby, and Robert Pear. "Unable to Meet the Deductible or the Doctor." *New York Times*, Oct. 17, 2014. Web.

———. "Hospitals Look to Health Law, Cutting Charity." *New York Times*, May 25, 2014. Web.

Gottlieb, Lori. "How to Land Your Kid in Therapy." *Atlantic*, July/August 2011. Web.

———. "Marry Him!" *Atlantic*, Mar. 2008. Web.

Grady, Denise. "In Feast of Data on BPA Plastic, No Final Answer." *New York Times*, Sept. 6, 2010. Web.

Graff, E .J. "Our Customers Don't Want a Pregnant Waitress." *American Prospect* 31 (Jan. 2013). Web.

Grant, Rebecca. "Silicon Valley's Best and Worst Jobs for New Moms (and Dads)." *Atlantic*, Mar. 2, 2015. Web.

Greenberg, Julie, et al. *2014 Teacher Prep Review.* National Council on Teacher Quality, rev. Feb. 2015. Web.

Greenhouse, Linda. "Justice Recalls Treats Laced with Poison." *New York Times*, Nov. 17, 2006. Web.

Greenstone, Michael, et al. *Dozen Economic Facts About K-12 Education*. Hamilton Project, 2012. Web.

———. *Thirteen Economic Facts About Social Mobility and the Role of Education*. Hamilton Project, 2013. Web.

Grieco, Elizabeth M., et al. "The Foreign-Born Population in the United States: 2010." *American Community Survey Reports*. United States Census Bureau, 2012. Web.

Gruber, Jonathan. "The Tax Exclusion for Employer-Sponsored Health Insurance." *National Tax Journal* 64.2 (2011): 511–530. Web.

Gubb, James. *The NHS and the NHS Plan: Is the Extra Money Working?* Civitas, Institute for the Study of Civil Society, 2006. Web.

Gunn, Dwyer. "Sit. Stay. Good Mom!" *New York,* July 6, 2012. Web.

Hansegard, Jens. "For Paternity Leave, Sweden Asks If Two Months Is Enough." *Wall Street Journal*, July 31, 2012. Web.

Harrington, Brad, et al. *The New Dad: Take Your Leave.* Boston: Boston College Center for Work & Family, 2014. Web.

Harris, Elizabeth A. "Cuomo Gets Deals on Tenure and Evaluations of Teachers." *New York Times*, Mar. 31, 2015. Web.

———. "Most Parents Got Top Choices for Pre-K, Blasio says." *New York Times*, June 8, 2015. Web.

Hartman, Laura, ed. "Konkurrensens konsekvenser. Vad händer med svensk välfärd?" ["The Consequences of Competition: What Is Happening to Swedish Welfare?"] Stockholm: SNS Förlag, 2011.

Hartung, Daniel M., et al. "The Cost of Multiple Sclerosis Drugs in the US and the Pharmaceutical Industry: Too Big to Fail?" *Neurology*, Apr. 24, 2015. Web.

Hattenstone, Simon. "Nothing Like a Dame." *Guardian*, Sept. 2, 2006. Web.

Hayes, Susan L., and Cathy Schoen. "Stop the Churn: Preventing Gaps in Health Insurance Coverage." *Commonwealth Fund Blog*, July 10, 2013. Web.

HealthCare.gov. *Out-of-Pocket Maximum/limit.* N.d. Web. Accessed Nov. 25, 2015.

Helliwell, John, et al. *World Happiness Report.* Sustainable Development Solutions Network, 2012. Web.

Help Age International. *Global Agewatch Index 2014.* Web.

Hertz, Tom. "Understanding Mobility in America." Center for American Progress, 2006. Web.

Heymann, Jody, et al. *Contagion Nation: A Comparison of Paid Sick Leave Policies in 22 Countries.* Center for Economic and Policy Research, May 2009. Web.

Himmelstein, David U., et al. "Medical Bankruptcy in the United States 2007: Results of a National Study." *American Journal of Medicine,* 122:8 (2009): 741–746. Web.

Hobbes, Thomas. *Leviathan.* 1651. Kindle file.

Holmes, Elizabeth. "Don't Hate Her for Being Fit." *Wall Street Journal,* July 20, 2012. Web.

Horpedahl, Jeremy, and Harrison Searles. *The Tax Exemption of Employer-Provided Health Insurance.* Mercatus Center at George Mason University, 2013. Web.

Hotchner, A. E. "Nordic Exposure." *Vanity Fair,* Aug. 2012. Web.

Huffington, Arianna. "Beyond Money and Power (and Stress and Burnout): In Search of New Definition of Success." *Huffington Post,* May 29, 2013. Web.

———. *Thrive: The Third Metric to Redefining Success and Creating a Life of Well-Being, Wisdom, and Wonder.* New York: Harmony Books, 2014. Kindle file.

HUS. *Synnytyksen jälkeen. Hoitoajat ja potilasmaksut.* N.d. Web. Accessed July 25, 2015.

Icelandic Parliament. *Report of the Special Investigation Commission.* 2010. Web.

IMS Health. "Top 25 Medicines by Dispensed Prescriptions (U.S.)" N.d. Web. Accessed July 22, 2015.

International Federation of Health Plans. *2013 Comparative Price Report.* N.d. Web. Accessed Aug. 13, 2015.

International Telecommunication Union. *Measuring the Information Society Report 2014*. Geneva: ITU, 2014. Web.

International Transport Forum. *Road Safety Annual Report 2014*. Paris: OECD Publishing, 2014. Web.

IOM (Institute of Medicine). *America's Uninsured Crisis: Consequences for Health and Health Care*. Washington, DC: National Academies Press, 2009. Web.

———. *Care Without Coverage: Too Little, Too Late*. Washington, DC: National Academies Press, 2002. Web.

Irwin, Neil. "Finland Shows Why Many Europeans Think Americans Are Wrong About the Euro." *New York Times*, July 20, 2015. Web.

Jacobs, Douglas B., and Benjamin D. Sommers. "Using Drugs to Discriminate—Adverse Selection in the Insurance Marketplace." *New England Journal of Medicine* 372 (2015): 399–402. Web.

Jäntti, Markus, et al. "American Exceptionalism in a New Light: A Comparison of Intergenerational Earnings Mobility in the Nordic Countries, the United Kingdom and the United States." Institute for the Study of Labor (IZA), 2006. Web.

Jubera, Drew. "A Georgia County Shares a Tale of One Man's Life and Death." *New York Times*, Aug. 22, 2009. Web.

Junkkari, Marko. "Supercellin perustajat ovat kaikkien aikojen veronmaksajia." ["The Founders of Supercell Are Among the Biggest Taxpayers of All Time."] *Helsingin Sanomat*, Nov. 3, 2014. Web.

Kaiser Family Foundation. "Massachusetts Health Care Reform: Six Years Later," May 2012. Web.

Kela. *Allowance for the Unemployed, Students and Rehabilitees*. Social Insurance Institution of Finland (Kela), N.d. Web. Accessed July 26, 2015.

———. *Amount of Child Home Care Allowance*. N.d. Web. Accessed July 26, 2015.

———. *Benefits for Families with Children*. N.d. Web. Accessed July 25, 2015.

———. *Government Guarantee for Student Loans*. N.d. Web. Accessed Aug. 9, 2015.

———. *Health and Rehabilitation Brochure.* N.d. Web. Accessed July 21, 2015.
———. *Home and Family Brochure.* N.d. Web. Accessed July 21, 2015.
———. *Housing Supplement.* N.d. Web. Accessed Aug. 9, 2015.
———. *Maternity Grant and Maternity Package*. N.d. Web. Accessed July 25, 2015.
———. *Paternity Allowance During Paternity Leave.* N.d. Web. Accessed July 29, 2015.
———. *Statistical Yearbook of the Social Insurance Institution 2013*, 2014. Web.
———. *Study Grant.* N.d. Web. Accessed Aug. 9, 2015.
———. *Unemployment: Benefits for the Unemployed Brochure*. N.d. Web. Accessed July 26, 2015.
Kelly, Gordon. "Supercell's CEO Reveals the Culture He Built to Produce a £2.5 Billion Company in Two Years." Wired.co.uk, Nov. 13, 2013. Web.
Kena, Grace, et al. *The Condition of Education 2015.* U.S. Department of Education, National Center for Education Statistics, 2015. Web.
King, Stephen. "Stephen King: Tax Me, for F@%&'s Sake!" *Daily Beast*, Apr. 30, 2012. Web.
Kirshstein, Rita J. *Not Your Mother's College Affordability Crisis*. Delta Cost Project at American Institutes for Research, 2012. Web.
Klein, Joel I. "Urban Schools Need Better Teachers, Not Excuses, to Close the Education Gap." *U.S. News & World Report*, May 9, 2009. Web.
Klerman, Jacob, et al. *Family and Medical Leave in 2012: Executive Summary*. Cambridge, MA: Abt Associates, 2012. Web.
Kolbert, Elizabeth. "Spoiled Rotten." *The New Yorker*, July 2, 2011. Web.
Kortelainen, Mika, et al. "Lukioiden väliset erot ja paremmuusjärjestys." ["Differences Between Academic High Schools, and Their Rankings"] *VATT tutkimukset* 179. Helsinki: Government Institute for Economic Research 2014. Web.
Kristof, Nicholas. "A Possibly Fatal Mistake." *New York Times*, Oct. 12, 2012. Web.
———. "The Spread of Superbugs." *New York Times*, Mar. 6, 2010. Web.

Krugman, Paul. "Annoying Euro Apologetics." *New York Times* July 22, 2015. Web.
———. "Death by Ideology." *New York Times*, Oct. 14, 2012. Web.
———. "Now That's Rich." *New York Times*, May 8, 2014. Web.
———. "Rube Goldberg Survives." *New York Times*, Apr. 3, 2014. Web.
———. "Taxes at the Top." *New York Times,* Jan. 19, 2012. Web.
———. "The Undeserving Rich." *New York Times*, Jan. 19, 2014. Web.
Kupari, Pekka, et al. "PISA12—Ensituloksia." [PISA12—First Results.] *Opetus—ja kulttuuriministeriön julkaisuja* 20. Ministry of Education and Culture, 2013. Web.
Laitinen, Joonas, and Johanna Mannila. "Ressun keskiarvoraja jälleen korkein pääkaupunkiseudun kuntien omissa lukioissa." ["Ressu High School Once Again Requires the Highest Grade Point Average for Entry Among Municipal High Schools in the Helsinki Metropolitan Area."] *Helsingin Sanomat*, June 11, 2015. Web.
LaMontagne, Christina. "Medical Bankruptcy Accounts for Majority of Personal Bankruptcies." *Nerdwallet*, Mar. 26, 2014. Web.
Lander, Mark. "Obama, Like Buffett, Had Lower Tax Rate Than His Secretary." *New York Times*, Apr. 13, 2012. Web.
Lavigne, Paula. "Bad Grades? Some Schools OK with It." *ESPN*, Oct. 18, 2012. Web.
Leland, Anne, and Mari-Jana Oboroceanu. *American War and Military Operations Casualties: Lists and Statistics*. Congressional Research Service, Feb. 26, 2010. Web.
Leonhardt, David. "Putting Candidates' Tax Returns in Perspective." *New York Times*, Jan. 24, 2012. Web.
Leonhardt, David, and Kevin Quealy. "The American Middle Class Is No Longer the World's Richest." *New York Times,* Apr. 22, 2014. Web.
Leskinen, Jari, and Antti Juutilainen, eds. *Jatkosodan pikkujättiläinen*. [The Continuation War's Small Giant.] Helsinki: WSOY, 2005.
Levin, Yuval. "Beyond the Welfare State." *National Affairs* 7 (Spring 2011). Web.
Levine, Arthur. *Educating School Teachers*. Education Schools Project, 2006. Web.

Lewis, Michael. "Extreme Wealth Is Bad for Everyone—Especially the Wealthy." *New Republic*, Nov. 12, 2014. Web.

Lim, Carol S., et al. "International Comparison of the Factors Influencing Reimbursement of Targeted Anti-Cancer Drugs." *BMC Health Services Research* 14 (2014): 595. Web.

Lindbeck, Assar. "The Swedish Experiment." *Journal of Economic Literature* 35 (1997): 1273–1319. Web.

Liptak, Adam. "Case Seeking Job Protections for Pregnant Women Heads to Supreme Court." *New York Times*, Nov. 30, 2014. Web.

Lipton, Eric S., and David Barboza. "As More Toys Are Recalled, Trail Ends in China." *New York Times*, June 19, 2007. Web.

Livingston, Gretchen, and Anna Brown. "Birth Rate for Unmarried Women Declining for First Time in Decades." Pew Research Center, Aug. 13, 2014. Web.

Lublin, Joann S., and Leslie Kwoh. "For Yahoo CEO, Two New Roles." *Wall Street Journal*, July 17, 2012. Web.

Ludden, Jennifer. "More Dads Want Paternity Leave. Getting It Is a Different Matter." *NPR*, Aug. 13, 2014. Web.

Mäkinen, Esa, et al. "Kaikki Suomen lukiot paremmuusjärjestyksessä: Etelä-Tapiola kiilasi Ressun ohi." ["All of Finland's High Schools Ranked: South Tapiola Cut Ahead of Ressu."] *Helsingin Sanomat*, May 25, 2015. Web.

Mandery, Evan J. "End College Legacy Preference." *New York Times*, Apr. 24, 2014. Web.

Mascia, Jennifer. "An Accident, and a Life Is Upended." *New York Times,* Dec. 21, 2009. Web.

McDevitt, Kaitlin. "The Big Money: Depression and the Recession." *Washington Post*, Aug. 30, 2009. Web.

McDonough, John. "The Demise of Vermont's Single-Payer Plan." *New England Journal of Medicine* 372 (2015): 1584–1585. Web.

McMurrer, Jennifer, et al. *Instructional Time in Elementary Schools.* Center on Education Policy, 2008. Web.

Medicare.gov. *How Can I Pay for Nursing Home Care?* N.d. Web. Accessed Aug. 14, 2015.

———. *Your Medicare Coverage. Home Health Services.* N.d. Web. Accessed Aug. 14, 2015.
Mettler, Suzanne, and Julianna Koch. "Who Says They Have Ever Used a Government Social Program? The Role of Policy Visibility." Feb. 28, 2012. Web.
Micklethwait, John, and Adrian Wooldridge. *The Fourth Revolution: The Global Race to Reinvent the State.* New York: Penguin Press, 2014. Kindle file.
Miliband, Ed. Speech at the Sutton Trust's Social Mobility Summit in London, the United Kingdom, May 21, 2012. Web.
Mill, John Stuart. *On Liberty*. 1859. Kindle file.
Miller, Terry, and Anthony B. Kim. *2015 Index of Economic Freedom*. Heritage Foundation, 2015. Web.
Milne, Richard, and Michael Stothard. "Rich, Happy and Good at Austerity." *Financial Times* Special Report, May 30, 2012. Web.
Ministry of Education and Culture. *Finland and PISA*. N.d. Web. Accessed July 20, 2015.
———. *Basic Education in Finland.* N.d. Web. Accessed Aug. 2, 2015.
———. *Early Childhood Education and Care in Finland.* N.d. Web. Accessed Aug. 3, 2013.
———. *Every Child in Finland Has the Same Educational Starting Point*. N.d. Web. Accessed Jan. 12, 2015.
———. *Financing of Education.* N.d. Web. Accessed Aug. 3, 2015.
———. *Koulutustakuu osana yhteiskuntatakuuta.* [Education Guarantee as Part of the Social Guarantee.] N.d. Web. Accessed Aug. 10, 2015.
———. "Opetusryhmien tila Suomessa" ["The State of Class Sizes in Finland."] *Opetus- ja kulttuuriministeriön työryhmämuistioita ja selvityksiä* 4, 2014. Web.
———. "Perusopetuksen aamu- ja iltapäivätoiminnan sekä koulun kerhotoiminnan laatukortteja valmistelevan työryhmän muistio." [Report by the Preparatory Committee for Assessing the Quality of Morning, Afternoon and Other Clubs Offered to Students in Basic Education.] *Opetus- ja kulttuuriministeriön työryhmämuistioita ja selvityksiä* 8, 2012. Web.

———. *PISA12—Still Among the Best in the OECD—Performance Declining*. N.d. Web. Accessed Aug. 2, 2015.

———. *Työryhmä: Perusopetusta uudistetaan—taide- ja taitoaineisiin, äidinkieleen ja yhteiskuntaoppiin lisää tunteja*. [Committee: Basic Education to Be Reformed—More Instruction Hours for Arts, Crafts, Language Arts and Social Studies.] Feb. 24, 2012. Web.

———. *Valtioneuvosto myönsi kahdeksan perusopetuksen järjestämislupaa*. [Finnish Government Granted Eight Basic Education Licenses.] June 12, 2014. Web.

———. *Varhaiskasvatuksen asiakasmaksut*. [Early-Childhood Education Fees.] N.d. Web. Accessed Jan. 9, 2016.

Ministry of Employment and Economy. *Annual Holidays Act Brochure*. June 2014. Web.

Ministry of Justice. Constitution of Finland. June 11, 1999 (731/1999, amendments up to 1112 / 2011 included). Web. Accessed Aug. 2, 2015.

Ministry of Social Affairs and Health. *Hoitoon pääsy (Hoitotakuu)*. [Access to Care (Health Care Guarantee).] N.d. Web. Accessed Aug. 14, 2015.

———. *Hoitopaikan valinta*. [Choosing the Facility for Care.] N.d. Web. Accessed Aug. 14, 2015.

———. *Terveydenhuollon maksut*. [Health-Care Copays.] N.d. Web. Accessed Aug. 14, 2015.

Miranda, Veerle. "Cooking, Caring and Volunteering: Unpaid Work Around the World." *OECD Social, Employment and Migration Working Papers* 116. Paris: OECD Publishing, 2011. Web.

Miron, Gary, and Charisse Gulosino. *Profiles of For-Profit and Nonprofit Education Management Organizations: Fourteenth Edition—2011–2012*. Boulder, CO: National Education Policy Center, 2013. Web.

MoJo News Team. "Full Transcript of the Mitt Romney Secret Video." *Mother Jones*, Sept. 19, 2012. Web.

Moody's Investors Service. "Announcement: Moody's Changes the Outlook to Negative on Germany, Netherlands, Luxembourg and Affirms Finland's AAA Stable Rating." July 23, 2012. Web.

Morgan, David. "Obama Administration Seeks to Negotiate Medicare Drug Prices." *Reuters*, Feb. 2, 2015. Web.

Morin, Rich. "More Americans Worry About Financing Retirement." Pew Research Center, Oct. 22, 2012. Web.

Morris, Allison. "Student Standardised Testing: Current Practices in OECD Countries and a Literature Review." *OECD Education Working Papers* 65. Paris: OECD Publishing, 2011. Web.

Morris, Tom, and Dan Hill. "The Liveable Cities Index—2011." *Monocle*, July/August 2011, 18–22.

Moss, Michael. "Food Companies Are Placing the Onus for Safety on Consumers." *New York Times*, May 15, 2009. Web.

———. "Peanut Case Shows Holes in Safety Net." *New York Times*, Feb. 8, 2009. Web.

Moulds, Josephine. "How Finland Keeps Its Head Above Eurozone Crisis." *Guardian*, July 24, 2012. Web.

Mullins, Brody, et al. "Romney's Taxes: $3 Million." *Wall Street Journal*, Jan. 24, 2012. Web.

Mundy, Liza. "Daddy Track: The Case for Paternity Leave." *Atlantic*, January/February 2014. Web.

Muralidharan, Karthik, and Venkatesh Sundararaman. "The Aggregate Effect of School Choice: Evidence from a Two-stage Experiment in India." *NBER Working Paper* 19441. Sept. 2013, rev. Oct. 2014. Web.

Murray, Charles. "The New American Divide." *Wall Street Journal*, Jan. 21, 2012. Web.

Naison, Mark. "Professor: Why Teach for America Can't Recruit in My Classroom." *Washington Post*, Feb. 18, 2013. Web.

National Center for Education Statistics. "Table 5.1. Compulsory school attendance laws, minimum and maximum age limits for required free education, by state: 2013." *State Education Reforms*. Web.

National Conference of State Legislatures. *Redistricting Commissions and Alternatives to Legislature Conducting Redistricting*. N.d. Web. Accessed Aug. 18, 2015.

National Conference of State Legislatures. *State Family and Medical Leave Laws*. Dec. 31, 2013. Web.

———. *2015 Minimum Wage by State*. June 30, 2015. Web.

National Council on Teacher Quality. *2013 State Teacher Policy Yearbook: National Summary*. Jan. 2014. Web.

National Employment Law Project. "City Minimum Wage Laws: Recent Trends and Economic Evidence." May 2015. Web.

———. "Occupational Wage Declines Since the Great Recession." Sept. 2015. Web.

National Institute of Health and Welfare. "Tietopaketit: Imetys." [Information Packages: Breast-Feeding.] *Lastenneuvolakäsikirja*. N.d. Web. Accessed July 29, 2015.

———. *Tilastotietoa perhevapaiden käytöstä*. [Statistics on Use of Family Leaves.] N.d. Web. Accessed July 29, 2015.

National Institute of Mental Health. *Any Anxiety Disorder Among Adults*. N.d. Web. Accessed July 22, 2015.

Neander-Nilsson, Sanfrid. *Är svensken människa?* Stockholm: Fahlcrantz & Gumaelius, 1946.

New York State Office of the Attorney General. *Can You Be Fired?* N.d. Web. Accessed July 24, 2015.

Newman, Katherine S. *The Accordion Family. Boomerang Kids, Anxious Parents, and the Private Toll of Global Competition*. Boston: Beacon Press, 2012. Kindle file.

Newport, Frank. "Americans Continue to Say Wealth Distribution Is Unfair." *Gallup*, May 4, 2015. Web.

Nixon, Ron, and Eric Lichtblau. "In Debt Talks, Divide on What Tax Breaks Are Worth Keeping." *New York Times*, Oct. 2, 2011. Web.

Nordic Social Statistical Committee. *Social Protection in the Nordic Countries 2012/2013*. Copenhagen: Nordic Statistical Committee, 2014. Web.

Norris, Floyd. "Tax Reform Might Start with a Look Back to '86." *New York Times*, Nov. 22, 2012. Web.

Norton, Michael I., and Dan Ariely. "Building a Better America—One Wealth Quintile at a Time." *Perspectives on Psychological Science* 6:1 (2011): 9–12. Web.

Norwegian Labour and Welfare Organization (NAV). *Parental Benefit*. July 13, 2015. Web.

NPR. "Cardiologist Speaks from the Heart about America's Medical System." *NPR*, Aug. 19, 2014. Web.

NYC Department of Education. *Teacher and Pupil-Personnel Certification*. Web. Nd. Accessed Aug. 3, 2015.

O'Brien, Matt. "The Euro Is a Disaster Even for the Countries That Do Everything Right." *Washington Post*, July 17, 2015. Web.

———. *Why Bad Things Happen to Good Economies*. World Economic Forum, July 30, 2015. Web.

OECD. "Does Money Buy Better Performance in PISA?" *PISA in Focus*, Feb. 2012. Web.

———. *Babies and Bosses: Reconciling Work and Family Life*. Paris: OECD Publishing, 2007. Web.

———. *Closing the Gender Gap: Act Now*. Paris: OECD Publishing, 2012. Web.

———. *Consumption Tax Trends 2014*. Paris: OECD Publishing, 2014. Web.

———. "Country Note: United States." *Results from PISA 2012*. Web.

———. *Divided We Stand: Why Inequality Keeps Rising*. Paris: OECD Publishing, 2011. Web.

———. *Doing Better for Families*. Paris: OECD Publishing, 2011. Web.

———. *Economic Policy Reforms: Going for Growth*. Paris: OECD Publishing, 2010. Web.

———. *Education at a Glance 2014: OECD Indicators*. Paris: OECD Publishing, 2014. Web.

———. *Education Policy Outlook Norway*. Paris: OECD Publishing, 2013. Web.

———. Education spending (indicator). doi: 10.1787/ca274bac-en. Web. Accessed Aug. 9, 2015.

———. *Equity and Quality in Education: Supporting Disadvantaged Students and Schools*. Paris: OECD Publishing, 2012. Web.

———. *Government at a Glance 2015*. Paris: OECD Publishing, 2015. Web.

———. *Growing Unequal? Income Distribution and Poverty in OECD Countries*. Paris: OECD Publishing, 2008. Web.

———. *Health at a Glance 2013: OECD Indicators*. Paris: OECD Publishing, 2013. Web.

———. *Health at a Glance 2015: OECD Indicators*. Paris: OECD Publishing, 2015. Web.
———. *Hours worked* (indicator), 2015. Web.
———. *Improving Schools in Sweden: OECD Perspective*. Paris: OECD Publishing, 2015. Web.
———. *Lessons from PISA for the United States: Strong Performers and Successful Reformers in Education*. Paris: OECD Publishing, 2011. Web.
———. *National Accounts at a Glance 2014*. Paris: OECD Publishing, 2014. Web.
———. *OECD Compendium of Productivity Indicators 2015*. Paris: OECD Publishing, 2015. Web.
———. *OECD Economic Surveys: Denmark 2013*. Paris: OECD Publishing, 2014. Web.
———. *OECD Economic Surveys: Finland 2014*. Paris: OECD Publishing, 2014. Web.
———. *OECD Economic Surveys: Iceland 2015*. Paris: OECD Publishing, 2015. Web.
———. *OECD Economic Surveys: Norway 2014*. Paris: OECD Publishing, 2014. Web.
———. *OECD Economic Surveys: Sweden 2015*. Paris: OECD Publishing, 2015. Web.
———. *OECD Employment Outlook 2013*. Paris: OECD Publishing, 2013. Web.
———. *OECD Factbook 2014: Economic, Environmental and Social Statistics*. Paris: OECD Publishing, 2014. Web.
———. *OECD Skills Outlook 2013: First Results from the Survey of Adult Skills*. Paris: OECD Publishing, 2013. Web.
———. *PISA 2009 Results: What Students Know and Can Do—Student Performance in Reading, Mathematics and Science* (vol. 1). Paris: OECD Publishing, 2010. Web.
———. *PISA 2012 Results: Excellence Through Equity: Giving Every Student the Chance to Succeed* (vol. 2). OECD Publishing, 2013. Web.
———. *PISA 2012 Results: What Students Know and Can Do—Student*

Performance in Mathematics, Reading and Science (vol. 2, rev. ed. February 2014). Paris: OECD Publishing, 2014. Web.

———. *Society at a Glance 2011: OECD Social Indicators*. Paris: OECD Publishing, 2011. Web.

———. "Table 1.7. Top Statutory Personal Income Tax Rate and Top Marginal Tax Rates for Employees 2014." N.d. Web. Accessed Aug. 17, 2015.

———. *Taxing Energy Use 2015: OECD and Selected Partner Economies*. Paris: OECD Publishing, 2015. Web.

———. *Taxing Wages 2015*. Paris: OECD Publishing, 2015. Web.

———. "Why Is Health Spending in the United States So High?" N.d. Web. Accessed Aug. 13, 2015.

———. *Women, Government and Policy Making in OECD Countries: Fostering Diversity for Inclusive Growth*. Paris: OECD Publishing, 2014. Web.

OECD Family Database. *SF1.3 Living arrangements of children*. N.d. Web. Accessed July 26, 2015.

Oettingen, Gabriele. "The Problem with Positive Thinking." *New York Times*, Oct. 24, 2014. Web.

Office of Senator Jamie Eldridge. *A Public Option for Massachusetts*. May 16, 2011. Web.

Office of Senator Kirsten Gillibrand. *American Opportunity Agenda: Expand Paid Family and Medical Leave*. N.d. Web. Accessed July 30, 2015.

———. *Child Care Costs Rising $730 Each Year in New York*. N.d. Web. Accessed July 24, 2015.

Ofri, Danielle. "Adventures in 'Prior Authorization.'" *New York Times*, Aug. 3, 2014. Web.

Ohlemacher, Stephen, and Emily Swanson. "AP-GfK Poll: Most Americans Back Obama Plan to Raise Investment Taxes." *Associated Press*, Feb. 22, 2015.

Olejaz, Maria, et al. "Denmark: Health System Review." *Health Systems in Transition* 14:2 (2012): 1–192. Web.

Osborn, Robin, and Cathy Schoen. "Commonwealth Fund 2013 International Health Policy Survey in Eleven Countries." Commonwealth Fund, 2013. Web.

Osborn, Robin, et al. "International Survey of Older Adults Finds Shortcomings in Access, Coordination, and Patient-Centered Care." *Health Affairs Web First*, Nov. 19, 2014. Web.

Otterman, Sharon. "Once Nearly 100%, Teacher Tenure Rate Drops to 58% as Rules Tighten." *New York Times*, July 27, 2011. Web.

Parker, Kim. "Yes, The Rich Are Different." Pew Research Center, Aug. 27, 2012. Web.

Parker, Kim, and Wendy Wang. "Modern Parenthood: Roles of Moms and Dads Converge as They Balance Work and Family." Pew Research Center, Mar. 14, 2013. Web.

Parsad, Basmat, and Maura Spiegelman. *Arts Education in Public Elementary and Secondary Schools 1999–2000 and 2009–2010*. Washington, DC: National Center for Education Statistics, 2012. Web.

Partanen, Anu. "What Americans Keep Ignoring About Finland's School Success." *Atlantic*, Dec. 29, 2011. Web.

Patnaik, Ankita. "Reserving Time for Daddy: The Short and Long-Run Consequences of Father's Quotas." Jan. 15, 2015. Web.

Pear, Robert. "Health Insurance Companies Seek Big Rate Increases for 2016." *New York Times*, July 3, 2015. Web.

———. "I.R.S. Bars Employers from Dumping Workers into Health Exchanges." *New York Times*, May 25, 2014. Web.

———. "Number of Uninsured Has Declined by 15 Million Since 2013, Administration says." *New York Times*, Aug. 12, 2015. Web.

———. "Obama Proposes That Medicare Be Given the Right to Negotiate the Cost of Drugs." *New York Times*, Apr. 27, 2015. Web.

Pekkarinen, Tuomas, et al. "School Tracking and Intergenerational Income Mobility: Evidence from the Finnish Comprehensive School Reform." *Journal of Public Economics* 93.7–8 (2009): 965–75. Web.

Peltomäki, Tuomas, and Jorma Palovaara. "Opetukseen halutaan avoimuutta." [Requests Made for Openness in Teaching.] *Helsingin Sanomat*, Jan. 16, 2013. Web.

Perkins, Olivera. "Obamacare Not Enough, So Some in Labor Want Single-Payer System." *Plain Dealer*, Sept. 12, 2014. Web.

Pew Research Center. "Middle Easterners See Religious and Ethnic Hatred as Top Global Threat." Oct. 16, 2014. Web.

———. "Millennials in Adulthood: Detached from Institutions, Networked with Friends." Mar. 7, 2014. Web.

———. "Political Polarization in the American Public." June 12, 2014. Web.

Phillips, Anna M. "Tutoring Surges with Fight for Middle School Spots." *New York Times*, Apr. 15, 2012. Web.

Pickett, Kate, and Richard Wilkinson. *The Spirit Level: Why Greater Equality Makes Societies Stronger.* New York: Bloomsbury Press, 2010. Kindle File.

Pollard, Niklas, and Balazs Koranyi. "For Nordic Bosses, Joys of Home Trump Top Dollar Pay." *Reuters*, Mar. 10, 2013. Web.

Population Register Centre. *Name Service.* N.d. Web. Accessed July 23, 2015.

Poulsen, Jørgen. "The Daddy Quota—the Most Effective Policy Instrument." Nordic Information on Gender. Jan. 15, 2015. Web.

Public Policy Polling. "Congress Less Popular Than Cockroaches, Traffic Jams." Jan. 8, 2013. Web.

Putnam, Hannah, et al. *Training Our Future Teachers*. National Council on Teacher Quality, 2014. Web.

Rae, Matthew, et al. *Tax Subsidies for Private Health Insurance.* Henry J. Kaiser Family Foundation, 2014. Web.

Rampell, Catherine. "Coveting Not a Corner Office, but Time at Home." *New York Times*, July 7, 2013. Web.

———. "How Much Do Doctors in Other Countries Make?" *New York Times*, July 15, 2009. Web.

Ranta, Elina. "Älä maksa liikaa—katso mikä kortti on paras." ["Don't Pay Too Much—See Which Card Is Best."] *Taloussanomat*, Apr. 9, 2011. Web.

Rather, Dan. "Finnish First," *Dan Rather Reports*, Episode 702, Jan. 17, 2012. iTunes.

Real Clear Politics. "Elizabeth Warren: 'There Is Nobody in This Country Who Got Rich on Their Own.'" Online video clip. *Real Clear Politics Video*, Sept. 21, 2011. Web.

Reardon, Sean F. "No Rich Child Left Behind." *New York Times*, Apr. 27, 2013. Web.

Redden, Molly, and Dana Liebelson. "A Montana School Just Fired a Teacher for Getting Pregnant. That Actually Happens All the Time." *Mother Jones*, Feb. 10, 2014. Web.

Regeringskansliet. (Government Offices of Sweden.) *The Swedish Fiscal Policy Framework*. 2011. Web.

Reid, T. R. *The Healing of America: A Global Quest for Better, Cheaper, and Fairer Health Care*. New York: Penguin Books, 2010. Kindle file.

"Republican Candidates Debate in Manchester, New Hampshire, January 7, 2012." Transcript. American Presidency Project. Web.

Reuters. "Clash of Clans Maker Supercell Doubles Profit." *New York Times*, Mar. 24, 2015. Web.

Rhee, Michelle. "Poverty Must Be Tackled But Never Used as an Excuse." *Huffington Post*, Sept. 5, 2012. Web.

Rich, Motoko. "'No Child' Law Whittled Down by the White House." *New York Times*, July 6, 2012. Web.

———. "Fewer Top Graduates Want to Join Teach for America." *New York Times*, Feb. 5, 2015. Web.

———. "Scandal in Atlanta Reignites Debate Over Tests Role." *New York Times*, Apr. 2, 2013. Web.

Ringard, Ånen, et al. "Norway: Health System Review." *Health Systems in Transition* 15: 8 (2013): 1–162. Web.

Ripley, Amanda. "The Case Against High-School Sports." *Atlantic*, Oct. 2013. Web.

———. *The Smartest Kids in the World.* New York: Simon & Schuster, 2013.

Rivlin, Gary. "Leader of the Free World." *Wired*, Nov. 2003. Web.

Rizga, Kristina. "Everything You've Heard About Failing Schools Is Wrong." *Mother Jones*, Aug. 22, 2012. Web.

Robinson, Keith, and Angel L. Harris. "Parental Involvement Is Overrated." *New York Times*, Apr. 12, 2014. Web.

Romney, Mitt. "A Chance for Every Child." Remarks on Education at Latino Coalition's Annual Economic Summit in Washington, DC, May 23, 2012. Transcript. American Presidency Project. Web.

Ronpaul2008dotcom. "Full CNN Tea Party Express Republican Debate." Online video clip. YouTube, Sept. 13, 2011. Web.

Rosenbaum, Sara, et al. "Mitigating the Effects of Churning Under the Affordable Care Act: Lessons from Medicaid." Commonwealth Fund, 2014. Web.

Rosenthal, Elisabeth. "After Surgery, Surprise $117,000 Medical Bill from Doctor He Didn't Know." *New York Times*, Sept. 20, 2014. Web.

———. "American Way of Birth, Costliest in the World." *New York Times*, June 30, 2013. Web.

———. "As Hospital Prices Soar, a Stitch Tops $500." *New York Times*, Dec. 2, 2013. Web.

———. "As Insurers Try to Limit Costs, Providers Hit Patients with More Separate Fees." *New York Times*, Oct. 25, 2014. Web.

———. "Costs Can Go Up Fast When E.R. Is in Network but the Doctors Are Not." *New York Times*, Sept. 28, 2014. Web.

———-. "In Need of a New Hip, But Priced Out of the U.S." *New York Times*, Aug. 3, 2013. Web.

———. "Insured, but Not Covered." *New York Times*, Feb. 7, 2015. Web.

———. "Medicine's Top Earners Are Not the M.D.s." *New York Times*, May 17, 2014. Web.

———. "The $2.7 Trillion Medical Bill." *New York Times*, June 1, 2013. Web.

———. "The Soaring Cost of Simple Breath." *New York Times*, Oct. 12, 2013. Web.

Rosenthal, Jaime A., et al. "Availability of Consumer Prices from US Hospitals for a Common Surgical Procedure." *JAMA Internal Medicine* 173:6 (2013): 427–32. Web.

Rosin, Hanna. "The End of Men." *Atlantic* July/August 2010. Web.

Rostgaard, Tine. *Family Policies in Scandinavia.* Denmark: Aalborg University, 2015. Web.

Rousseau, Jean-Jacques. *The Social Contract.* 1762. Kindle file.

Rubio, Marco. "Reclaiming the Land of Opportunity: Conservative Reforms for Combating Poverty." Remarks at the U.S. Capitol, Jan. 8, 2014. Web.

Saarinen, Juhani. "Hurjaa voittoa tekevän Supercellin toimitusjohtaja ylistää Helsinkiä." [Supercell Makes Astonishing Profits and Its CEO Praises Helsinki.] *Helsingin Sanomat*, Apr. 18, 2013. Web.

———. "Supercell-miljonäärit valloittivat tulolistojen kärjen—katso lista sadasta eniten ansainneesta." [Supercell Millionaires Rose to the Top of Income Rankings—See the Top 100.] *Helsingin Sanomat*, Nov. 3, 2014. Web.

Sack, Kevin. "From the Hospital to Bankruptcy Court." *New York Times*, Nov. 25, 2009. Web.

Saez, Emmanuel. "Striking It Richer: The Evolution of Top Incomes in the United States." Jan. 25, 2015. Web.

Sahlberg, Pasi. "Quality and Equity in Finnish Schools." *School Administrator*, Sept. 2012: 27–30. Web.

———. "Why Finland's Schools Are Top-Notch." *CNN*, Oct. 6, 2014. Web.

———. *Finnish Lessons—What Can the World Learn from Educational Change in Finland?* New York: Teachers College Press, 2011.

Säkkinen, Salla, et al. "Lasten päivähoito 2013." [Children's Day Care 2013.] *Tilastoraportti* 33, 2013. National Institute for Health and Welfare, 2014.

Samarrai, Fariss. "Love and Work Don't Always Work for Working Class in America, Study Shows." *UVAToday*, Aug. 13, 2013. Web.

Sandberg, Sheryl. *Lean In—Women, Work, and the Will to Lead.* New York: Alfred A. Knopf, 2013. Kindle file.

Sanger-Katz, Margot. "$1,000 Hepatitis Pill Shows Why Fixing Health Costs Is So Hard." *New York Times*, Aug. 2, 2014. Web.

Santos, Fernanda. "City Teacher Data Reports Are Released." *WNYC Schoolbook*, Feb. 24, 2012. Web.

Santos, Fernanda, and Robert Gebeloff. "Teacher Quality Widely Diffused, Ratings Indicate." *New York Times*, Feb. 24, 2012. Web.

Save the Children. *The Urban Disadvantage: State of the World's Mothers 2015*. Web.

Schleicher, Andreas, ed. *Preparing Teachers and Developing School Leaders for the 21st Century: Lessons from around the World*. Paris: OECD Publishing, 2012. Web.

Schoen, Cathy, et al. "State Trends in the Cost of Employer Health Insurance Coverage, 2003–2013." Commonwealth Fund, 2015. Web.

Schuessler, Jennifer. "A Lightning Rod over America's Class Divide." *New York Times*, Feb. 5, 2012. Web.

Schwab, Klaus. *Global Competitiveness Report 2011–2012.* Geneva: World Economic Forum, 2011. Web.

———. *Global Competitiveness Report 2012–2013.* Geneva: World Economic Forum, 2012. Web.

———. *Global Competitiveness Report 2015–2016.* Geneva: World Economic Forum, 2015. Web.

Schweinhart, Lawrence J., et al. *The High/Scope Perry Preschool Study Through Age 40. Summary, Conclusions and Frequently Asked Questions.* High/Scope Educational Research Foundation, 2005. Web.

Scott, Mark. "SoftBank Buys 51% of Finnish Mobile Game Maker for $1.5 Billion." *New York Times*, Oct. 15, 2013. Web.

———. "Supercell Revenue and Profit Soared in 2013." *New York Times*, Feb. 12, 2014. Web.

Searcey, Dionne. "For Women in Midlife, Career Gains Slip Away." *New York Times*, June 23, 2014. Web.

Seligson, Hannah. "Nurturing a Baby and a Start-Up Business." *New York Times*, June 9, 2012. Web.

Sellers, Patricia. "New Yahoo CEO Mayer Is Pregnant." *Fortune*, July 17, 2012. Web.

Senate Budget Committee. "Conrad Remarks at Hearing on Assessing Inequality, Mobility and Opportunity." Feb. 9, 2012. Web.

Senior, Jennifer. "The Junior Meritocracy." *New York*, Jan. 31, 2010. Web.

Shah, Parth J. "Opening School Doors for India's Poor." *Wall Street Journal*, Mar. 31, 2010. Web.

Siddiqui, Mustageem, and S. Vincent Rajkumar. "The High Cost of Cancer Drugs and What We Can Do About It." *Mayo Clinic Proceedings* 87:10 (2012): 935–43. Web.

Sidwell Friends School. *Letter to Parents.* N.d. Web. Accessed July 23, 2015.

Silva, Jennifer M. "Young and Isolated." *New York Times*, June 22, 2013. Web.

Silver-Greenberg, Jessica. "Debt Collector Is Faulted for Tough Tactics in Hospitals." *New York Times*, Apr. 24, 2012. Web.

Silverman, Ed. "Angry over Drug Prices, More States Push Bills for Pharma to Disclose Costs." *Wall Street Journal*, Apr. 24, 2015. Web.

Smith, Adam. *An Inquiry into the Nature and Causes of the Wealth of Nations*. 1776. Kindle file.

Smith, Daniel. "It's still the 'Age of Anxiety.' Or Is It?" *New York Times*, Jan. 14, 2012. Web.

Smith, Jessica C., and Carla Medalia. *Health Insurance Coverage in the United States: 2014*. U.S. Census Bureau, Current Population Reports. Washington, D.C.: U.S. Government Printing Office, 2015. Web.

Smith, Morgan. "Efforts to Raise Teacher Certification Standards Falter." *Texas Tribune*, Aug. 22, 2014. Web.

Sommer, Jeff. "Suddenly, Retiree Nest Eggs Look More Fragile." *New York Times*, June 15, 2013. Web.

Sommers, Benjamin D., et al. "Mortality and Access to Care Among Adults After State Medicaid Expansions." *New England Medical Journal*, July 25, 2012. Web.

Squires, David A. "Explaining High Health Care Spending in the United States: An International Comparison of Supply, Utilization, Prices, and Quality." Commonwealth Fund, 2012. Web.

———. "Finland Long-Term Ratings Lowered to 'AA+' on Weak Economic Growth; Outlook Stable." Oct. 10, 2014. Web.

———. "Standard & Poor's Takes Various Rating Actions on 16 Eurozone Sovereign Governments." Jan. 13, 2012. Web.

StanfordScope. "Dan Rather's Interview with Linda Darling-Hammond on Finland." Online video clip. YouTube, Jan. 30, 2012. Web.

Statistics Finland. "5. Majority of Children Live in Families with Two Parents." Nov. 21, 2014. Web.

———. *Foreigners and Migration*, 2013. Web.

———. "Number of Educational Institutions Fell Further." Feb. 12, 2015. Web.

Steinhauer, Jennifer. "Senate Approves a Bill to Revamp 'No Child Left Behind.'" *New York Times*, July 16, 2015. Web.

Steinhauser, Paul. "Trio of Polls: Support for Raising Taxes on the Wealthy." *CNN*, Dec. 6, 2012. Web.

Stewart, Nikita. "As Homeless Shelter Population Rises, Advocates Push Mayor on Policies." *New York Times*, Mar. 11, 2014. Web.

Stiglitz, Joseph. "Inequality Is Not Inevitable." *New York Times*, June 27, 2014. Web.

Strauss, Valerie. "What Was Missing—Unfortunately—in the No Child Left Behind Debate." *Washington Post*, July 17, 2015. Web.

STT. "Vanhempien koulutustaustasta voi tulla koulujen rahoitusmittari." [Parents' Education May Become the Measuring Stick for School Funding.] *Helsingin Sanomat*, May 28, 2012. Web.

Student Union of the University of Helsinki. *Membership Fee Academic Year 2015–2016.* Web.

Suddath, Claire. "Can the U.S. Ever Fix Its Messed-Up Maternity Leave System?" *Bloomberg Businessweek*, Jan. 27, 2015. Web.

Swarns, Rachel L. "Pregnant Officer Denied Chance to Take Sergeant's Exam Fights Back." *New York Times*, Aug. 9, 2015. Web.

Swift, Art. "Americans See Health Care, Low Wages as Top Financial Problems." Gallup, Jan. 21, 2015. Web.

Swisher, Kara. "Survey Says: Despite Yahoo Ban, Most Tech Companies Support Work-from-Home for Employees." *All Things D*, Feb. 25, 2013. Web.

Taguma, Miho, et al. *Quality Matters in Early Childhood Education and Care: Finland 2012.* Paris: OECD Publishing, 2012. Web.

Taha, Nadia. "Medicaid Help Without Falling into Poverty." *New York Times*, Nov. 19, 2013. Web.

Takala, Hanna. "Kommentti: Lukiovertailut—aina väärin sammutettu?" [Comment: High School Rankings—Always Done Wrong?] *MTV*, May 25, 2015. Web.

Taloudellinen tiedotustoimisto. *Kansan Arvot 2013.* [Public Values 2013.] N.d. Web. Accessed Aug. 14, 2015.

Taub, Stephen. "The Rich List: The Highest-Earning Hedge Fund Managers of the Past Year." *Institutional Investor's Alpha*, May 6, 2014. Web.

Tax Policy Center. "Distribution tables by percentile by year of impact: T11-0089—Income breaks 2011." May 12, 2011. Web.

———. "Historical Top Marginal Personal Income Tax Rates in OECD Countries, 1975–2013." Apr. 16, 2014. Web.

Teles, Steven M. "Kludgeocracy in America." *National Affairs* 17, 2013. Web.

Thomas, Katie. "In Race for Medicare Dollars, Nursing Home Care May Lag." *New York Times*, Apr. 14, 2015. Web.

Thomas, Paul. "Is Poverty Destiny? Ideology vs. Evidence in School Reform." *Washington Post*, Sept. 19, 2012. Web.

Thompson, Derek. "The 23 Best Countries for Work-Life Balance (We Are Number 23)." *Atlantic*, Jan. 4, 2012. Web.

Tierney, Dominic. "Finland's 'Baby Box': Gift from Santa Claus or Socialist Hell?" *Atlantic*, Apr. 13, 2011. Web.

Times Higher Education. *World University Rankings 2015–2016.* Web.

Tocqueville, Alexis de. *Democracy in America: And Two Essays on America*. London: Penguin Classics, 2003.

Toivanen, Tero. "Mitä asioita olisi hyvä sisällyttää lukion opettajien väliseen verkostoyhteistyöhön uudessa oppimisympäristössä?" [What Should Be Included in High School Teachers' Network Cooperation in New Learning Environment?] *Sosiaalinen media oppimisen tukena* 26. Sept. 2012. Web.

Tomasino, Kate. "Rate Survey: Credit Card Interest Rates Hold Steady." *Creditcards.com*, Oct. 26, 2011. Web.

Truven Health Analytics. "The Cost of Having a Baby in the United States." Jan. 2013. Web.

Tugend, Alina. "Redefining Success and Celebrating the Ordinary." *New York Times*, June 29, 2012. Web.

U.S. Department of Education. "For Each and Every Child—A Strategy for Education Equity and Excellence." Washington, DC: U.S. Government Printing Office, 2013. Web.

———. "Prepared Remarks of U.S. Secretary of Education Arne Duncan on the Report: 'Arts Education in Public Elementary and Secondary Schools: 2009–2010.'" Apr. 2, 2012. Web.

U.S. Department of Health and Human Services, Health Resources and Services Administration, Maternal and Child Health Bureau. *Child Health USA 2013*. Rockville, MD: U.S. Department of Health and Human Services, 2013. Web.

U.S. Government Accountability Office. "K-12 Education: States' Test Security Policies and Procedures Varied." May 16, 2013. Web.

Underwood, Anne. "Insured, but Bankrupted Anyway." *New York Times*, Sept. 7, 2009. Web.

UNICEF Innocenti Research Centre. "Measuring Child Poverty: New League Tables of Child Poverty in the World's Rich Countries." *Innocenti Report Card* 10. Florence: UNICEF Innocenti Research Centre, 2012. Web.

UNICEF Office of Research. "Child Well-being in Rich Countries: A Comparative Overview." *Innocenti Report Card* 11. Florence: UNICEF Office of Research, 2013. Web.

United for the People. *State and Local Support*. N.d. Web. Accessed Aug. 18, 2015.

U.S. Department of Labor. "Health Benefits, Retirement Standards, and Workers Compensation: Family and Medical Leave." *Employment Law Guide*. N.d. Web. Accessed July 24, 2015.

University of Cambridge. *Charting Gender's "Incomplete Revolution."* June 27, 2012. Web.

Ushomirsky, Natasha, and David Williams. *Funding Gaps 2015*. Education Trust, 2015. Web.

Uusitalo, Liisa, et al. *Infant Feeding in Finland 2010*. Helsinki: National Institute for Health and Welfare, 2012. Web.

Vardi, Nathan. "The 25 Highest-Earning Hedge Fund Managers and Traders." *Forbes*, Feb. 26, 2014. Web.

Varney, Sarah. "The Public Option Did Not Die." *NPR* and *Kaiser Health News*, Jan. 12, 2012. Web.

Virta, Lauri, and Koskinen Seppo. "Työntekijän sairaus ja työsopimussuhteen jatkuvuus." [Employee's Illness and Continuation of Employment.] *Työterveyslääkäri*; 25:2 (2007) 90–93. Web.

Virtanen, Ari, and Sirkka Kiuru. *Social Assistance 2013*. Helsinki: National Institute for Health and Welfare, 2014. Web.

Volk Miller, Kathleen. "Parenting Secrets of a College Professor." *Salon*, Feb. 27, 2012. Web.

Waiting for "Superman." Director: Davis Guggenheim. Distribution: Paramount Vantage, 2010. Film.

Weiner, Rachel. "Romney: Uninsured Have Emergency Rooms." *Washington Post*, Sept. 24, 2012. Web.

Weissbourd, Rick, et al. *The Children We Mean to Raise: The Real Messages Adults Are Sending About Values*. Harvard Graduate School of Education, 2014. Web.

Wellesley Public Media. "You Are Not Special Commencement Speech from Wellesley High School." Online video clip. YouTube, June 7, 2012. Web.

Wheaton, Sarah. "Why Single Payer Died in Vermont." *Politico*, Dec. 20, 2014. Web.

White House Office of the Press Secretary. *President Obama's Plan for Early Education for All Americans*. Feb. 13, 2013. Web.

———. "President Obama's and Vice President Biden's Tax Returns and Tax Receipts." Apr. 18, 2011. Web.

———. "Remarks by the President on Education Reform at the National Urban League Centennial Conference." July 29, 2010. Web.

———. "White House Unveils New Steps to Strengthen Working Families Across America." Jan. 14, 2015. Web.

White House. *Reforming the Tax Code.* N.d. Web. Accessed Aug. 18, 2015.

Wildman, Sarah. "Health Insurance Woes: My $22,000 Bill for Having a Baby." *Double X*, Aug. 3, 2009. Web.

Williams, Paige. "My Mom Is My BFF." *New York*, Apr. 22, 2012. Web.

Winerip, Michael. "A Chosen Few Are Teaching for America." *New York Times*, July 11, 2010. Web.

Wingfield, Nick. "From the Land of Angry Birds, a Mobile Game Maker Lifts Off." *New York Times*, Oct. 8, 2012. Web.

Wolverton, Brad. "The Education of Dasmine Cathey." *Chronicle of Higher Education*, June 2, 2012. Web.

Wooldridge, Adrian. "The Next Supermodel." *The Economist*, Feb. 2, 2013: Special Report.

World Bank. *Doing Business 2016: Measuring Regulatory Quality and Efficiency.* Washington, DC: World Bank, 2016. Web.

World Economic Forum. *Global Gender Gap Report 2013*. Geneva: World Economic Forum, 2013. Web.

———. *Global Gender Gap Report 2015*. Geneva: World Economic Forum, 2015. Web.

World Health Organization. *Health Topics: Breastfeeding.* N.d. Web. Accessed July 29, 2015.

World Policy Forum. "Are Workers Entitled to Sick Leave from the First Day of Illness?" N.d. Web. Accessed July 25, 2015.

Yager, Lynn. "How to Succeed in Fashion Without Trying Too Hard." *Wall Street Journal*, Mar. 15, 2013. Web.

Yellen, Janet L. "Perspectives on Inequality and Opportunity from the Survey of Consumer Finances." Speech given at the Conference on Economic Opportunity and Inequality, Federal Reserve Bank of Boston. Oct. 17, 2014. Web.

Yle. "More Finns Ready to Pay for University Education." *Yle*, Aug. 8, 2013. Web.

Ylioppilastutkintolautakunta. *Koulukohtaisia tunnuslukuja. N.d.* Web. Accessed Aug. 8, 2015.

Young, Brett. "Calmness No Achilles Heel for Beckham's Surgeon." *Reuters*, 19, Mar. 2010. Web.

Zernike, Kate. "Obama Administration Calls for Limits on Testing in Schools." *New York Times*, Oct. 24, 2015. Web.

———. "Paying in Full as the Ticket into Colleges." *New York Times*, Mar. 30, 2009. Web.

THE NORDIC THEORY OF EVERYTHING

IN SEARCH OF A BETTER LIFE